中華文化促進會主持編纂

國家"十一五"重點圖書出版規劃項目

中國社會科學院哲學社會科學創新工程學術出版資助項目

出品人 王石 段先念

今注本二十四史

南史

二

紀［二］

唐 李延壽 撰

趙凱 汪福寶 周群 主持校注

中国社会科学出版社

南史　卷四

齊本紀上第四

齊太祖高皇帝諱道成，[1]字紹伯，[2]小字鬭將，[3]姓蕭氏。其先本居東海蘭陵縣中都鄉中都里，[4]晋元康元年，[5]惠帝分東海郡爲蘭陵，[6]故復爲蘭陵郡人。中朝喪亂，[7]皇高祖淮陰令整，[8]字公齊，過江居晋陵武進縣之東城里，[9]寓居江左者，[10]皆僑置本土，[11]加以“南”名，更爲南蘭陵人也。[12]

[1]太祖：南齊開國皇帝蕭道成廟號。　高皇帝：蕭道成謚號。簡稱高帝。

[2]字紹伯：王鳴盛《十七史商榷》卷五五《齊高帝字紹伯》云：“《南齊書·高帝紀》：‘帝諱道成，字紹伯。’與十六世祖諱紹同。或以其代遠不避。若其父承之字嗣伯，而道成字紹伯，則父子同字矣。豈‘伯’‘仲’等字可無嫌乎？”

[3]小字：乳名，小名。《南齊書》卷一《高帝紀上》作“小諱”。

[4]東海：郡名。治郯縣，在今山東郯城縣。　蘭陵：縣名。治所在今山東蘭陵縣蘭陵鎮。

[5]元康：西晋惠帝司馬衷年號（291—299）。

[6]惠帝：西晋惠帝司馬衷。字正度，晋武帝第二子。《晋書》

卷四有紀。　蘭陵：郡名。晋治承縣，在今山東棗莊市東南。南朝宋移治昌慮縣，在今山東滕州市東南。

[7]中朝喪亂：永嘉之亂。西晋後期，在藩王與中央拉鋸戰争下，内憂外患空前嚴重。永嘉五年（311），匈奴部族首領攻破洛陽，擄走晋懷帝，琅琊王司馬睿在建康建立東晋政權。永嘉之亂造成大批衣冠世族、普通民衆南遷，推動了南北交流與南方經濟的發展。

[8]皇高祖：齊高帝蕭道成的五世祖。　淮陰：縣名。治所在今江蘇淮安市淮陰區西南。

[9]晋陵：郡名。西晋末改毗陵郡置，治丹徒縣。東晋初，移治京口城，在今江蘇鎮江市。東晋末，移治晋陵縣，在今江蘇常州市。　武進：縣名。治所在今江蘇丹陽市東。

[10]寓居：寄居，僑居。　江左：其地本指今安徽蕪湖市、江蘇南京市以東的長江下游南岸地區。因東晋及南朝宋、齊、梁、陳各代皆建都建康（今江蘇南京市），故時人又稱其統治下的全部地區爲江左。

[11]僑置：東晋、南朝時期，由於戰争頻繁，不斷有北方流民南徙。江左政權在流民集中的地方以其原籍名稱設立臨時性的政區予以安置，稱爲僑置。

[12]南蘭陵：僑郡名。治蘭陵縣，在今江蘇常州市武進區西北。

皇曾祖儁，[1]字子武，位即丘令。[2]皇祖樂子，字闓子，位輔國參軍，[3]宋昇明中贈太常。[4]皇考承之，[5]字嗣伯，少有大志，才力過人，仕宋爲漢中太守。[6]梁州之平，[7]以功加龍驤將軍，[8]後爲南太山太守，[9]封晋興縣五等男，[10]遷右軍將軍。[11]元嘉二十四年殂，[12]梁土思之，於峨公山立廟祭祀。[13]昇明二年，贈散騎常侍、金紫光禄大夫。[14]

[1]皇曾祖：蕭道成的四世祖。

[2]即丘：縣名。治所在今山東郯城縣東北。

[3]輔國參軍：官名。輔國將軍府參軍。參軍，亦稱參軍事，掌參謀軍務。晋末於朝廷除授外，始有府主自行板除。南朝正式定爲官名，王、公、將軍府及諸州多置，且多分曹執掌，並加職務名稱，如負責謀劃的稱諮議參軍，負責文翰的稱記室參軍等。晋、宋七品。輔國將軍，爲優禮大臣的榮譽加號。宋明帝泰始五年（469）改名輔師將軍，後廢帝元徽二年（474）復舊。晋、宋三品。

[4]昇明：南朝宋順帝劉準年號（477—479）。　太常：官名。南朝宋掌邦國禮樂、郊廟祭祀、學校教育，兼選試博士。宋三品。

[5]皇考：對亡父的尊稱。

[6]漢中：郡名。治南鄭縣，在今陝西漢中市東。

[7]梁州之平：南朝宋文帝元嘉十年（433），蕭承之、蕭汪之平定氐帥楊難當之亂一事。詳見《宋書》卷七八《蕭思話傳》。梁州，州名。治南鄭縣，在今陝西漢中市東。

[8]龍驤將軍：官名。三國魏置（一説西晋置），地位較高，三國魏、晋、宋皆三品。十六國前凉、後趙、前秦、西秦亦置。南朝後期地位漸低。

[9]南太山：《南齊書》卷一《高帝紀上》作“南泰山”。按，據《晋書・地理志》《宋書・州郡志》《南齊書・州郡志》，應作“南泰山”。南泰山，僑郡名。據《宋書・州郡志一》，治丹徒縣，在今江蘇鎮江、常州二市間。

[10]晋興：縣名。治所在今重慶市潼南區。

[11]右軍將軍：《南齊書・高帝紀上》中華本校勘記及丁福林《南齊書校議》皆以爲右軍將軍當爲冠軍將軍之誤，王鑫義、張欣主持校注今注本《南齊書》（中國社會科學出版社 2020 年版）在

此基礎上又做了詳盡的辨析（第 12—13 頁），可以參考。右軍將軍，官名。西晋武帝時置，領營兵，掌宿衛，與前將軍、後將軍、左將軍並稱四軍將軍。南朝宋沿置，權任漸輕。四品。冠軍將軍，官名。漢獻帝時置，西晋時領營兵，南北朝沿置。宋三品。

[12]元嘉：南朝宋文帝劉義隆年號（424—453）。　殂（cú）：死亡。

[13]峨公山：地名。在今陝西漢中市南鄭區南。

[14]散騎常侍：官名。南朝宋屬集書省，職以侍從左右，主掌圖書文翰，撰述文章，諫諍拾遺，收納文書，亦常作爲丞相、諸公加官或贈官。三品。　金紫光禄大夫：官名。即授以金章紫綬的光禄大夫，以示優崇。宋二品。

高帝以宋元嘉四年丁卯歲生，姿表英異，[1]龍顙鍾聲，[2]長七尺五寸，鱗文徧體。[3]舊宅在武進縣，宅南有一桑樹，擢本三丈，横生四枝，狀似華蓋。帝年數歲，好戲其下，從兄敬宗曰："此樹爲汝生也。"[4]儒生雷次宗立學於雞籠山，[5]帝年十三，就受《禮》及《左氏春秋》。

[1]姿表：姿態，儀容。　英異：謂才智超群，神采絶俗。

[2]龍顙（sǎng）：像龍一樣的額頭。顙，額頭。

[3]徧體：全身。

[4]"舊宅在武進縣"至"此樹爲汝生也"：馬宗霍《南史校證》詳細比較此條引文與《南齊書》卷一《高帝紀上》、《太平御覽》卷九五五引《齊書》、《册府元龜》卷二〇三諸書之異同（湖南教育出版社 2008 年版，第 76 頁）。可以參考。擢本，高聳貌。謂樹幹挺拔高聳。《文選》左思《吴都賦》："擢本千尋，垂蔭萬畝。"劉逵注："擢本，高聳皃。"華蓋，帝王或貴官車上的傘蓋。

從兄，同祖伯叔之子年長於己者。即堂兄。

[5]雷次宗：字仲倫，豫章南昌（今江西南昌市）人。本書卷七五、《宋書》卷九三有傳。　雞籠山：又名龍山、欽天山。即今江蘇南京市解放門内雞鳴山。《太平寰宇記》卷九〇《江南東道二·上元縣》“雞籠山”條引《輿地志》云：“其山狀如雞籠，以此爲名。”

十七年，宋大將軍彭城王義康被黜，[1]徙豫章，[2]皇考領兵防守，帝捨業南行。十九年，竟陵蠻動，[3]宋文帝遣帝領偏軍討沔北蠻。[4]二十三年，雍州刺史蕭思話鎮襄陽，[5]啓帝自隨，初爲左軍中兵參軍。[6]二十九年，領偏軍征仇池，[7]破其武興、蘭皋二壘，[8]遂從谷口入關。[9]未至長安八十里，[10]梁州刺史劉秀之遣司馬馬汪助帝，[11]攻拔談提城。[12]魏救兵至，帝軍力疲少，又聞文帝崩，乃燒城還南鄭。[13]

[1]大將軍：官名。南朝時爲高級軍政官員，不常授。宋三品。宋文帝元嘉十六年（439），彭城王義康進位大將軍，領司徒，辟除掾屬。　彭城：郡名。治彭城縣，在今江蘇徐州市。　義康：劉義康。小字車子。南朝宋武帝第四子。武帝永初元年（420）封彭城王。本書卷一三、《宋書》卷六八有傳。

[2]豫章：郡名。治南昌縣，在今江西南昌市。

[3]竟陵：郡名。治石城，在今湖北鍾祥市。　蠻：舊指南方少數民族。

[4]宋文帝：劉義隆。宋武帝第三子。本書卷二、《宋書》卷五有紀。　沔（miǎn）北：地區名。泛指今漢水以北地區。沔，古時稱漢水爲沔水。

[5]“二十三年”至“鎮襄陽”：據丁福林《南齊書校議》（中華書局2010年版，第2—3頁），“二十三年”疑誤，該年任襄陽刺史者爲武陵王劉駿。蕭思話於元嘉二十年、二十五年先後兩次鎮襄陽，據前後文知蕭道成隨蕭思話鎮襄陽事應是元嘉二十五年。雍州，僑州名。治襄陽縣，在今湖北襄陽市。蕭思話，南蘭陵（今江蘇常州市武進區）人。蕭源之之子，仕宋爲將軍，官至持節監軍。本書卷一八、《宋書》卷七八有傳。襄陽，郡名。治襄陽縣，在今湖北襄陽市。

[6]左軍：官名。左軍將軍省稱。曹魏時始置，西晉屬中領軍，領營兵前人，掌宫廷護衛。南朝宋以後權任漸輕。四品。　中兵參軍：官名。軍府僚佐，掌中兵曹，地位隨軍府地位而定。

[7]仇池：地名。在今甘肅西和縣西南。

[8]武興：屯戍名。在今陝西略陽縣北。　蘭皋：屯戍名。在今甘肅康縣境。　壘：軍營中防守的掩蔽體或屯戍。

[9]谷口：地名。從蕭道成作戰的形勢看，疑此“谷口”當即斜谷南口，在今陝西眉縣西南。

[10]長安：縣名。治所在今陝西西安市西北。

[11]劉秀之：字道寶，東莞莒（今山東莒縣）人，世居京口（今江蘇鎮江市）。本書卷一五有附傳，《宋書》卷八一有傳。　司馬：官名。南朝諸公府、軍府皆置。爲所在府署高級幕僚。掌參贊軍務，管理府内武職，位僅次於長史。員一人，或分置左、右，其品秩隨府主地位高低而定。宋七品至六品。　馬汪：汪，汲古閣本、殿本、《資治通鑑》卷一二六《宋紀八》元嘉二十九年同，《南齊書》卷一《高帝紀上》作“注”。未知孰是。

[12]談提城：《南齊書·高帝紀上》、《册府元龜》卷一八四並作“談堤城”，《魏書》卷九八《島夷蕭道成傳》作“談堤”。該城今址不詳。

[13]南鄭：縣名。治所在今陝西漢中市東。

後襲爵晋興縣五等男。爲建康令，[1]有能名。少府蕭惠開雅有知人鑒，[2]謂人曰："昔魏武爲洛陽北部時，[3]人服其英，今看蕭建康，但當過之耳。"

[1]建康：縣名。治所在今江蘇南京市。

[2]少府：官名。掌皇室財政，負責宫廷服務、手工業管理等。魏晋以降權力縮小，多負責宫廷手工業。宋三品。　蕭惠開：初名慧開，後改惠開，南蘭陵（今江蘇常州市武進區）人。本書卷一八有附傳，《宋書》卷八七有傳。

[3]魏武：魏武帝曹操。《三國志》卷一有紀。　洛陽：東漢都城洛陽，在今河南洛陽市。　北部：官名。北部尉，《三國志》卷一《魏書·武帝紀》載，太祖"年二十，舉孝廉爲郎，除洛陽北部尉"。

宋明帝即位，[1]爲右軍將軍。[2]時四方叛，會稽太守尋陽王子房及在東諸郡皆起兵。[3]明帝加帝輔國將軍，東討。至晋陵，一日破賊十二壘，分軍定諸縣。及徐州刺史薛安都據彭城歸魏，[4]遣從子索兒攻淮陰，[5]又徵帝討破之，索兒走鍾離，[6]帝追至黯黮而還。[7]除驍騎將軍，[8]封西陽縣侯，[9]遷巴陵王衛軍司馬，[10]隨鎮會稽。

[1]宋明帝：劉彧。字休炳，小字榮期，宋文帝第十一子。卒謚明帝，廟號太宗。本書卷三、《宋書》卷八有紀。

[2]右軍將軍：官名。南朝宋時掌宫禁宿衛。四品。

[3]會稽：郡名。治山陰縣，在今浙江紹興市。　尋陽王子房：劉子房。字孝良，宋孝武帝第六子。孝武帝大明四年（460）封尋陽王。本書卷一四、《宋書》卷八〇有傳。尋陽，郡名。治柴桑縣，

在今江西九江市西南。

[4]薛安都：字休達，河東汾陰（今山西萬榮縣）人。初仕北魏，宋文帝元嘉二十一年（444），投奔劉宋。明帝泰始二年（466）正月，晋安王子勛在尋陽稱帝，安都舉兵響應，遣軍進攻淮南，旋降魏。《宋書》卷八八、《魏書》卷六一、《北史》卷三九有傳。

[5]索兒：薛索兒。《宋書》卷八八有附傳。　淮陰：縣名。治所在今江蘇淮安市淮陰區西南。

[6]鍾離：郡名。治燕縣，在今安徽鳳陽縣臨淮關鎮。

[7]黯䵣：地名。今地未詳。

[8]除：官制術語。即拜官授職，或曰除舊官就新官。　驍騎將軍：官名。南朝内軍將領，與領軍、護軍、左右衛、游擊諸將軍合稱六軍，當宿衛之任，是護衛皇宫的主要將領之一。宋四品。

[9]西陽縣侯：封爵名。西陽，縣名。治所在今湖北黄岡市黄州區東。縣侯，宋三品。

[10]巴陵王：劉休若。宋文帝第十九子。本書卷一四、《宋書》卷七二有傳。巴陵，郡名。治巴陵縣，在今湖南岳陽市。　衛軍：官名。衛將軍的省稱。東晋、南朝時爲重號將軍，常以王公勳臣兼任。宋二品。按，本條劉休若進號衛將軍繫年據《宋書》卷八《明帝紀》。

江州刺史晋安王子勛遣臨川内史張淹自鄱陽嶠道入三吴，[1]明帝遣帝討之。時朝廷器甲皆充南討，[2]帝軍容寡闕，[3]乃編椶皮爲馬具裝，[4]折竹爲寄生，[5]夜舉火進軍。賊望見恐懼，未戰而走。還，除桂陽王征北司馬、南東海太守，[6]行南徐州事，[7]及張永等敗於彭城，[8]淮南孤弱，以帝爲假冠軍將軍、持節、都督北討前鋒諸軍事，[9]鎮淮陰。[10]遷南兖州刺史，[11]加督五州，督北討如故。

[1]江州：州名。治湓城，在今江西九江市。　晋安：郡名。治候官縣，在今福建福州市。　子勛：劉子勛，字孝德。宋孝武帝第三子。爵封晋安王。本書卷一四、《宋書》卷八〇有傳。　臨川：郡名。治臨汝縣，在今江西撫州市臨川區西。　内史：官名。晋武帝太康十年（289）改王國相爲内史，職如太守。南朝宋沿襲，五品。　張淹：吴郡吴（今江蘇蘇州市）人。本書卷三二、《宋書》卷五九有附傳。　鄱陽：郡名。治廣晋縣，在今江西鄱陽縣石門街鎮。　嶠道：地處閩越江浙衝要之會。嶠，嶺。　三吴：地域名稱。始見於六朝時記載，指吴郡、吴興、丹陽三地。一説指吴興、吴郡、會稽。

[2]充：用來。

[3]軍容：原指軍隊和軍人的禮儀法度、風紀陣威和武器裝備。此處主要指武器裝備。　寡闕：匱乏，缺乏。

[4]椶（zōng）皮：棕櫚樹上的絲狀纖維物。可加工成棕絲，編製成多種器物。

[5]折：《南齊書》卷一《高帝紀上》作“析”。《太平御覽》卷五九作“折”。作“折”文意優長。馬宗霍《南史校證》認爲“疑‘析’字是”（第77頁）。　寄生：戰馬上的一種裝備，樹於馬尻具裝之上，以障蔽騎乘者的背部。

[6]桂陽王：劉休範。宋文帝第十八子，初封順陽王，改封桂陽王。休範於明帝泰始二年（466）進號征北大將軍。本書卷一四、《宋書》卷七九有傳。桂陽，郡名。治郴縣，在今湖南郴州市。　征北：官名。征北大將軍的省稱。位尊職重，統帥一方。宋二品。　南東海：僑郡名。治京口城，在今江蘇鎮江市。

[7]行：官制術語。指官缺未補，暫由他官兼攝其事。有以低級官吏攝行高一級官吏者，有以平級而兼攝行者。　南徐州：僑州

名。治京口城，在今江蘇鎮江市。

[8]張永：字景雲，吴郡吴（今江蘇蘇州市）人。本書卷三一、《宋書》卷五三有附傳。

[9]假：官制術語。有代理、兼攝之意。魏晋南北朝時，舉凡實職、加官皆可假授，其地位低於正式官職。　冠軍將軍：官名。宋三品。　持節：使臣奉皇帝之命出行，持節杖以爲憑證並示威重，謂之持節。魏晋以後演繹爲假節、持節、使持節三個權力大小不同的官名。持節得專殺無官位之人，在軍事行動中有誅殺二千石以下官吏的權力。　都督：官名。地方軍政長官。持節都督，宋二品。

[10]淮陰：縣名。治所在今江蘇淮安市淮陰區西南。

[11]南兗州：僑州名。東晋僑立兗州，宋時改爲南兗州，初治京口，在今江蘇鎮江市。宋文帝元嘉八年（431）移治廣陵縣，在今江蘇揚州市西北蜀岡上。

明帝嫌帝非人臣相，而人間流言，帝當爲天子，明帝愈以爲疑，遣冠軍將軍吴喜留軍破釜，自持銀壺酒封以賜帝。帝戎服出門迎，懼鴆，不敢飲，將出奔，喜告以誠，先飲之，帝即酌飲之。[1]喜還，明帝意乃悦。

[1]“明帝愈以爲疑”至“帝即酌飲之”：馬宗霍《南史校證》引《資治通鑑》卷一三三及《考異》，認爲本書此文與《考異》一樣，亦本之《宋略》（第77頁）。高敏《南北史掇瑣》認爲《南齊書·高帝紀上》所載“太祖戎衣出門迎，即酌飲之。喜還，帝意乃悦”的情况與本書所載“大不相同，《南史》雖增補無多，却顯示了此事的本來面目”（中州古籍出版社2003年版，第30—31頁）。破釜，在今江蘇西部洪澤湖附近。《讀史方輿紀要》卷二一盱眙縣條：縣北三十里“舊有破釜塘，鄧艾立白水塘與破釜相連，開水門

八以溉田”。懼鴆，懼怕被鴆毒殺害。鴆，傳説中的一種毒鳥。用其羽毛泡酒能毒殺人。出奔，出走、逃亡。誠，真實情況。

泰始七年，[1]徵還都，部下勸勿就徵。帝曰：“主上自誅諸弟，爲太子幼弱，作萬歲後計，[2]何關佗族。[3]惟應速發，事緩當見疑。今骨肉相害，自非靈長之運，[4]禍難將興，方與卿等戮力耳。”[5]至，拜散騎常侍、太子左衛率。[6]明帝崩，遺詔爲右衛將軍，[7]領衛尉，[8]加兵五百人，與尚書令袁粲、護軍褚彦回、領軍劉勔共掌機事。[9]尋解衛尉，加侍中，[10]領石頭戍軍事。[11]

[1]泰始：南朝宋明帝劉彧年號（465—471）。

[2]萬歲後：婉言去世以後。

[3]佗族：他族。佗，通“他”。《正字通・人部》：“佗，與他、它通。”

[4]靈長之運：廣遠綿長的好運。

[5]戮力：協力，并力，勉力。

[6]散騎常侍：官名。隸集書省。職以侍從皇帝、主掌圖書文翰、文章撰述、諫諍拾遺及收納轉呈文書奏事。南朝宋員四人，三品。　太子左衛率：官名。東宫宿衛，亦任征伐，職位頗重。宋五品。

[7]右衛將軍：官名。與左衛將軍並稱“二衛”，隸屬於領軍將軍。掌宿衛營兵，權任很重。宋四品。

[8]領：官制術語。以高品級官兼任稍低品級官職。　衛尉：官名。掌宫禁及京師防衛。宋三品。

[9]尚書令：官名。兩晋、南朝宋爲尚書省長官。綜理全國政務，參議大政。位雖三品，實權猶如宰相，如録尚書事缺，則兼有

宰相之名。　袁粲：字景倩，陳郡陽夏（今河南太康縣）人。宋明帝泰始七年爲尚書令。本書卷二六有附傳，《宋書》卷八九有傳。　護軍：官名。護軍將軍的省稱。掌督護京師以外諸軍，職權頗重。宋三品。　褚彦回：褚淵，字彦回，河南陽翟（今河南禹州市）人。宋明帝時任吏部尚書，明帝卒，遺詔授中書令與尚書令袁粲輔政。後助蕭道成建齊，官至尚書令、司空。本書卷二八有附傳，《南齊書》卷二三有傳。　領軍：官名。中領軍的省稱。資深者爲領軍將軍。掌禁衛軍及京師諸軍。宋三品。　劉勔（miǎn）：字伯猷，彭城（今江蘇徐州市）安上里人。本書卷三九、《宋書》卷八六有傳。　機事：國家樞機大事。

[10]侍中：官名。往來殿中奏事，故名。南朝宋爲門下之侍中省長官，侍衛皇帝左右，顧問應對，諫諍糾察，平議尚書奏事。或加予宰相、尚書等高級官員，使出入殿省，入宫議政。兼統宫廷内侍諸署。宋三品。

[11]石頭戍：地名。又稱石頭城，在今江蘇南京市西清涼山。《景定建康志》卷一七“石頭山”條引《丹陽記》：“石頭城，吴時悉土塢，義熙初始加磚累甓，因山以爲城，因江以爲池，地形險固，尤有奇勢，亦謂之石首城。”

元徽二年五月，[1]江州刺史桂陽王休範舉兵於尋陽，[2]朝廷惶駭，[3]帝與褚彦回等集中書省計議，[4]莫有言者。帝曰：“昔上流謀逆，皆因淹緩以敗，休範必遠懲前失，輕兵急下，乘我無備，請頓新亭以當其鋒。”[5]因索筆下議，餘並注同。[6]中書舍人孫千齡與休範有密契，[7]獨曰：“宜依舊遣軍據梁山。”[8]帝正色曰：“賊今已近，梁山豈可得至！新亭既是兵衝，所欲以死報國耳。”乃單車白服出新亭。[9]加帝使持節、都督征討諸軍事、平南將軍，[10]加鼓吹一部。[11]築新亭城壘未畢，賊前軍已至，帝方解衣高卧，以安衆心。乃索白虎幡，[12]登西垣，使寧朔將軍高道慶、羽林監陳顯達、員外郎王敬則，[13]浮舸與賊水戰，[14]大破之。未時，張敬兒斬休範首，[15]臺軍及賊衆俱不知。其别率杜黑蠡急攻東壘，[16]帝挺身上馬，帥數百人出戰，與黑蠡拒戰，自晡達明旦，[17]矢石不息。其夜大雨，鼓叫不復相聞。將士積日不得寢食，[18]軍中馬夜驚，城内亂走。帝執燭正坐，厲聲呵止之，如是者數四。

[1]元徽：南朝宋後廢帝劉昱年號（473—477）。

[2]桂陽王休範舉兵於尋陽：元徽二年五月，休範以清君側爲名，自江州起兵攻向京城，旋被臺軍戰敗。詳見《資治通鑑》卷一三三《宋紀十五》元徽二年條。

[3]惶駭：驚駭。

[4]中書省：官署名。南朝宋沿置，設中書令一人，中書監一人，中書侍郎四人，中書通事舍人四人，掌管國家政事，地位重要，號稱“西臺”。

[5]頓：屯駐軍隊。　新亭：亭名。故址在今江蘇南京市西南。

[6]注同：簽署認可。《資治通鑑》卷一三三《宋紀十五》元徽二年胡三省注：“並注名同道成議也。”

[7]中書舍人：官名。中書通事舍人的省稱。亦可簡稱通事舍人或舍人。中書省屬官。掌收納、轉呈文書章奏。宋七品。　密契：秘密相約。

[8]梁山：山名。在今安徽和縣、蕪湖市之間。分東西二山，和縣境者爲西梁山，蕪湖市境内者爲東梁山。原名博望山，二山隔江對峙如門闕，故亦名天門山。

[9]單車：駕一輛車。形容輕車簡從。　白服：便服。

[10]都督征討諸軍事：官名。出征時爲一路軍事長官，總管所部軍政事務。　平南將軍：官名。與平東、平西、平北合稱四平將軍。宋三品。

[11]鼓吹：備有鼓鉦蕭笳樂器的樂隊，用於大駕出游行軍。古代以賜功臣勳將。

[12]白虎幡：畫有白虎圖像的旗幟，持之以爲傳達皇帝詔令及軍令的標識。

[13]寧朔將軍：官名。宋四品。　高道慶：南朝宋時人，祖籍南郡（今湖北荊州市）。本書卷四〇、《宋書》卷八三有附傳。　羽林監：官名。掌宿衛護從。宋五品。　陳顯達：南彭城彭城（今江蘇鎮江市）人。本書卷四五、《南齊書》卷二六有傳。　員外郎：官名。本指正員以外的郎官。晋武帝始設員外散騎常侍、員外散騎侍郎，簡稱員外郎。　王敬則：臨淮射陽（今江蘇寶應縣）人，僑居晋陵南沙（今江蘇常熟市）。本書卷四五、《南齊書》卷二六有傳。

[14]舸（gě）：船、舟。

[15]張敬兒：本名苟兒，宋明帝以其名鄙，改焉。南陽冠軍（今河南鄧州市）人。本書卷四五、《南齊書》卷二五有傳。

[16]別率：偏軍將領。　杜黑蠡：此名有杜墨騾、杜黑騾、杜墨蠡等多種記載，《資治通鑑》卷一三三《宋紀十五》所附《考異》、洪頤煊《諸史考異》、朱季海《南齊書校議》、丁福林《南齊書校議》等書從各個角度探討該名的變化以及其中蘊含的文化内涵等問題（參見王鑫義、張欣主持校注今注本《南齊書》，第35—36頁）。

[17]晡：十二時辰的申時，相當於今下午三時至五時，亦可泛指晚間。

[18]積日：累日，連日。

賊帥丁文豪設伏，破臺軍於皁莢橋，[1]直至朱雀航，[2]王道隆、劉勔並戰没。[3]初，勔高尚其意，託造園宅，[4]名爲“東山”，頗忽時務。帝謂曰：“將軍以顧命之重，[5]此是艱難之日，而深尚從容，廢省羽翼，[6]一朝事至，悔可追乎！”勔不納，竟敗。及賊進至杜姥宅，[7]車騎典籤茅恬開東府納賊，[8]冠軍將軍沈懷明於石頭奔散，張永潰於白下，[9]宫内傳新亭亦陷，太后執蒼梧王手泣曰：[10]“天下事敗矣。”帝遣軍主陳顯達、任農夫、張敬兒、周盤龍等從石頭濟淮，[11]間道自承明門入衛宫闕。[12]

[1]臺軍：晋、宋間謂朝廷禁省爲臺，故稱禁城爲臺城，官軍爲臺軍，使者爲臺使。　皁莢橋：在今江蘇南京市城區西南隅，當時的新亭之北。

[2]朱雀航：橋名。即大桁。航，通“桁”，意爲浮橋。朱雀橋在建康城南門朱雀門外秦淮河上。故址約在今江蘇南京市中華門内鎮淮橋稍東。

[3]王道隆：吴興烏程（今浙江湖州市）人。仕宋，被宋明帝所寵，兼中書通事舍人，擅權。本書卷七七有附傳，《宋書》卷九四有傳。

[4]託造：寄託（依託）在建造上。

[5]顧命：天子臨終遺命。

[6]廢省羽翼：放棄組建黨羽（的時機）。

[7]杜姥（mǔ）宅：宅名。《建康實録》卷七《顯宗成皇帝》：晋成帝杜皇后母裴穆，“立第於南掖門外，時以裴氏壽考，故呼爲杜姥宅，在今縣東北三里東宫城南路西”。故址在今江蘇南京市。

[8]車騎典籤茅恬開東府納賊：這一表述有爲尊者諱之嫌。

《資治通鑑》卷一三三《宋紀十五》所附《考異》，以及丁福林《南齊書校議》皆以爲開門納賊者實爲褚澄，《宋書》及《南齊書》爲尊者諱改，諉過於茅恬（第8頁）。本書未察其實，沿襲《南齊書》等的表述。車騎典籤，即車騎將軍典籤的省稱。車騎將軍，官名。作戰時領車騎士，故名。位次驃騎將軍，在諸名號將軍上，南朝多爲軍府名號加授大臣、重要州郡長官，無具體職掌。宋二品。典籤，南北朝置，原爲州、府掌管文書的佐吏。但由於南朝宋時多以年幼的皇子出鎮，皇帝委派親信擔任此職以監護之，權任漸重。常由寒人擔任，品階雖不高，但權力很大。至齊初典籤權力猶重，一歲數返朝奏事，威行州部，被稱爲典籤帥或籤帥。至齊明帝誅殺諸王以後，典籤權任漸輕。東府，本西晋末司馬睿鎮建鄴（今江蘇南京市）時治所。東晋初，就東府爲皇宫。成帝咸和間，遭蘇峻之亂，宫闕被毁。其地後爲東晋及南朝揚州刺史治所。晋安帝義熙十年（414）曾於此築東府城。

[9]白下：地名。在今江蘇南京市北金川門外幕府山南麓，北臨大江，爲軍事要地。

[10]太后：宋明帝皇后王貞風，琅邪臨沂（今山東臨沂市）人。蒼梧王（後廢帝）即位，尊爲皇太后。本書卷一一、《宋書》卷四一有傳。　蒼梧王：宋明帝長子後廢帝劉昱被廢殺後追封的爵號。本書卷三、《宋書》卷九有紀。蒼梧，郡名。治廣信縣，在今廣西梧州市。

[11]軍主：官名。南北朝置，爲一軍之主將，其下設有軍副。所統兵力無定員，自數百人至萬人以上不等。在南朝無固定品階，多以將軍領之，最高者爲三品將軍。　任農夫：臨淮（今江蘇盱眙縣）人。《宋書》卷八三有附傳。　周盤龍：北蘭陵蘭陵（今山東蘭陵縣）人。仕宋、齊，齊時以軍功聞名南北。本書卷四六、《南齊書》卷二九有傳。

[12]承明門：南朝宋臺城北門（本名廣莫門，元嘉二十五年改名承明門），在今江蘇南京市城區東北部。

時休範典籤許公與詐稱休範在新亭，[1]士庶惶惑，詣壘期赴休範，投名者千數，及至，乃是帝。[2]隨得輒燒之。登城北謂曰："劉休範父子先昨皆已死，戮屍在南岡下，身是蕭平南，諸軍善見觀。汝等名皆已焚除，勿懼也。"[3]臺分遣衆軍擊平賊，帝振旅凱入。[4]百姓緣道聚觀，[5]曰："全國家者，此公也。"帝與袁粲、褚彦回、劉彦節引咎解職，[6]不許。遷散騎常侍、中領軍、都督、南兗州刺史、鎮軍將軍，[7]進爵爲公。與袁粲、褚彦回、劉彦節等更日入直決事，[8]號爲"四貴"。

[1]公與：馬宗霍《南史校證》認爲《册府元龜》卷一八四、《資治通鑑》卷一三三皆作"公輿"，"輿""與"形近，"疑'輿'字是"（第77頁）。中華本校勘記亦認爲當作"輿"字。

[2]"詣壘期赴休範"至"乃是帝"：馬宗霍《南史校證》認爲"'乃是帝'下，依文當疊一'帝'字，分屬下句"，並引《南齊書·高帝紀》"詣壘投名者千數，太祖隨得輒燒之"爲據，以爲"語尤簡明"（第77頁）。關於帝字應補添一疊字的觀點，王鳴盛《十七史商榷》卷五五"及至乃是帝"條已先有此種論斷。馬宗霍似失檢。高敏《南北史掇瑣》認爲本書較《南齊書》所增者"僅'及至，乃是帝'五字，遂使情節更爲完美。誠如王鳴盛在《十七史商榷》中所云'得此五字，更情事如繪矣'，因'知延壽亦有可取處'"（第31頁）。

[3]"身是蕭平南"至"勿懼也"：馬宗霍《南史校證》認爲"諸軍"當從《南齊書·高帝紀》、《資治通鑑》卷一三三作"諸君"；"善見觀"三字連文，"頗費解，疑是當時常語，《通鑑》易爲'諦視之'，語意乃顯"（第78頁）。王鳴盛《十七史商榷》卷五五"諸軍善見觀"條已推斷"諸軍"當作"諸君"，並提出"善

見覩”“當是如今俗言‘仔細識認’”。這一論述可與馬宗霍所論相互參照。

[4]振旅：整頓部隊，班師回朝。　凱入：凱旋歸來。

[5]緣道：沿途。

[6]劉彦節：彭城（今江蘇徐州市）綏輿里人。本書卷一三有附傳。

[7]中領軍：官名。掌京師駐軍及禁軍。宋三品。　鎮軍將軍：官名。與中軍將軍、撫軍將軍位比四鎮將軍。宋三品。

[8]入直：到宫中值班供職。殿本同，汲古閣本作“直入”。

休範平後，蒼梧王漸行凶暴，屢欲害帝，嘗率數十人直入鎮軍府。[1]時暑熱，帝晝卧裸袒，蒼梧立帝於室内，畫腹爲射的，[2]自引滿，將射之。帝神色不變，斂板曰：[3]“老臣無罪。”蒼梧左右王天恩諫曰：“領軍腹大，是佳射堋，[4]而一箭便死，後無復射，不如以雹箭射之。”[5]乃取雹箭，一發即中帝臍。蒼梧投弓於地，大笑曰：“此手何如？”時建平王景素爲朝野歸心，[6]潛爲自全計，布誠於帝，帝拒而不納。景素尋舉兵，帝出屯玄武湖，[7]事平乃還。

[1]嘗：汲古閣本同，殿本作“常”。按，常，通“嘗”。

[2]射的：箭靶。

[3]斂板：端持手版近身以示恭敬。

[4]射堋（péng）：亦作“射棚”。射垛，箭靶。

[5]以：殿本同，汲古閣本作“一”。按，王鳴盛《十七史商榷》認爲當作“以”。　雹箭：馬宗霍《南史校證》認爲《資治通鑑》卷一三四胡三省注以《集韻》“骨鏃也”爲據，並作進一步討

論，不確。胡三省未引《南史》“雹箭”一詞例，“雹”字從雨不從骨，“本不取義於骨制”；《太平御覽》卷三七一引《齊書》，“雹箭”作“髆箭”；“以‘雹‘名箭，亦是借字”。(第78—79頁)

[6]建平：郡名。治巫縣，在今重慶巫山縣。　景素：劉景素，彭城（今江蘇徐州市）綏輿里人。宋文帝孫，建平王劉宏之子。本書卷一四、《宋書》卷七二有附傳。

[7]玄武湖：湖名。俗稱後湖，又名練湖，南朝宋元嘉中改名玄武湖。即今江蘇南京市城東北玄武門外玄武湖。

帝威名既重，蒼梧深相猜忌，刻木爲帝形，畫腹爲射堋，自射之，又命左右，射中者加賞，皆莫能中。時帝在領軍府，蒼梧自來燒之，冀帝出，因作難，帝堅卧不動。蒼梧益懷忿患，所見之物，呼之爲帝。加以手自磨鋋，[1]曰：“明日當以刃蕭道成。”[2]陳太妃罵之曰：[3]“蕭道成有大功於國，今害之，誰爲汝盡力？”故止。高帝謀與袁、褚廢立，[4]皆不見從。

[1]鋋（chán）：短矛。

[2]刃：原指刀刃，這裏指刺殺。

[3]陳太妃：蒼梧王之母。宋明帝陳貴妃，名陳妙登，丹陽建康（今江蘇南京市）人，屠家女。本書卷一一、《宋書》卷四一有傳。

[4]與：殿本同，汲古閣本作“於”。　袁、褚：前文之袁粲、褚彦回。

五年七月戊子，楊玉夫等與直閤將軍王敬則通謀弑蒼梧。[1]齎首，[2]使左右陳奉伯藏衣袖中，[3]依常行法稱敕開承明門，出囊貯之，[4]以與敬則。敬則馳至領軍府，叩門大自言報帝，[5]門猶不開，敬則自門窐中以首見帝，[6]帝猶不信，乃於牆上投進其首，帝索水洗視，敬則乃踰垣入。[7]帝跣出，[8]敬則叫曰："事平矣。"帝乃戎服，[9]乘常所騎赤馬，夜入殿中，殿中驚怖；及知蒼梧死，咸稱萬歲。至帝踐祚，號此馬爲"龍驤赤"。[10]明旦，召袁粲、褚彦回、劉彦節入會西鍾槐樹下計議。[11]帝以事讓彦節，彦節未答。帝鬚髯盡張，眼光如電。次讓袁粲，又不受。敬則乃拔刀，在牀側躍麾衆曰："天下之事，皆應關蕭公，[12]敢有開一言者，血染敬則刀！"仍呼虎賁、劍戟、羽儀，[13]手自取白紗帽加帝首，[14]令帝即位，曰："今日誰敢復動，事須及熱。"[15]帝正色呵之曰："卿都不自解。"[16]粲欲有言，敬則又叱之，乃止。帝乃下議，備法駕，[17]詣東城，迎立順帝。[18]於是長刀遮粲、彦節等，[19]失色而去。甲午，帝移鎮東府，與袁粲、褚彦回、劉彦節各甲仗五十人入殿。丙申，加侍中、司空、録尚書事、驃騎大將軍，[20]封竟陵郡公，[21]給油幢車，[22]班劍三十人。[23]帝固辭上台，[24]即授以驃騎大將軍、開府儀同三司。[25]

[1]"五年七月戊子"至"通謀弑蒼梧"：《金樓子》卷一《箴戒》記載此事云："宋蒼梧王昱嘗飲酒醉，於仁壽殿東阿氈幄中卧。時楊玉夫見昱醉無所知，乃與楊萬年同入氈幄中，以千牛刀斬之。"本書卷三《宋後廢帝紀》元徽五年（477）七月戊子條記此事更詳，可以參見。楊玉夫同謀的二十五人名姓，《宋書》卷九《後廢帝紀》有具體記載。直閤將軍，官名。皇帝左右侍衛武官。

［2］齎：攜帶，持，拿。

［3］陳奉伯：亦名列二十五人之中。

［4］貯：貯藏，收藏。

［5］叩門大自言報帝：《資治通鑑》卷一三四《宋紀十六》昇明六年作“叩門大呼”。自，汲古閣本、殿本作“聲”。

［6］門窐：古代門旁圭形的小洞。窐，孔，洞。

［7］踰垣：跳越短墻。指逃跑。

［8］跣出：赤足走出。跣，赤足，光脚。

［9］戎服：軍裝。此處指著軍裝。

［10］龍驤赤：《南齊書》卷一《高帝紀上》作“號此馬爲‘龍驤將軍’，世謂爲‘龍驤赤’”。按，本書牽合兩説，疑誤。

［11］西鍾：西側鐘樓下。《南齊書》卷四《鬱林王紀》有“見一人戎服，從數百人，急裝，在西鍾樓下”語。

［12］關：白。向某人報告。

［13］虎賁、劍戟：禁衛武士。　羽儀：儀仗隊伍。

［14］白紗帽：南朝紗帽形制，《通典》卷五七《禮典十七》：“宋制黑帽，綴紫標，標以繒爲之，長四寸，廣一寸，後制高屋，白紗帽。齊因之。梁因制，頗同。至於高下翅之卷小異耳。皆以白紗爲之。”王鳴盛《十七史商榷》卷五五：“白紗帽爲帝者服甚明，蓋便服也。”趙翼《廿二史劄記》卷一二“人君即位冠白紗帽”條：“是古來人君即位例著白紗帽。蓋本太子由喪次即位之制，故事相沿，遂以白紗帽爲登極之服也。”

［15］事須及熱：事情應趁時機及時辦理。這裏指盡快即帝位。

［16］都不自解：都不明白事理。皆糊塗。

［17］法駕：皇帝的車駕。也稱法車鹵簿。鹵簿分大駕、法駕、小駕三種，其儀衛之繁簡各有不同。

［18］順帝：南朝宋順帝劉準。宋明帝第三子。本書卷三、《宋書》卷一〇有紀。

［19］遮：遮擋，阻攔。

［20］録尚書事：官名。總録尚書臺事務。朝廷重臣所加之要職，職無不總，權重三公。　驃騎大將軍：官名。南朝多加於元老重臣，開府置吏，不領兵。宋二品。

［21］竟陵郡公：封爵名。竟陵，郡名。治萇壽縣，在今湖北鍾祥市。

［22］油幢車：一種張有油布車帷的牛車。特賜王公重臣。

［23］班劍：本指飾有花紋的劍。此指佩戴劍的衛士。漢代佩爲真劍，後世改爲木劍。用作賞賜權臣入朝的儀仗。班，通“斑”。

［24］上台：時稱三公爲上台。

［25］開府儀同三司：官名。取得與三公（三司）相近的禮制、待遇。可開府邸，辟僚屬。爲大臣的加銜。宋一品。

十二月，荆州刺史沈攸之反，[1]稱太后詔已下都。乙卯，帝入居朝堂，[2]命諸將西討，平西將軍黄回爲都督前驅。[3]先是，太后兄子前湘州刺史王藴，[4]遭母喪罷任，還至巴陵，[5]停舟與攸之密謀，乃下達郢州。[6]武帝時爲郢州長史，藴伺武帝出弔，因作亂，據郢城。武帝知之，不出。藴還至東府前，又期見高帝，帝又不出弔。再計不行，外謀愈固。司徒袁粲、尚書令劉彦節見帝威權稍盛，[7]慮不自安，與藴及黄回等相結舉事，殿内宿衛主帥無不協同。及攸之反問初至，帝往石頭詣粲謀，粲稱疾不相見，剋壬申夜起兵據石頭。其夜丹陽丞王遜告變。[8]彦節從弟領軍韞及直閤將軍卜伯興等嚴兵爲内應，[9]帝命王敬則於宫内誅之。遣諸將攻石頭，王藴將數百精手，[10]帶甲赴粲，城門已閉，官軍又至，乃散。衆軍攻石頭，斬粲，彦節走額擔湖，[11]藴逃鬭場，[12]並禽斬之。粲典籤莫嗣祖同粲謀，藴嬖人張承伯藏匿蘊，高帝亦並赦而用之。時黄回頓新亭，聞石頭已下，因稱救援，高帝知而不言，撫之愈厚，遣回西上，流涕告别。

［1］沈攸之：字仲達，吴興武康（今浙江德清縣）人。本書卷三七有附傳，《宋書》卷七四有傳。

［2］乙卯，帝入居朝堂：中華本校勘記云："《宋書·順帝紀》作'丁卯'，其前有'丁巳'。按十二月庚戌朔，初六日乙卯，初八日丁巳，十八日丁卯，丁巳後不得有乙卯，據《宋書》改。"馬宗霍《南史校證》對此亦有辨析（第80頁）。

［3］平西將軍：官名。漢獻帝建安末，劉備置。三國魏時與平東、平南、平北將軍合稱四平將軍。宋三品。　黄回：竟陵郡（今湖北鍾祥市）軍户。本書卷四〇、《宋書》卷八三有傳。

［4］湘州：州名。治臨湘縣，在今湖南長沙市。　王藴：字彦深，琅邪臨沂（今山東臨沂市）人。本書卷二三、《宋書》卷八五有附傳。

［5］巴陵：郡名。治巴陵縣，在今湖南岳陽市。

［6］郢州：州名。治夏口城，在今湖北武漢市武昌區。

［7］司徒：官名。掌民事。郊祀掌省牲視濯，大喪安梓宫。與太傅、太保、太宰、太尉、司空、大司馬、大將軍合稱"八公"。宋一品。　劉彦節：劉秉，字彦節，彭城（今江蘇徐州市）綏輿里人。宋宗室，劉裕弟劉道憐之孫。本書卷一三、《宋書》卷五一有附傳。

［8］丹陽：郡名。治建康縣，在今江蘇南京市。

［9］卜伯興：吴興餘杭（今浙江杭州市餘杭區）人。《宋書》卷九一有附傳。　嚴兵：猶陳兵，部署軍隊。

［10］精手：精鋭的兵卒。

［11］領擔湖：擔，《南齊書》卷一《高帝紀上》、《資治通鑑》

卷一三四《宋紀十六》昇明元年皆作“檜”，馬宗霍《南史校證》認爲本書作“擔”應爲形近致誤（第80頁）。魏嵩山主編《中國歷史地名大辭典》以“雒簷湖”立目，云：“一作額檐湖、迎檐湖。在今江蘇南京市西北。今堙爲田。”（廣東教育出版社1995年版，第1226頁）

[12]鬬場：東晋成帝咸和中，詔内外諸軍閲習兵事於京城建康南郊之場，自此名其地爲鬬場。

二年正月，沈攸之平。[1]二月，宋帝進高帝太尉，都督十六州諸軍事，高帝表送黄鉞。[2]三月己酉，增班劍四十人、甲仗百人入殿。[3]丙子，加羽葆、鼓吹。[4]大明、泰始以來，[5]相承奢侈，百姓成俗，及高帝輔政，奏罷御府，[6]省二尚方諸飾玩，[7]至是，又上表禁人間華僞雜物，[8]凡十七條。[9]其中宫及諸王服用，雖依舊例，亦請詳制。[10]

[1]二年正月，沈攸之平：丁福林《南齊書校議》卷一《高帝上》云：“上文出元徽五年，且於元徽五年七月殺蒼梧王後但云‘備法駕詣東城，迎立順帝’，而不記改元昇明之事，遂使此‘二年’竟無紀元。考元徽五年七月，蕭道成弑後廢帝而迎立順帝，改元昇明。本卷爲蕭道成諱而不書改元，故昇明元年事乃可記入元徽五年，而此‘二年’無年號則非是。是此‘二年’前應益‘昇明’二字。”（第8頁）

[2]黄鉞：飾以黄金的斧。本爲帝王征伐專用。三國以後，個别重臣出征時假授黄鉞，爲皇帝授予的最高恩遇，擁有權力大於使持節，可誅殺持節鎮守一方的軍事長官。

[3]甲仗：披甲執兵的衛士。

[4]羽葆：古代葬禮儀仗的一種。以鳥羽置於柄頭如傘蓋，御者執之居前向導。亦泛指鹵簿或作爲天子的代稱。

[5]大明：南朝宋孝武帝劉駿年號（457—464）。

[6]御府：官署名。南朝宋武帝大明中改門下省細作署置，設令、丞各一員，隸少府。掌製作精巧手工藝品。

[7]尚方：官署名。南朝宋沿置，以本署爲右尚方，又改原相府作部爲左尚方，仍隸少府。掌製作一般軍械，精巧器玩兵器之製造則歸門下省細作署（後改爲御府）。後廢帝改細作爲中署，隸右尚方。

[8]華僞：虛浮詐僞。

[9]十七條：具體内容參見《南齊書》卷一《高帝紀上》。馬宗霍《南史校證》在對比了本書、《南齊書》《資治通鑑》之後，認爲《資治通鑑》記載於秋八月辛卯日，時間更明確，當有所本(第80—81頁)。

[10]詳制：《南齊書·高帝紀上》作“詳衷”。

九月丙午，加帝假黄鉞、都督中外諸軍事、太傅，[1]領揚州牧，[2]劍履上殿，[3]入朝不趨，[4]贊拜不名，[5]置左右長史、司馬、從事中郎、掾、屬各四人。[6]固辭，詔遣敦勸，[7]乃受黄鉞，辭殊禮。甲寅，給三望車。[8]

[1]都督中外諸軍事：總統中央、地方諸軍，爲全國最高軍事統帥，不常置。　太傅：官名。南朝用作贈官，名義尊榮，無職掌，多用以安置元老勳舊大臣。宋一品。

[2]州牧：官名。榮譽稱號，無實職，多授予權臣。

[3]劍履上殿：重臣的地位尊貴顯達，皇帝特許上殿時可不解佩劍，不脱履，以表示殊榮。

［4］入朝不趨：入朝不急步而行。大臣入朝必須趨步以示恭敬，入朝不趨是皇帝對大臣的一種殊遇。

［5］不名：不直呼其名，表示優禮或尊重。

［6］從事中郎：官名。主吏事。宋六品。齊置二人。

［7］敦勸：敦促勸勉。

［8］三望車：王公大臣所乘之車，有窗可望，分四望、三望、夾望等等級。

三年正月乙丑，[1]高帝表蠲百姓逋責。[2]丙辰，加前部羽葆、鼓吹。丁巳，命太傅府依舊辟召。[3]丁卯，給高帝甲仗五百人，出入殿省。甲午，[4]重申前命，劍履上殿，入朝不趨，奏拜不名。[5]三月甲辰，宋帝詔進帝位相國，[6]總百揆，[7]封十郡爲齊公，備九錫禮，[8]加遠游冠，[9]位在諸侯王上，加相國緑綟綬。[10]甲寅，使以備物典禮進，[11]策曰：[12]

［1］乙丑：中華本據《南齊書》卷一《高帝紀上》改作“乙巳”。

［2］逋責：逋債，欠債。

［3］辟召：除用掾史。

［4］甲午：中華本校勘記云，按正月癸卯朔，無“甲午”。二月癸酉朔，有甲午。疑“甲午”上脱“二月”二字。

［5］奏拜：《南齊書·高帝紀上》、《資治通鑑》卷一三五《齊紀一》建元元年作“贊拜”。馬宗霍《南史校證》認爲作“奏”誤（第81頁）。

［6］相國：官名。地位略尊於丞相，多爲權臣之職。

［7］百揆：各種政務。揆，事務，政事。

[8]九錫：古代帝王尊禮大臣所賜的九種禮器。

[9]遠游冠：冠名。《續漢書·輿服志》："遠遊冠，制如通天，有展筩横之於前，無山述，諸王所服也。"

[10]緑綟（lì）綬：一種黑黄而近緑色的絲帶。古代三公以上用緑綟色綬帶。

[11]備物：儀衛、祭祀等所用的器物。

[12]策曰：馬宗霍《南史校證》據《南齊書》卷二三《王儉傳》等認爲此策應爲王儉所作，本書有删節（第81頁）。

朕以不造，[1]夙罹閔凶，[2]嗣君失德，書契未紀，[3]威侮五行，[4]虔劉九縣，[5]神歆靈繹，[6]海水群飛，綴旒之殆，[7]未足爲譬，豈直《小宛》興刺，[8]《黍離》作歌而已哉。[9]天贊皇宋，實啓明宰，[10]爰登寡昧，[11]纂承大業，[12]高勳至德，振古絶倫，雖保衡翼殷，[13]博陸匡漢，[14]方斯蔑如也。[15]今將授公典禮，其敬聽朕命：

[1]不造：不幸。

[2]夙罹閔凶：遭遇凶事。夙，早。罹，遭遇。閔凶，指憂喪之事。宋順帝劉凖在其四歲時，其父明帝即去世。

[3]書契：圖書，史書。

[4]威侮五行：指後廢帝無帝王之德、倒行逆施。

[5]虔劉：劫掠，殺戮。　九縣：九州，中國。

[6]神歆靈繹：《文選》卷四八揚雄《劇秦美新》："神歇靈繹，海水群飛，二世而亡，何其劇與！"

[7]綴旒（liú）：同"贅旒"，比喻君主爲大臣挾持，實權旁落。贅，多餘。旒，古代旗幟下懸垂的飾物。

［8］《小宛》興刺：《小宛》，《詩・小雅》的篇名。《詩序》："小宛，大夫刺宣王也。"或亦指爲傷時之詩。刺，指責，諷刺。

［9］《黍離》作歌：用作感慨亡國之詞。《黍離》，《詩・王風》的篇名。《詩序》謂西周亡後，周大夫過故宗廟宫室，盡爲禾黍，彷徨不忍離去而作此詩。歌，詩也。

［10］明宰：賢能的宰相。此指蕭道成。

［11］寡昧：謂知識淺陋，不明事理。用爲謙稱。

［12］纂承：繼承。

［13］保衡：殷商相伊尹的尊號。　翼殷：輔佐殷商。翼，幫助，輔佐。

［14］博陸匡漢：霍光輔佐漢昭帝，廢昌邑王劉賀，擁立漢宣帝。博陸，霍光封邑之名。

［15］方斯蔑如：與蕭道成功勞相比，皆不如。極言蕭道成功勞之大。方，比，比擬。斯，此。蔑，不。

乃者袁、劉構禍，[1]寔繁有徒，子房不臣，[2]稱兵協亂，[3]顧瞻宫掖，[4]將成茂草，言念邦國，翦爲仇讎當此之時，人無固志。公投袂徇難，[5]超然奮發，登寅車而戒路，[6]執金板而先驅，[7]麾鉞一臨，凶黨水泮，[8]此則霸業之基，勤王之始也。

［1］袁、劉構禍：汲古閣本、殿本同，百衲本"劉"作"鄧"。王鳴盛《十七史商榷》謂"袁、劉"爲袁標、劉延熙。按，此應指宋明帝泰始元年（465）袁顗、鄧琬等舉兵向闕一事，詳見《宋書》卷八四二人本傳。馬宗霍《南史校證》引張元濟《元刊本南史跋》認爲，鄧琬爲謀主，劉延熙等爲響應之輩，九錫文"斷無遺首舉從之理"，作"鄧"是（第81—82頁）。

［2］子房不臣：南朝宋武帝子劉子房，於公元465年明帝即位

時，舉兵反，三吴晋陵並受命。次年，兵敗，子房被貶，後被殺。參見《宋書》卷八〇《松滋侯子房傳》、卷八四《孔覬傳》。

[3]協亂：脅迫作亂。協，通“脅”。

[4]宫掖：宫中。古稱嬪妃的居處爲掖庭。

[5]投袂（mèi）：甩袖。形容激動奮發。

[6]寅車：殷商時期稱兵車爲寅車，這裏借指兵車。

[7]金板：皇帝的詔書。

[8]水泮（pàn）：當借指冰泮。泮，融化。此處指像冰雪融化一樣消散。

安都背叛，竊據徐方，[1]敢率犬羊，陵虐淮浦。[2]索兒愚悖，[3]同惡相濟，天祚無象，[4]背順歸逆，北鄙黔黎，[5]奄墜塗炭。公受命宗祊，[6]精貫朝日，擁節和門，[7]氣踰霄漢，[8]破釜之捷，[9]斬馘蔽野，[10]石梁之戰，[11]禽其渠帥，[12]保境全人，江陽即序，[13]此又公之功也。

[1]徐方：古徐國，這裏代指徐州地區。

[2]淮浦：淮水地區。浦，水濱，岸邊。

[3]索兒愚悖：薛索兒愚昧混亂。

[4]天祚無象：天賜福祐並没有徵兆。

[5]北鄙：北方邊境地區。　黔黎：黎民百姓。

[6]宗祊（bēng）：宗廟。此指蕭道成受命於明帝，明帝神主入太廟，故稱“宗祊”。祊，宗廟之門，亦指廟門内設祭之處。

[7]和門：軍營之門。

[8]霄漢：天河。借指天空。

[9]破釜之捷：典出《史記》卷七《項羽本紀》。釜，鍋。後以破釜沉舟表示下定必死決心，有進無退幹到底。

[10]斬馘：斬敵首割下左耳計功。亦泛指戰場殺敵。

[11]石梁之戰：指蕭道成在石梁大敗薛索兒的戰役。石梁戍，東晉置，在今安徽天長市石梁鎮。

[12]渠帥：首領。是古代統治者對反抗者首領的蔑稱。

[13]江陽即序：江北地區很快安定下來。

張淹迷昧，[1]弗顧本朝，爰自南區，志圖東夏，潛軍間入，竊覬不虞。于時江服未夷，皇塗荐沮，[2]公忠誠慷慨，在險彌亮，以寡制衆，所向風偃，朝廷無東顧之憂，閩、越有來蘇之慶，[3]此又公之功也。

[1]迷昧：迷惑暗昧。

[2]皇塗荐沮：猶言皇室多難。塗，通“途”。荐，屢次。沮，《南齊書》卷一《高祖紀上》作“阻”。

[3]來蘇：因其到來而於困苦中獲得蘇息。

匈奴野心，侵掠疆埸，醜羯侜張，[1]勢振彭、泗。公奉辭伐罪，戒旦晨征，[2]兵車始交，氛祲時蕩，[3]弔死扶傷，弘宣皇澤，俾我淮、肥，復霑盛化，[4]此又公之功也。

[1]醜羯：對北方部族羯族的蔑稱。　侜（zhōu）張：囂張，强横。

[2]戒旦：黎明。

[3]氛祲：預示灾禍的雲氣。

[4]霑：浸潤。　盛化：昌明的教化。

自茲厥後，獫狁孔熾，[1]封豕長蛇，[2]重窺上國。而世故相仍，[3]師出已老，[4]角城高壘，指日淪陷。公眷言王事，[5]發憤忘食，躬擐甲冑，[6]視險若夷，分疆畫界，開創青、兖，[7]此又公之功也。

[1]獫（xiǎn）狁（yǔn）：又作“玁狁”，中國古代北方少數民族。代指北魏。　孔熾：猖獗，囂張。

[2]封豕長蛇：大豬與長蛇。比喻貪暴的人。

[3]世故：世事變故，變亂。世，殿本同，汲古閣本作“勢”。　相仍：接連不斷。

[4]老：衰竭，疲憊。

[5]眷言：也作“睠言”。眷顧，不捨。言，語辭，無義。

[6]擐（huàn）：穿着。

[7]開創：開拓，開闢。

桂陽負衆，[1]輕問九鼎，[2]裂冠毁冕，拔本塞源，[3]烈火焚于王城，飛矢集乎君屋，群后憂惶，元戎無主。公按劍凝神，則奇謨冠世，[4]把旄指麾，則懦夫成勇，信宿之間，宣陽底定，[5]此又公之功也。

[1]桂陽：代指南朝宋桂陽王劉休範。　負衆：憑恃人多勢衆。

[2]九鼎：代指中央皇權。

[3]拔本塞源：剷除事物發生的根源。多用於壞事。

[4]奇謨冠世：《南齊書》卷一《武帝紀上》“謨”作“謀”，“冠”作“貫”。奇謨，奇謀。冠世，當世之冠。

[5]宣陽底定：宣陽，即宣陽門。代指都城。底定，平定，安

定。馬宗霍《南史校證》云“宣陽謂桂陽王休範死後，其徒黨初未之知，猶擁衆推鋒進至宣陽門，臺分遣衆軍破平之，故曰宣陽底定也”（第82頁）。

皇室多難，釁起戚藩，建平失圖，[1]興兵内侮，公指授六師，義形于色，役未踰旬，朱方寧晏，[2]此又公之功也。

[1]建平：南朝宋建平王劉景素。

[2]朱方：春秋吴國地名。代指江南之地。

蒼梧肆虐，[1]諸夏糜沸，[2]淫刑以逞，誰則無辜，黔首相悲，朝不謀夕，高祖之業已淪，文、明之軌誰嗣。公遠稽殷、漢之義，[3]近遵魏、晋之典，猥以眇身，入奉宗祏，[4]七廟清謐，[5]九區反政，[6]此又公之功也。

[1]蒼梧：南朝宋後廢帝劉昱。

[2]諸夏：華夏。　糜沸：喻世事混亂之甚，如糜粥之沸於釜中。

[3]殷、漢：殷商和漢代。

[4]宗祏（shí）：宗廟中藏神主的石室。借指宗廟，宗祠。

[5]七廟：泛指帝王供奉祖先的宗廟。七廟本指四親廟（父、祖、曾祖、高祖）、二祧（遠祖）和始祖廟。

[6]九區：九州，華夏。

袁、劉攜貳，[1]成此亂階，[2]醜圖潛構，[3]危機竊發，據有石頭，志犯應、路。[4]公神謀内運，霜鋒外舉，[5]祅沴載澄，[6]國塗悦穆，[7]此又公之功也。

[1]袁、劉：指袁粲、劉彦節。　攜貳：懷有二心。

[2]亂階：禍亂根源。

[3]醜圖：壞的圖謀。　潛構：私下結謀。

[4]應、路：宫殿的正門。應門和路門。

[5]霜鋒：明亮鋭利的刀劍。

[6]祅沴（lì）：妖氛。喻寇亂。祅，同“妖”。　載澄：開始澄清。

[7]國塗：國家的前途。　悦穆：愉悦和樂。

沈攸苞禍，[1]歲月滋彰，[2]蠭目豺聲，[3]阻兵安忍，[4]乃眷西顧，緬同異域。[5]而經綸惟始，[6]九伐未申，[7]長惡不悛，[8]遂逞凶逆。公把鉞出關，凝威江甸，[9]正情與皦日同亮，[10]明略與秋雲競爽，[11]至義所感，人百其心，積年逋誅，[12]一朝顯戮，[13]沮溮安流，[14]章臺順軌，[15]此又公之功也。

[1]苞禍：包藏禍心。

[2]滋彰：逐漸變得顯明起來。

[3]蠭目豺聲：目如蜂眼突露，聲似豺狼。形容人面相凶悍。

[4]安忍：安於做殘忍的事；殘忍。

[5]緬：遥遠，久遠。

[6]經綸：籌劃治理國家大事。經綸，整理絲縷，理出頭緒。惟始：剛剛開始。惟，發語詞。

[7]九伐：古代指對九種罪惡的討伐。泛指征伐。

[8]長惡不悛：長期作惡，不肯悔改。

[9]凝威：集結兵力。　江甸：江南。

[10]皦日：明亮的太陽。多用於誓辭。

[11]競爽：媲美，争勝。

[12]逋誅：逃避誅罰。這裏指本應誅殺的在逃人員。

[13]顯戮：陳尸示衆。

[14]沮洳：受阻斷的水面。　安流：舒緩平穩地流動。

[15]章臺：宫殿名。指代國家大政。　順軌：步入正軌之意。

公有濟天下之勳，重之以明哲，道庇生靈，[1]志匡宇宙，戮力肆心，[2]劬勞王室，[3]險阻艱難，備嘗之矣。若乃締構宗稷之勤，[4]造物資始之澤，雲布霧散，光被六幽，[5]弼予一人，永清四海。是以秬草騰芳於郊園，[6]景星垂暉於清漢，[7]遐方款關而慕義，荒服重譯而來庭，汪哉邈乎，[8]無得而名也。朕聞疇庸表德，[9]前王盛典，崇樹侯伯，有國攸同，所以文命成功，玄圭顯錫，姬旦宣哲，[10]曲阜啓藩。或改玉以弘風，或胙土以宣化，[11]禮絶常班，寵冠群辟。爰逮桓、文，[12]車服異數。惟公勳業超於先烈，[13]而褒賞闕於舊章，古今之道，何其爽歟！[14]静言欽歎，[15]良有缺然。今進授相國，以青州之齊郡、徐州之梁郡、南徐州之蘭陵魯郡琅邪東海晋陵義興、揚州之吴郡會稽，[16]凡十郡，封公爲齊公。錫兹玄土，苴以白茅，[17]定爾邦家，用建冢社。[18]斯實尚父故藩，世作盟主，紀綱侯甸，[19]率由舊則。往者周、召建國，[20]師保兼任，毛、畢執珪，[21]入作卿士，内外之寵，同規在昔。今命使持節、兼太尉、侍中、中書監、司空、衛將軍雩都縣開國侯彦回，[22]授公相國印綬、齊公璽紱。[23]持節、兼司空、守尚書令僧虔授齊公茅土，[24]金虎符第一至第五左，[25]竹使符第一至第十左。[26]相國位總百辟，[27]秩踰三事，[28]職以禮移，號隨事革，其以相國總百揆，去録尚書之稱，[29]送所假節、侍中貂蟬、中外都督太傅太尉印綬、竟陵公印策，[30]其驃騎大將軍、揚州牧、南徐州刺史如故。

［1］生靈：人民，百姓。

［2］戮力：合力，協力。　肆心：用心，盡心。

［3］劬勞：勞累，勞苦。

［4］締構：締造。　宗稷：宗廟社稷。

［5］六幽：天地四方幽遠之處。

［6］秬（jù）草：猶嘉穀。象徵祥瑞。秬，黑黍。與鬱金香草合釀宗廟祭祀用的鬯酒。　騰芳：亦作騰芬。美名遠揚。

［7］景星：大星，德星，瑞星。古謂現於有道之國。　清漢：天河，霄漢。

［8］汪哉邈乎：汪，宋蜀本《南齊書》卷一《高帝紀上》作“注”。馬宗霍《南史校證》認爲“注”爲“汪”之誤（第 82 頁）。汪，形容水面浩大，喻德行博大。

［9］疇庸：酬報功勞。疇，通“酬”。

［10］姬旦：周公旦。姬姓，故稱。　宣哲：《南齊書·高帝紀上》作“秉哲”，馬宗霍《南史校證》以爲是《南史》避唐諱改（第 83 頁）。秉富有才智。

［11］胙土：帝王將土地賜封功臣宗室，以酬其勳勞。

[12]桓、文：春秋霸主，齊桓公與晋文公。

[13]勳業：功業，功績。

[14]爽：差錯，違背。

[15]欽歎：贊嘆。

[16]青州：僑州名。治鬱洲，在今江蘇連雲港市東雲臺山一帶。　齊郡：僑郡名。南朝宋初年治臨淄縣，在今山東淄博市臨淄區北。宋明帝泰始五年，北魏攻克青州，齊地、淮北入魏，宋於鬱洲僑置齊郡，又稱爲南齊郡，在今江蘇連雲港市一帶。　梁郡：僑郡名。治所不詳，約當今安徽壽縣。　蘭陵：郡名。此指南蘭陵郡。　魯郡：僑郡名。即南魯郡。治魯縣，當在今江蘇鎮江、無錫二市間。　琅邪：僑郡名。即南琅邪郡。寄治白下城，在今江蘇南京市北金川門外幕府山南麓。邪，又作“琊”。　義興：郡名。治陽羨縣，在今江蘇宜興市。　吴郡：郡名。治吴縣，在今江蘇蘇州市。

[17]苴：包裹。

[18]冢社：猶冢土。大社，天子祭神的地方。

[19]侯甸：侯服與甸服。古代王畿外圍千里以内的區域。

[20]周、召：周初重要輔佐之臣，周公旦與召公奭。

[21]毛：名叔鄭。周文王第九子。毛，爲其所封之采邑名。周成王時期的重要輔佐大臣。　畢：名高。周文王第十五子。武王克商，封高於畢，因以爲姓。周康王時期重臣。

[22]中書監：官名。與中書令職務相等而位次略高，同掌機要，爲事實上的宰相。　雩（yú）都：縣名。治所在今江西于都縣。　開國侯：爵名。初指侯爵中開國置官食封者，後僅爲爵位名。食邑爲郡或縣，故前冠以郡縣名。

[23]璽紱（fú）：璽綬。亦作“璽韍”。

[24]僧虔：王僧虔，琅邪臨沂（今山東臨沂市）人。仕宋歷武陵、吴興、會稽太守，累遷至吏部尚書、中書令、尚書令。本書卷二二有附傳，《南齊書》卷三三有傳。　茅土：古代封王侯時，

用代表方位的五色土築壇，按封地所在方向取一色土，包以白茅而授之，作爲受封者得以有國建社的表徵。

[25]金虎符：古代發兵或表明身份的憑證。金質或金飾之虎符。

[26]竹使符：漢時竹製的信符。右留京師，左與郡國。凡發兵用銅虎符，其餘徵調用竹使符。

[27]百辟：百官。

[28]秩踰三事：秩級超過了三公。三事，指代三公。按，中華本《南齊書·高帝紀上》作“三鉉”，其校勘記云:“‘三鉉’南監本、毛本、殿本、局本作‘三事’。”朱季海《南齊書校議》云：“當是南監、毛氏所據同闕此字，南監始臆補‘事’字，而諸本承其訛。尋《文選》王仲寶《褚淵碑文》‘爰登中鉉’，李注云‘《周易》曰：鼎金鉉。鄭玄曰：金鉉，喻明道能舉君之官職也。鄭玄《尚書注》曰：鼎，三公象也’，是三鉉猶三公，改字非是。”（第9頁）是以三鉉稱三公，應作“鉉”。

[29]録尚書：官名。總領尚書省政務。南朝宋孝武帝孝建中，不欲威權外假，遂省。其後置省無常。南齊始單拜，成爲正式官號，爲尚書省長官。

[30]貂蟬：貂尾和附蟬，古代爲侍中、常侍等貴近之臣的冠飾。　中外都督：都督中外諸軍事之省稱。　印策：官印和授爵的策書。

又加公九錫，其敬聽後命：

以公執禮弘律、儀形區宇、遐邇一體，[1]人無異業。是用錫公大輅、戎輅各一，[2]玄牡二駟。[3]公崇修南畝，所寶惟穀，王府充實，百姓繁衍。是用錫公衮冕之服，[4]赤舄副焉。[5]公居身以謙，導物以義，鎔鈞庶品，[6]罔不和悦。是用錫公軒縣之樂，[7]

八佾之儛。[8]公翼贊王猷，[9]聲教遠洽，[10]蠻夷竭歡，[11]回首内附。是用錫公朱户以居。公明鑒人倫，澄辨涇、渭，[12]官方與能，[13]英乂克舉。[14]是用錫公納陛以登。[15]公保佑皇朝，厲身化下，杜漸防萌，含生寅式。[16]是用錫公虎賁之士三百人。公禦宄以刑，[17]禦姦以德，君親無將，[18]將而必誅。是用錫公鈇鉞各一。公鳳舉四維，[19]龍騰八表，[20]威靈所振，異類同乂。[21]是用錫公彤弓一、彤矢百、盧弓十、盧矢千。[22]公明發載懷，[23]肅恭禋祀，[24]孝敬之重，義感靈祇。[25]是用錫公秬鬯一卣，[26]圭瓚副焉。齊國置丞相以下，敬遵舊式。往欽哉，[27]其祇服朕命，[28]經緯乾坤，宏亮洪業，茂昭爾大德，闡揚我高祖之休命。

[1]儀形：楷模，法規。此處意爲作爲楷模。形，汲古閣本、殿本作“刑”。

[2]大輅：亦作大路。玉輅。古時天子所乘之車。　戎輅：兵車。

[3]玄牡：古代祭天地用的黑色公牛或馬。　二駟：八匹。

[4]衮冕：衮衣和冕。古代帝王與上公的禮服和禮冠。

[5]赤舄（xì）：古代天子、諸侯所穿的鞋。赤色，重底。

[6]鎔鈞：熔鑄金屬的模具和製作陶器所用的轉輪。意爲陶冶、垂範。　庶品：普通百姓。

[7]軒縣：古代諸侯陳列樂器三面懸挂。縣，通“懸”。

[8]八佾：古代天子用的一種樂舞，縱横都是八人，共六十四人。佾，舞列。　儛：通“舞”，舞蹈。馬宗霍《南史校證》以爲《南齊書》作“六佾”爲是，此時策爲齊公，不得用八佾（第83

頁）。按，八爲六之殘字？是否需嚴格遵守周制，能否用八佾宜再考。

[9]翼贊：輔佐。　王猷：王道。

[10]遠洽：廣博，遍布。

[11]竭歡：都很快樂。竭，盡，全都。

[12]涇、渭：涇水和渭水。涇河水清，渭河水濁，兩河合流，清濁不混。常比喻好壞標準，是非界限。

[13]與能：推薦有才能的人。與，通“舉”。

[14]英乂：才智突出者。　克舉：能够被舉薦。

[15]納陛：鑿殿基爲登升的陛級，納之於檐下，不使露而升，故名。納陛爲古代賜給有特殊功勳者的“九錫”之一。

[16]含生：擁有生命。　寅式：敬畏大道（法律）。寅，恭敬，敬畏。

[17]禦宄：對付宫闈内部作亂者。

[18]君親無將：不得存有謀逆之心。將，逆亂。

[19]鳳舉：飄然高舉。　四維：四面八方。

[20]八表：八方之外，指極遠的地方。

[21]異類同乂：《南齊書》卷一《高帝紀上》作“異域同文”。同乂，都得到安定、治理。

[22]盧弓十、盧矢千：盧，《南齊書·高帝紀上》《宋書》作玈（lú）。玈，黑弓。也泛指弓。《廣韻·模韻》：“玈，黑弓也。”《尚書·文侯之命》亦作盧：“彤弓一，彤矢百，盧弓一，盧矢百。”

[23]明發：謂孝思。與下文“孝敬之重”中的孝相呼應。　載：語氣詞詞。

[24]禋（yīn）祀：泛指祭祀。禋，古代祭天的一種禮儀。先燔柴升煙，再加牲體或玉帛於柴上焚燒。

[25]靈祇：神靈，神明。

[26]卣（yǒu）：原指古代一種中型酒樽，青銅製，一般爲橢圓形，大腹，斂口，圈足，有蓋與提梁，多用作禮器，盛行於商和

西周。此處用作量詞。

[27]欽：古代對皇帝所行之事的敬稱。

[28]祇（zhī）服：敬謹奉行。

高帝三讓，公卿敦勸固請，乃受之。丁巳，下令赦國内殊死以下。宋帝詔齊公十郡之外，隨宜除用。以齊國初建，給錢五百萬、布五千疋、絹五千疋。以太尉左長史王儉爲尚書右僕射，[1]領吏部。[2]

[1]左長史：官名。總執太尉府政事，位冠僚首，位在右長史之上。　王儉：字仲寶，琅邪臨沂（今山東臨沂市）人。本書卷二二有附傳，《南齊書》卷二三有傳。　尚書右僕射：官名。輔助尚書令執行政務，參議大政，糾彈百官。在尚書令不親庶務時，與左僕射一起主持尚書臺事務。地位略低於左僕射。

[2]吏部：官署名。尚書省六曹之首，以尚書爲長，領吏部、删定、三公、比部四郎曹。

四月癸酉，宋帝又詔進齊公爲王，以徐州之南梁陳潁川陳留、南兗州之盱台山陽秦廣陵海陵南沛增王封爲二十郡。[1]使司空褚彦回奉策授璽紱，改立王社，[2]餘如故。丙戌，命齊王冕十有二旒，建天子旌旗，出警入蹕，[3]乘金根車，[4]駕六馬，備五時副車，置旄頭、雲罕，[5]樂儛八佾，設鍾虡宫縣，[6]王世子爲太子，[7]王女、王孫爵命，一如舊儀。

[1]徐州：《南齊書·州郡志》南梁等四郡屬豫州，中華本據此作“豫州”。豫州，州名。治壽春縣，在今安徽壽縣。　南梁：

僑郡名。治睢陽縣，在今安徽壽縣。　陳：僑郡名。治南陳縣，在今安徽壽縣、六安市一帶。　潁川：僑郡名。治所不詳，在今安徽巢湖市東南。　陳留：僑郡名。治所不詳，在今安徽壽縣西南。　盱台：汲古閣本同，殿本"台"作"眙"。按，底本是。　山陽：縣名。治所在今江蘇淮安市。　秦：郡名。治尉氏縣，在今江蘇南京市六合區。　廣陵：郡名。治廣陵縣，在今江蘇揚州市西北蜀岡上。　海陵：郡名。治建陵縣，在今江蘇泰州市東北。　南沛：僑郡名。治沛縣，在今安徽天長市境。

[2]王社：齊王祀土神穀神之所。其實僅在名義上略降天子一等。

[3]蹕：同"趩"。古代帝王出行時清道，禁止行人通行。

[4]金根車：以黄金爲飾的根車。帝王所乘。

[5]旄頭：古代皇帝儀仗中一種擔任先驅的騎兵。　雲罕（hǎn）：亦作"雲罕"。指天子出行時爲前導之旌旗。亦指捕鳥之巨網。

[6]鍾虡（jù）：一種懸鐘的格架。上有猛獸爲飾。　宫縣（xuán）：古代鐘磬等樂器懸挂在架上，其形制因用樂者身份地位不同而有别。帝王懸挂四面，象徵宫室四面的墻壁，故名。縣，通"懸"。

[7]世子：帝王或諸侯的嫡長子。

辛卯，宋帝以歷數在齊，[1]乃下詔禪位，是日遜于東邸。[2]壬辰，遣使奉策曰：[3]

[1]歷數：帝王繼承的次序。古人認爲帝位相承和天象運行次序相應。

[2]遜：退位，讓位。

[3]"辛卯，宋帝以歷數在齊"至"壬辰，遣使奉策曰"：丁

福林《南史考疑（十三）》云："宋順帝禪位於齊並遜於東邸事，《南齊書·高帝紀上》亦記在昇明三年四月辛卯日，與此同。而《宋書·順帝紀》則記宋順帝禪位在其月辛卯，而遜於東邸則在禪位之次日，即其月壬辰日。云是月'辛卯，天禄永終，禪位於齊。壬辰，帝遜于東邸'。今考之《南齊書·王敬則傳》云：'太祖將受禪，材官薦易太極殿柱，從帝欲避土，不肯出宫遜位。明日，當臨軒，帝又逃宫内。敬則將升入迎帝，啓譬令出。'云順帝'不肯出宫遜位'，而'明日，又逃宫内'者，則順帝於下詔禪位之當日必無遜於東邸事。且順帝如已遜於東邸，次日又何以得'又逃宫内'耶？由是觀之，此云'是日遜于東邸'者，必誤，《宋書》所載，爲得其實。《通鑑》卷一三四從《宋書》，云'辛卯，宋順帝下詔禪位於齊。壬辰，帝當臨軒，不肯出，逃於佛蓋之下。王敬則勒兵殿庭，以板升入迎帝。太后懼，自帥閹人索得之'（胡注：'自晋以來，宫中有佛屋以嚴事佛像，上爲寶蓋以覆之，宋帝逃於其下。'），是也。《南齊書》帝紀云禪位之日宋順帝即遜於東邸者，蓋欲諱逼宫之事耳。此從《南齊書》，非是。"（載《江海學刊》2008年第4期）

咨爾齊王：[1]伊太古初陳，萬化紛綸，開曜靈以鑒品物，[2]立元后以馭黎元。[3]若夫容成、大庭之世，[4]伏羲、五龍之辰，[5]靡得而詳焉。自軒黄以降，[6]墳素所紀，[7]略可言者，莫崇乎堯、舜。披金繩而握天鏡，[8]開玉匣而總地維，[9]德之休明，宸居靈極，[10]期運有終，歸禪與能。[11]所以大唐遜位，[12]謗然興歌，[13]有虞揖讓，[14]卿雲發采，[15]遺風餘烈，光被無垠。[16]漢、魏因循，[17]不敢失墜，爰逮有晋，[18]亦遵前典。昔我祖宗英叡，[19]旁格幽明，[20]末葉不造，[21]仍世多故。惟王聖哲欽明，榮鏡區宇，[22]仁育群生，義征不憓，[23]聲化遠洎，[24]荒服無虞，[25]殊類同規，[26]華戎一族。[27]是以五色來儀於軒庭，[28]九穗含芳於郊牧。[29]象緯昭徹，[30]布新之符已顯，圖讖彪焕，[31]受終之義既彰，靈祇乃眷，兆庶引領。[32]

[1]咨爾：表示贊嘆或祈使。《論語·堯曰》："堯曰：'咨，爾舜！天之歷數在爾躬。'" 邢昺疏："咨，咨嗟也；爾，女也……故先咨嗟，歎而命之。"

[2]曜靈：太陽。　鑒：照耀，臨。　品物：萬物。

[3]元后：帝王。　黎元：《南齊書》卷一《高帝紀上》作"蒸人"。

[4]容成：相傳爲黄帝大臣，發明曆法。　大庭：傳説中的古帝之名。或以爲古國名。一説大庭氏是神農氏的别號。

[5]伏羲：古代傳説中的三皇之一。風姓。相傳其始畫八卦，又教民漁獵，取犧牲以供庖厨，因稱庖犧。也寫作"伏戲""伏犧"。　五龍：遠古傳説中的五個部落首領。

[6]軒黄：黄帝。因其名軒轅，故稱。

[7]墳素：《南齊書·高帝紀上》作"墳索"。馬宗霍《南史校證》云，墳謂三墳，索謂八索。又據《釋名·釋典藝》"索，素也，著素王之法"。認爲素、索亦通。（第83頁）

[8]天鏡：喻監察天下的權力。

[9]地維：喻綱紀。原指維繫大地的繩子。古人以爲天圓地方，天有九柱支持，地有四維繫綴。故亦指地的四角。

[10]宸居：帝王居處。　靈極：君主，君位。

[11]歸禪：禪讓。

[12]大唐：堯帝。曾封於唐。堯曾禪位於舜。

[13]譊（láo）然：聲多而大貌。

[14]有虞：代指舜。舜爲有虞氏。　揖讓：禪讓。讓位於賢。

[15]卿雲：慶雲。一種彩雲，古人視爲祥瑞。

[16]光被：遍及。　無垠：没有邊際。

[17]漢、魏因循：漢獻帝與魏國曹丕之間沿襲舊制進行了禪讓。

[18]爰逮：及，到。爰，發語詞。　有晋：晋代。有，發語詞。

[19]英叡：英明睿智。

[20]旁格：廣泛匡正。《南齊書·高帝紀上》"旁"作"勳"。幽明：晝夜，陰陽。

[21]不造：不幸。

[22]榮鏡：光輝映照。　區宇：境域，天下。

[23]義征：舉大義，行征討。　不懥：不順服。懥，《南齊書·高帝紀上》作"譓"，馬宗霍《南史校證》認爲義爲順，二字通（第84頁）。

[24]遠洎（jì）：達到遠方。

[25]荒服：泛指邊遠地區。　無虞：没有憂患，太平無事。虞，《南齊書·高帝紀上》作"塵"。

[26]殊類：各民族。　同規：在同樣的規矩之下。統一。

[27]華戎：漢族與少數民族。

[28]五色：青、赤、白、黑、黄五種顔色。代指東南西北中，天下。　來儀：謂鳳凰來舞而有容儀，古人以爲瑞應。　軒庭：軒轅帝的朝廷。指皇宫。

[29]九穗：穀生九穗，極言其多。爲祥瑞之兆。　郊牧：郊區牧地。

[30]象緯：象數讖緯。亦指星象經緯，謂日月五星。　昭徹：明徹，清亮。喻已經非常明顯。

[31]圖讖：古代方士或儒生編造的關於帝王受命徵驗一類的

書，多爲隱語、預言。 彪焕：光彩燦爛。《南齊書·高帝紀上》作“彪炳”，馬宗霍《南史校證》以爲屬於《南史》避唐諱改（第84頁）。

［32］兆庶：萬民，百姓。 引領：伸頸遠望。多以形容期望殷切。

朕聞至道深微，惟人是弘，[1]天命無常，惟德是與。[2]所以仰鑒玄情，[3]俯察群議，敬禪神器，[4]授帝位于爾躬。[5]四海困窮，天禄永終。於戲！[6]王其允執厥中，[7]儀刑前式，[8]以副率土之欣望。[9]命司喪而謁蒼昊，[10]奏《雲門》而升圓丘，[11]時膺大禮，永保洪業，[12]豈不盛歟！并命璽書，遣兼太保、司空褚彦回，[13]兼太尉、守尚書令王僧虔奉皇帝璽綬，[14]受終之禮，一依唐、虞故事。

［1］惟人是弘：衹有依靠聖人來使道得到宏大。是，在句中使賓語提前。

［2］惟德是與：衹倚重有德行之人。

［3］玄情：天意。與下文群議相對應。

［4］神器：君位。

［5］爾躬：指授予對象本人。

［6］於戲：嗚呼。感嘆詞。

［7］允執厥中：言行符合不偏不倚的中正之道。

［8］儀刑：效法。 前式：前代的範例。

［9］率土：《詩·小雅·北山》“率土之濱”之省稱。謂境域之内。 欣望：歡欣期盼。

［10］司喪：《南齊書》卷一《高帝紀上》作司衺。 蒼昊：

蒼天。

［11］《雲門》：《雲門大卷》。相傳黄帝時制作，爲周代六樂舞之一，用以祭祀天神。見《周禮·春官·大司樂》及鄭玄注。　圓丘：古代帝王祭天處。

［12］洪：殿本同，汲古閣本作“弘”。按，二者皆可。

［13］兼：以本官兼行、兼領另一官職。　太保：官名。贈官，極爲尊榮，無實際職掌，多用以安撫元老舊臣。宋一品。

［14］守：殿本同，汲古閣本作“以”。按，底本是。

高帝固讓，宋朝王公以下、陳留王粲等，詣門陳請，帝猶未許。齊世子卿士以下固請；兼太史令、將作匠文建陳天符瑞，[1]因言漢自建武至建安二十五年，[2]一百九十六年而禪魏；魏自黄初至咸熙二年，[3]四十六年而禪晋；晋自泰始至元熙二年，[4]一百五十六年而禪宋；宋自永初元年至昇明三年，[5]凡六十年；咸以六終六受，六，亢位也。[6]驗往揆今，[7]若斯昭著，敢以職任，備陳管穴，[8]伏願順天時，膺符瑞。[9]二朝百辟又固請。[10]尚書右僕射王儉奏：“被宋詔遜位，臣等參議，宜剋日受禪。”高帝乃許焉。

［1］太史令、將作匠文建陳天符瑞：文建陳天符瑞，《南齊書》卷一《高帝紀上》作“陳文建奏符命”。馬宗霍《南史校證》云，按《南齊書·高帝紀》作“陳文建奏符命”。依《南史》本條，文建似是姓文名建。依《齊書》則是姓陳名文建。但《齊書·天文志上》又云“太史令將作匠文孝建陳天文”，又似姓文名孝建。然“孝建”乃宋孝武帝年號，不應取以爲名。錢大昕《南齊書考異》疑《天文志》有誤，究莫能定。（第85頁）證據之間還存在缺環，

馬宗霍的這一結論較中華本校勘記徑直稱陳文建爲優。

[2]建武：東漢光武帝劉秀年號（25—56）。　建安：東漢獻帝劉協年號（196—220）。

[3]黄初：三國魏文帝曹丕年號（220—226）。　咸熙：三國魏元帝曹奂年號（264—265）。

[4]元熙：東晋恭帝司馬德文年號（419—420）。

[5]永初：南朝宋武帝劉裕年號（420—422）。

[6]亢位：《易·乾》第六爻的爻位。爻辭云"亢龍有悔"，由此"亢位"成爲前朝失位、後代受禪之兆。

[7]揆今：量度現在。揆，度量，揣度。

[8]備陳：詳盡陳述。　管穴：一管之見。喻狹隘的識見。

[9]膺：當，承應。

[10]二朝：即將禪位的宋朝與齊朝（齊高帝）。

建元元年夏四月甲午，[1]皇帝即位於南郊，柴燎告天曰：[2]

[1]建元：南朝齊高帝蕭道成年號（479—482）。

[2]柴燎：古代祭祀之一。燒柴祭天。

皇帝臣道成，敢用玄牡，[1]昭告于皇皇后帝：[2]

夫肇自生靈，[3]樹以司牧，所以闡極立則，開元創物，肆兹大道。天下惟公，命不于常。昔在虞、夏，受終上代，粤自漢、魏，[4]揖讓中葉，[5]咸焕諸方策，[6]載在典謨。[7]水德既微，仍世多故，寔賴道成匡救之功，以弘濟乎厥難。大造顛墜，[8]再構區宇，誕惟天人，罔弗和會。迺仰協歸運，[9]景屬與能，[10]用集大命于兹。辭德匪嗣，[11]至于累仍，[12]而群公卿士，庶尹御事，[13]爰及黎獻，[14]暨乎百蠻，[15]僉曰皇天眷命，[16]不可以固違，人神無統，不可以曠主。[17]畏天之威，敢不祇順鴻曆。[18]敬簡元辰，[19]虔奉皇符，升壇受禪，告類上帝，[20]以答人衷，[21]式敷萬國。[22]惟明靈是饗。

[1]玄牡：古代祭天地用的黑色公牛。

[2]皇皇：堂皇盛大的樣子。　后帝：天，天帝。

[3]肇自：始於。

[4]粤：語氣詞，置於句首。

[5]中葉：中世。此處與前文“上代”相對。

[6]方策：簡册，書籍。

[7]典謨：《尚書》中《堯典》《舜典》和《大禹謨》《皋陶謨》等篇的並稱。指代典籍。

[8]大造：天地，大自然。　顛墜：覆滅，衰亡。

[9]歸運：順時而至的天運。

[10]景屬：影從，緊密跟隨。

[11]匪嗣：謙詞。謂不敢繼承（皇位）。

[12]累仍：屢次，頻仍。

[13]御事：治事者，亦指治事。百官。

[14]爰及：至於。　黎獻：衆多賢能的人。亦指庶民中的賢者。

[15]暨乎：至於。

[16]僉：皆。　眷命：眷愛並賦以重任。

[17]曠主：缺少主宰者。

[18]祇順：敬順。　鴻曆：指改朝换代的氣運曆數。

[19]元辰：良辰吉日。

［20］告類：祭告上天之禮。特指爲皇帝即位或立皇太子等特殊重大事件而舉行的非常之祭。

［21］人衷：民心。人，《南齊書·高帝紀下》作“民”。此係本書避唐諱改。

［22］式敷：傳布，傳播。

禮畢，備大駕，幸建康宫，[1]臨太極前殿。[2]大赦，改元。賜人爵二級，文武位二等，[3]鰥寡孤獨不能自存者，穀人五斛。[4]逋租宿責勿收。犯鄉論清議、贓汙淫盜者，[5]一皆蕩滌，洗除先注，[6]與之更始。長徒敕繫者，特加原遣。亡官失爵，禁錮奪勞，[7]一依舊典。封宋帝爲汝陰王，[8]築宫於丹陽故縣，[9]行宋正朔，車旗服色，一如晋、宋故事，上書不爲表，答表不稱詔。宋諸王皆降爲公，郡公主爲縣君，[10]縣公主爲鄉君。[11]詔降宋南康郡公爲縣公，華容公爲侯，[12]萍鄉侯爲伯，[13]减户有差，[14]以奉劉穆之、王弘、何無忌之祀。[15]追尊皇考曰宣皇帝，皇妣曰孝皇后，[16]陵曰永安。妃曰昭皇后，陵曰泰安。詔劫賊餘口没在臺府者，[17]悉原赦。諸負釁流徙者，[18]皆聽還本土。戊戌，以荆州刺史嶷爲尚書令、驃騎大將軍、開府儀同三司。斷四方上慶禮。己亥，詔二宫諸王，悉不得營立屯邸，[19]封略山湖。[20]乃停太官池塞税。[21]庚子，詔宋帝后藩王諸陵，量置守衛。[22]

［1］建康宫：六朝宫殿。亦名顯陽宫。原爲三國吴後苑城。朱偰《金陵古迹圖考》（中華書局2006年版）以爲：東晋、南朝的建

康宫城，南面約在今珠江路中段，西抵進香河，東至珍珠河，北至北極閣下雞鳴寺前一帶。

[2]太極：建康宫正殿名太極，有前後殿。

[3]文武位二等：《南齊書》卷二《高帝紀下》“位”前有“進”字，語義更爲完足。

[4]斛：舊時量器。也作量詞。容量單位。舊制，南宋以前，十斗爲一斛，南宋末年改作五斗爲一斛。

[5]鄉論：鄉里的評論。　清議：對時政的議論；社會輿論。

[6]先注：先前所著録的簿册。

[7]禁錮：禁止做官或參與政治活動。　奪勞：剥奪勞績。漢代以來，以功、勞考覈官吏，决定升遷黜陟。功即功績，勞即累計的勞動日數，相當於工齡。如有犯罪或其他過錯，消除勞動日數，謂之“奪勞”。

[8]汝陰：郡名。即南汝陰郡。治汝陰縣，在今安徽阜陽市。

[9]丹陽：縣名。治所在安徽馬鞍山市博望區丹陽鎮。

[10]郡公主：皇帝女兒封號。始於晋朝，南朝宋沿襲。　縣君：命婦封號。始見於南北朝，歷代皆置。多封予皇后母、縣公之妻及高官之母、妻。

[11]縣公主：皇族女子封號。東漢皇女皆封縣公主，南朝宋諸王女封號亦名縣公主，位次郡公主。　鄉君：命婦封號。始見於三國魏，南朝宋、齊，北朝北魏皆置。多封予后妃之母、鄉侯之妻及高官妻女，位次縣君。

[12]詔降宋南康郡公爲縣公，華容公爲侯：《南齊書·高帝紀下》作“南康縣公、華容縣公可爲侯”。與此相異。按，丁福林《南史考疑（十五）》（《江海學刊》2008年第6期）認爲“據歷代成例，易代之際前朝功臣爵位乃降封一等”，此處《南齊書》誤。南康，縣名。治所在今江西贛州市南康區。華容，縣名。治所在今湖北監利市北。

[13]萍鄉：縣名。治所在今江西萍鄉市東。

[14]有差：不一，有區别。

[15]劉穆之：字道和，小字道民，祖籍東莞莒（今山東莒縣），世居京口（今江蘇鎮江市）。晋末劉裕霸府腹心幕僚。本書卷一五、《宋書》卷四二有傳。　王弘：字休元，琅邪臨沂（今山東臨沂市）人。晋丞相王導曾孫。本書卷二一、《宋書》卷四二有傳。　何無忌：東海郯（今山東郯城縣）人。《晋書》卷八五有傳。

[16]追尊皇考曰宣皇帝，皇妣曰孝皇后：馬宗霍《南史校證》云《南史》徑承四月甲午之後，《南齊書》及《通鑑》卷一三五同繫於五月丙寅之下（第86頁）。皇考，對亡父的尊稱。

[17]臺府：中央政府機構。

[18]負釁：亦作"負舋"。負罪，獲罪。

[19]屯邸：猶言莊園。

[20]封略：霸占，强占。

[21]停太官池塞税：高敏《南北史掇瑣》云此句《南齊書·高帝紀》作"太官池籞，宫停税入，優量省置"；《通志》卷一二《南齊紀》同條"籞"作"塞"，中華本《南史》校勘記失校（第33頁）。中華本校勘記云"籞"各本作"塞"，據《南齊書》改。馬宗霍《南史校證》認爲，先引《南齊書·高帝紀》作"太官池籞，宫停税入，優量省置"，據此與《南史》本條作比較，以爲宫亭本爲鄱陽湖名，《南齊書》"宫停"爲"亭"之誤。《南史》在删改《南齊書》時，不知官亭爲湖名，删去宫字，又以宫官形近，乃移停字於太官之上，全失《南齊書》原文之意。(第86頁)

[22]量置：《南齊書·高帝紀下》作"宜有"。馬宗霍《南史校證》認爲，"下文有司奏帝陵、王陵、妃嬪各有所置，《南史》删節，故但曰量置也"（第86頁）。

五月丙午，以河南王吐谷渾拾寅爲驃騎大將軍。[1]

詔宋氏第秩，[2]量所廢置。有司奏留襄陽郡公張敬兒等六十二人，[3]除廣興郡公沈曇亮等一百二十二人。[4]改《元嘉曆》爲《建元曆》，[5]祖以正月卯，[6]臘以十二月未。[7]丁未，詔曰："設募取將，縣賞購士，蓋出權宜，自今可斷衆募。"乙卯，河南國遣使朝貢。丙辰，詔遣兼散騎常侍十二人，[8]巡行四方。己未，汝陰王殂，齊志也，[9]追謚爲宋順帝。辛酉，誅陰安公劉燮等。[10]

[1]河南王：南朝宋、齊、梁授予吐谷渾族首領的封號。其活動的中心在今青海黄河以南，因而史書亦稱其族爲"河南"。　吐谷渾：古鮮卑族的一支。本居遼東，西晋時在首領吐谷渾的率領下西徙至甘肅、青海間，至其孫葉延時，始號其國曰吐谷渾。

[2]宋氏第秩：劉宋王朝的官階品級。

[3]襄陽：郡名。治襄陽縣，在今湖北襄陽市。　郡公：爵名。晋、南朝爲開國郡公的省稱。位在縣公上。宋一品。齊未詳。

[4]廣興：郡名。治曲江縣，在今廣東韶關市東南。　沈曇亮：吴興武康（今浙江德清縣）人。宋司空沈慶之曾孫。本書卷三七有附傳。

[5]《建元曆》：曆法名。齊高帝即位頒布的南齊曆法。實際當時並未造新曆，仍沿用《元嘉曆》，惟改其名稱而已。故《隋書·律曆志中》云："宋氏元嘉，何承天造曆，迄于齊末，相仍用之。"

[6]祖：祭名。祭祀路神。

[7]臘：祭名。歲終祭衆神。

[8]散騎常侍：官名。屬集書省。入則規諫過失，備皇帝顧問，出則騎馬散從。

[9]齊志也：齊國的意旨。寥寥數語，揭示出劉宋末代皇帝死亡的真相。

［10］陰安：縣名。治所在今安徽樅陽縣北柳寺村附近。

六月乙亥，詔宋末以來，枯骸毀櫬，[1]宣下埋藏。庚辰，備法駕，[2]奉七廟主于太廟。[3]甲申，立齊太子賾爲皇太子。斷諸州郡禮慶，降死罪以下刑，并申前赦恩百日。立皇子嶷爲豫章王，[4]映爲臨川王，[5]晃爲長沙王，暠爲武陵王，[6]暠爲安成王，[7]鏘爲鄱陽王，[8]鑠爲桂陽王，[9]鑑爲廣興王，皇孫長懋爲南郡王。[10]乙酉，葬宋順帝于遂寧陵。

［1］毀櫬（chèn）：毀壞的棺槨。櫬，内棺，後泛指棺材。

［2］法駕：皇帝出行車駕的一種。行郊祀用法駕，其規模、制度減大駕之半。

［3］七廟主：宗廟中的牌位。《南齊書·禮志上》：高帝即位，以“廣陵府君、太中府君、淮陰府君、即丘府君、太常府君、宣皇帝、昭皇后爲七廟”。　太廟：天子的祖廟。

［4］豫章：郡名。治南昌縣，在今江西南昌市。

［5］映：蕭映，字宣光，南蘭陵（今江蘇常州市武進區）人。齊高帝蕭道成第三子，曾任荆州刺史。本書卷四三、《南齊書》卷三五有傳。

［6］武陵：郡名。治臨沅縣，在今湖南常德市。

［7］安成：郡名。治平都縣，在今江西安福縣東南。

［8］鄱陽：郡名。治鄱陽縣，在今江西鄱陽縣。

［9］桂陽：郡名。治郴縣，在今湖南郴州市。

［10］長懋（mào）：蕭長懋。字雲喬，小字白澤，南蘭陵人。高帝長孫，齊武帝蕭賾長子，未即位而卒，謚“文惠”。本書卷四四、《南齊書》卷二一有傳。　南郡：郡名。治江陵縣，在今湖北

荆州市荆州區。

秋七月丁未，曲赦交州部内。丁巳，詔南蘭陵桑梓本鄉，長蠲租布；[1]武進王業所基，[2]給復十年。[3]

[1]長蠲：永久蠲除，免除。

[2]武進：縣名。治所在今江蘇丹陽市東。　王業所基：帝王功業奠基之地。

[3]給復：免除賦税、徭役。

八月癸巳，省陳留國。丁巳，立皇子鈞爲衡陽王。[1]

[1]衡陽：郡名。南朝宋移治湘西縣，在今湖南株洲市西南。

九月辛丑，詔以二吴、義興三郡遭水，[1]減今年田租。乙巳，復置南蠻校尉官。[2]丙午，加司空褚彦回尚書令。

[1]二吴：吴、吴興二郡。吴郡，治吴縣，在今江蘇蘇州市。吴興郡，治烏程縣，在今浙江湖州市。

[2]南蠻校尉：官名。西晋武帝置，其後或置或省。南朝宋、齊，治江陵縣（今湖北荆州市荆州區）。掌荆州及江州少數民族事務，統兵，立府。宋四品。齊官品不詳。按，周一良《魏晋南北朝史札記》“南蠻校尉”條引《南齊書》卷二二《豫章王嶷傳》“晋宋之際，刺史多不領南蠻，别以重人居之。嶷以（荆湘）二州刺史兼領，資費之盛遂爲近代莫比”，認爲“是蕭嶷於建元元年任荆湘

二州刺史兼領，非南蠻校尉之官已罷，而於是時復置也。《通鑑》一三五與《嶷傳》同。三年二月《紀》又記罷南蠻校尉官。《通鑑》一三五胡注亦言晋代武帝置南蠻校尉，至是罷”（中華書局1985年版，第461頁）。

冬十月丙子，立彭城劉胤爲汝陰王，奉宋後。己卯，享太廟。辛巳，汝陰王太妃王氏薨，追贈宋恭皇后。己丑，荆州天井湖出綿，[1]人用與常綿不異。

[1]天井湖：據《南齊書·祥瑞志》，在監利縣（今湖北監利市）。

二年春正月戊戌朔，大赦。以司空褚彦回爲司徒，[1]以尚書右僕射王儉爲左僕射。辛丑，祀南郊。

[1]以司空褚彦回爲司徒：“司徒”下《資治通鑑》卷一三五《齊紀一》建元二年有“淵不受”三字。《考異》云：“建元二年正月以淵爲司徒，十二月戊戌以淵爲司徒……蓋二年正月辭，十二月受耳。”按《南齊書》卷二三《褚淵傳》有“不受”二字，《資治通鑑》是。馬宗霍《南史校證》以爲此條與上文“春正月戊戌朔，以司空褚彦回爲司徒”爲重出，並對《通鑑》卷一三五及《考異》不重出說作了辨析（第87—88頁）。

二月丁卯，魏軍攻壽陽，[1]豫州刺史垣崇祖破走之。[2]癸巳，遣大使巡慰淮、肥、徐、豫邊人尤貧遘難者。[3]

[1]壽陽：縣名。治所在今安徽壽縣。

[2]垣崇祖：字敬遠，一字僧寶，祖籍略陽桓道（今甘肅隴西縣），祖父苗率部曲家下邳（今江蘇睢寧縣）。本書卷二五有附傳，《南齊書》卷二五有傳。

[3]遘（gòu）難：遭遇災難。

三月，百濟國遣使朝貢，[1]以其王牟都爲鎮東大將軍。[2]

[1]百濟：古國名。在今朝鮮境内，是在馬韓故地上建立起來的國家。本書卷七九有傳。

[2]鎮東大將軍：官名。職掌與鎮東將軍同，唯資歷深者得任此職，歷代皆不常置。

夏四月丙寅，進高麗王樂浪公高璉號驃騎大將軍。[1]

[1]高麗：古國名。又稱高句麗，南齊時定都於今朝鮮平壤市。《南齊書》卷五八有傳。　樂浪：郡名。治棘城，在今遼寧義縣北。　高璉：事見《南齊書》卷五八《東南夷傳》。

五月，立六門都墻。[1]

[1]六門：《建康實録》卷七《顯宗成皇帝》注："《地輿志》都城周二十里一十九步，本吴舊址，晋江左所築，但有宣陽門。至成帝作新宫，始修城開陵陽等五門，與宣陽爲六，今謂六門也。南面三門，最西曰陵陽門……次正中宣陽門……次最東開陽門。東面

最南清明門……正東面建春門，後改爲建陽門……正西南西明門……正北面用宫城，無別門。”

秋九月甲午朔，日有蝕之。丙子，[1]蠕蠕國遣使朝貢。[2]

［1］丙子：《資治通鑑》卷一三五《齊紀一》建元二年作“丙午”，馬宗霍《南史校證》考證，“九月朔日爲‘甲午’，則月内不得有‘丙子’，《通鑑》作‘丙午’是也”（第87頁）。

［2］蠕蠕：部落制汗國名。本書卷七九有傳。

冬十二月戊戌，以司空褚彦回爲司徒。壬子，以驃騎豫章王嶷爲司空。

三年春正月壬戌朔，詔王公卿士薦讜言。[1]丙子，立皇子鋒爲江夏王。

［1］讜言：正直之言，直言。

二月癸丑，罷南蠻校尉官。

夏四月辛亥，始制東宫臣僚用下官禮敬聞喜公子良等。[1]

［1］聞喜公：蕭子良。字雲英，南蘭陵（今江蘇常州市武進區）人，齊武帝子。初封聞喜縣公，後封竟陵郡王。本書卷四四、《南齊書》卷四〇有傳。

六月壬子，大赦。

秋七月己未朔，日有蝕之。

九月辛未，蠕蠕國王遣使欲俱攻魏，獻師子皮袴褶。[1]烏程令吳郡顧昌玄，坐父法秀宋泰始中北征死亡，屍骸不反，而昌玄宴樂嬉游，與常人無異。有司請加以清議。[2]丙戌，置會稽山陰縣獄丞。[3]

[1]師子：獅子。　袴（kù）褶（xí）：服裝名。上服褶而下縛袴，其外不復用裘裳，故謂袴褶。《集韻·緝韻》："褶，袴褶，騎服。"便於騎乘，爲軍中之服。

[2]"烏程令吳郡顧昌玄"至"有司請加以清議"：王鳴盛《十七史商榷》卷五五"齊高紀增添皆非"條："此條乃《南齊書》所無，李延壽添入者。雖其事他無可附，但入之本紀，語覺不倫。"而高敏《南北史掇瑣》則認爲："此條爲《南齊書·高帝紀下》所無。由此可以看出當時的社會風尚，故《南史》所補此條，頗有其價值。"（第 33 頁）烏程，縣名。治所在今浙江湖州市。

[3]山陰：縣名。治所在今浙江紹興市。

冬十月戊子，以河南王世子吐谷渾度易侯爲西秦河二州刺史、河南王。[1]

[1]度易：易，汲古閣本、殿本作"陽"。按，《南齊書》卷二《高帝紀下》作"易度"。馬宗霍《南史校證》云未審孰是（第 89 頁）。　西秦：州名。即秦州，治上邽縣，在今甘肅天水市。　河：州名。治枹罕縣，在今甘肅臨夏市西南。

十二月丁亥，高麗國遣使朝貢。命散騎常侍虞炎等十二人巡行諸州郡,[1]觀省風俗。

[1]虞炎：會稽（今浙江紹興市）人。南朝齊武帝時，以有文才與沈約俱爲文惠太子所重，官至驍騎將軍。本書卷四八有附傳。

四年春二月乙未，上不豫。[1]庚戌，詔原都下囚繫有差,[2]免元年以前逋責。[3]

[1]不豫：天子有病的諱稱。

[2]囚繫：囚犯。　有差：分别，有區别。

[3]逋責：欠債，所逃税款。

三月庚申，召司徒褚彦回、左僕射王儉受顧託。[1]壬戌，皇帝崩于臨光殿,[2]年五十六。群臣上謚曰高皇帝，廟號太祖。梓宫於東府前渚升龍舟。[3]四月丙午，葬於武進泰安陵,[4]於龍舟卒哭,[5]内外反吉。[6]

[1]顧託：又作顧托。臨終囑託，多用以稱帝王遺詔。

[2]臨光殿：臺城宫中殿名。

[3]梓宫：皇帝所用之棺椁。以梓木爲之，故名。　東府：東府城。在臺城東，青溪橋東，南臨秦淮河。大約在今江蘇南京市通濟門附近。　渚：水中小塊陸地。

[4]武進：縣名。治所在今江蘇丹陽市東。　泰安陵：陵墓名。在今江蘇丹陽市東北。

[5]卒哭：古代喪禮，百日祭後，止無時之哭，變爲朝夕一哭，名爲卒哭。

[6]反吉：喪事完畢，恢復正常狀態。

上少有大量，喜怒不形於色，深沈静默，常有四海之心。博學，善屬文，工草隸書，弈棋第二品。[1]雖經綸夷險，[2]不廢素業。[3]及即位後，身不御精細之物，主衣中有玉介導，[4]以長侈奢之源，命打破之。凡異物皆令隨例毁棄。後宫器物欄檻，以銅爲飾者，皆改用鐵。内殿施黄紗帳，宫人著紫皮履。華蓋除金華爪，[5]用鐵回釘。每曰："使我臨天下十年，當使黄金與土同價。"欲以身率下，移風易俗。性寬，嘗與直閤將軍周覆、給事中褚思莊共棋，[6]累局不倦，覆乃抑上手，[7]不許易行。[8]其弘厚如此。所著文，詔中書侍郎江淹撰次之。[9]又詔東觀學士撰《史林》三十篇，[10]魏文帝《皇覽》之流也。[11]

[1]弈棋第二品：下圍棋達到第二品。姚振宗《隋書經籍志考證》卷三三《子部十》："梁有《圍棋九品序録》五卷，范汪等撰。亡。"

[2]經綸：整理絲縷、理出絲緒和編絲成繩，統稱經綸。引申爲籌劃治理國家大事。　夷險：國運的平順與艱險。

[3]素業：本業。多指儒業。

[4]玉介導：又稱"玉導"。魏晋以來，冠、幘有簪，有導。導用以引髮入冠幘以内，貴者以玉爲之，故名。

[5]金華爪：亦作"華蚤"。天子車蓋四周所附的金花。蔡邕《獨斷》卷下："凡乘輿車，皆羽蓋金華爪，黄屋左纛。"

[6]給事中：官名。因在殿中給事（執事）得名。晋朝時始成爲正式官職，前代多爲加官。與諸散騎共侍皇帝，顧問應對，獻納得失。南北朝沿置，地位漸低。

[7]抑：按，壓。

[8]易行：更改弈棋的走法。悔棋的舉動。

[9]江淹：字文通，濟陽考城（今河南民權縣）人。本書卷五九、《梁書》卷一四有傳。

[10]東觀學士：東觀原爲漢宫著書及藏書之所。南朝宋、齊爲學術機關和學校的名稱。置祭酒一人，學士若干。南朝宋泰始六年(470）置。南齊沿置，隸太常，設總明觀祭酒一人，分玄、儒、文、史四科，科置學士各十人。建元中，掌治五禮。

[11]魏文帝：曹丕。曹操子，代漢稱帝，喜文學，著有典論及詩賦一百餘篇。《三國志》卷二有紀。　《皇覽》：三國魏諸臣集，自《五經》群書，分類爲篇，以供皇帝閲讀，故稱《皇覽》。據《魏略》稱，書分四十餘部，每部數十篇，合八百餘萬字，爲中國最早的類書。

始帝年十七時，嘗夢乘青龍上天，西行逐日。[1]帝舊塋在武進彭山，岡阜相屬，[2]數百里不絶，[3]其上常有五色雲，又有龍出焉。上時已貴矣，宋明帝甚惡之，遣善占墓者高靈文往墓所占相。靈文先給事太祖，還，詭答曰："不過出方伯耳。"[4]密白太祖曰："貴不可言。"明帝意猶不已，遣人踐籍，[5]以左道厭之。[6]上後於所樹華表柱忽龍鳴，震響山谷。明帝寢疾，爲身後之慮，多翦功臣，上亦見疑，每云："蕭道成有不臣相。"時鎮淮陰，[7]每懷憂懼，忽見神人謂上曰："無所憂，子孫當昌盛。"泰始三年，[8]宋明帝遣前淮南太守孫奉伯往淮陰監元會。[9]奉伯舊與帝款，[10]是行也，帝與奉伯同室卧，奉伯夢上乘龍上天，於下捉龍脚，不得。及覺，叙夢，因謂曰："兖州當大庇生靈，而弟不得與也。"奉伯竟卒於宋世。又參軍崔靈建夢天謂己：[11]"蕭道成是我第十九子，我去年已使授其天子位。”考自三皇、五帝以降，受命之次，至帝爲十九也。及爲領軍，望氣者陳安寶見上身上恒有紫黄氣。安寶謂王洪範曰：“此人貴不可言。”所居武進縣有一道，[12]相傳云“天子路”。或謂秦皇所游，或云孫氏舊迹。時訛言東城天子出。其後建安王休仁鎮東府，[13]宋明帝懼，殺休仁，而常閉東府不居。明帝又屢幸，改“代”作“伐”，以厭王氣。又使子安成王代之。及蒼梧王敗，安成王代立，時咸言爲驗。術數者推之，上舊居武進東城村，“東城”之言，其在此也。昇明二年冬，[14]延陵縣季子廟沸井之北，[15]忽聞金石聲，疑其異，鑿深三尺，得沸井，奔涌若浪。其地又響，即復鑿之，復得一井，涌沸亦然。井中得一木簡，長一尺，廣二分，[16]上有隱起字，曰：“廬山道人張陵再拜，[17]詣闕起居。”簡大堅白，[18]字色乃黄。《瑞應圖》云：[19]“浪井不鑿自成，王者清静，則仙人主之。”會稽剡縣有山，[20]名刻石。父老相傳云，“山雖名刻石，而不知文字所在”。昇明末，縣人兒襲祖行獵，忽見石上有文字，凡三處，苔生其上，字不可識，乃去苔視之，其大石文曰：“此齊者，黄石公之化氣也。”[21]立石文曰：“黄天星，姓蕭，字道成，得賢師，[22]天下太平。”小石文曰：“刻石者誰？[23]會稽南山李斯刻秦望之風也。”[24]《孝經鉤命决》曰：[25]“誰者起，視名將。”將，帝小字也。《河洛讖》曰：[26]“歷年七十水滅緒，[27]風雲俱起龍鱗舉。”又曰：“肅肅草成，道德盡備。”案宋水德也。[28]義熙元年，[29]宋武帝王業之始，至齊受命，七十年。又讖曰："蕭爲二士天下樂。"案二士"主"字也。郭文舉《金雄記》曰：[30]"當復有作，肅入草。"《易》曰："聖人作，萬物覩。""當復有作"，言聖人作也。《王子年歌》曰：[31]"欲知其姓草肅肅，穀中最細低頭熟，鱗身甲體永興福。"穀中精細者，稻也，即道也，熟猶成也。又歌曰："金刀利刃齊刈之。"金刀"劉"字，刈猶翦也。孔子《河洛讖》曰：[32]"埸河梁，[33]塞龍泉，消除水災泄山川。"水即宋也，[34]宋氏爲災害，故曰水災。梁亦水也，埸河梁，則行路成矣。路，猶道也。消除水災，除宋水氏之災害也。《河圖讖》又曰："上參南斗第一星，下立草屋爲紫庭，神龍之岡梧相生，[35]鳳鳥戢翼朔旦鳴。"南斗，吴分野，草屋者居上，"蕭"字象也。先是，益州有山，古老相傳曰齊后山。昇明三年四月二十三日，有沙門玄暢者，於此山立精舍，[36]其日上登尊位。其月二十四日，滎陽郡人尹千，[37]於嵩山東南隅見天雨石，[38]墜地石開，[39]有玉璽在其中。[40]璽方三寸，文曰："戊丁之人與道俱，肅然入草應天符，掃平河、洛清魏都。"又曰："皇帝運興。"千奉璽詣雍州刺史蕭赤斧，[41]赤斧以獻。案宋武帝於嵩高山得玉璧三十二枚，神人云："此是宋卜世之數。"[42]三十二者，二"三十"也，宋自受命至禪齊凡六十年。然則帝之符應也若是，今備之云。

[1]"始帝年十七"至"西行逐日"：馬宗霍《南史校證》云，此下千一百餘字較《南齊書·高帝紀》爲詳，主要采録自《南齊書·祥瑞志》，"要皆不經之談，大雅所不道，延壽以之入《紀》，

更乖史法矣”（第90頁）。　逐日：追逐太陽。

［2］岡阜：山丘。　相屬：相接連；相繼。

［3］數：殿本同，汲古閣本作“屬”。按，底本是。

［4］方伯：殷、周時代一方諸侯之長。後泛稱地方長官。

［5］踐籍：踐踏；摧殘。

［6］左道：邪門旁道。多指非正統的巫蠱、方術等。　厭（yā）：指以詛咒鎮住、制服他人或邪惡。又稱“厭勝”。

［7］淮陰：僑置縣，爲北兖州治所。在今江蘇淮安市淮陰區。

［8］泰始三年：《南齊書·祥瑞志》作七年。

［9］淮南：郡名。僑于湖縣，在今安徽當塗縣。

［10］款：親愛，親密。《廣雅·釋訓》："款款，愛也。"

［11］崔靈建：《南齊書·祥瑞志》作崔靈運。

［12］武進：縣名。治所在今江蘇丹陽市東，一説即今江蘇常州市武進區。

［13］建安：郡名。治建安縣，在今福建建甌市。　休仁：劉休仁。宋文帝第十二子。初封建安王，改封始安王。本書卷一四、《宋書》卷七二有傳。　東府：丞相兼揚州刺史的治所，在京城東。

［14］昇明二年冬：《南齊書·祥瑞志》作建元元年四月。

［15］延陵：縣名。治所在今江蘇丹陽市延陵鎮。　季子廟：位於句容縣（今江蘇句容市）。季子，春秋時吴公子季札。事見《史記》卷三一《吴太伯世家》。

［16］二分：《南齊書·祥瑞志》作二寸。馬宗霍《南史校證》云疑“寸”字是（第91頁）。

［17］廬山：道教名山。在今江西九江市南。　張陵：東漢沛國豐（今江蘇豐縣）人。天師道的創始者。順帝時客居蜀，學道鶴鳴山中，作道書二十四篇，並以符水咒法治病。從學者出米五斗，時稱五斗米道。其子衡、孫魯皆奉其道。魯自號師君，故又稱天師道。

［18］簡大：百衲本同，汲古閣本、殿本“大”作“文”。按，

《南齊書·祥瑞志》作“木”，當是。

［19］《瑞應圖》：《隋書·經籍志》著録有七種，記載天地瑞應諸物，以類分門，上幅爲圖，下幅爲畫。今存殘卷，可以窺見六朝圖讖風氣（參見鄧瑞全、王冠英主編《中國僞書綜考》，黄山書社 1998 年版，第 530—531 頁）。

［20］剡：縣名。治所在今浙江嵊州市西南。

［21］黄石公：亦稱圯上老人。據傳曾傳授張良兵書《黄石三略》。

［22］賢師：汲古閣本、殿本同，百衲本作“賢帥”。馬宗霍《南史校證》以爲“師”字是（第 91 頁）。

［23］刻：汲古閣本同，殿本作“剡”。按，作“刻”是。《南齊書·祥瑞志》亦作“刻”。

［24］會稽南山李斯刻秦望之風：秦始皇帝三十七年（前 210）左丞相李斯隨秦始皇巡行至會稽郡，祭祀大禹，又刻石稱頌秦朝德行一事。詳見《史記》卷六《秦始皇本紀》。會稽南山，在今浙江紹興市東南會稽山。

［25］《孝經鉤命决》：《孝經》緯書中的一種，旨在説明孝道無所不包，同時也言及禮樂、皇帝王霸之道等内容。勾稽天命，撮其微旨，故名。清趙在翰《七緯》收有輯本。

［26］《河洛讖》：《南齊書·祥瑞志》作《老子河洛讖》。

［27］七十：《南齊書·祥瑞志》作“七七”。下文“至齊受命七十年”，亦作“凡七十七年”。

［28］宋水德：南朝宋的德運爲水德。此説據五德相生説而來，晋朝爲金德。金生水。

［29］義熙：東晋安帝司馬德宗年號（405—418）。

［30］郭文舉：郭文。字文舉，河内軹（今河南濟源市）人。《晋書》卷九四有傳。

［31］《王子年歌》：隴西高道，原名王嘉。活躍於西晋末十六國時代。曾編寫讖言集《王子年歌》，著有《拾遺記》等書。前書

隋唐時代已亡佚。

[32]孔子：《南齊書·祥瑞志》作“老子”。

[33]堨（è）：阻塞。

[34]水即宋：與上文言南朝宋水德含義相近。

[35]相：汲古閣本同，殿本、百衲本作“桐”。

[36]精舍：道士、僧人修煉居住的處所。

[37]尹千：《南齊書·祥瑞志》作“尹午”。

[38]東南隅：《南齊書·祥瑞志》作“東南澗”。

[39]墜地石開：殿本同，汲古閣本無“石”字。按，底本是。

[40]在其中：殿本同，汲古閣本作“其在中”。按，作“在其中”是。

[41]蕭赤斧：南蘭陵蘭陵（今江蘇常州市武進區）人，齊高帝同祖弟。本書卷四一、《南齊書》卷三八有傳。

[42]卜世：占卜預測傳國的世數。亦泛指國運。

世祖武皇帝諱賾，字宣遠，高帝長子也。以宋元嘉二十七年六月己未生於建康縣之青溪宫。[1]將産之夕，孝皇后、昭皇后並夢龍據屋，[2]故小字上爲龍兒。[3]年十三，夢人以筆畫身左右爲兩翅，又著孔雀羽衣裳空中飛，舉體生毛，[4]髪長至足。有人指上所踐地曰“周文王之田”。又於所住堂内得璽一枚，文曰“皇帝行璽”。[5]又得異錢，文爲“北斗星”，雙刀、雙貝及有人形帶劍焉。

[1]二十七：馬宗霍《南史校證》據《南齊書·祥瑞志》“世祖宋元嘉十七年六月己未夜生”，又據武帝年五十四崩，認爲當以《南齊書·祥瑞志》所載爲是，《南史》誤，《册府元龜·閏位部·

誕生門》沿襲《南史》而誤，《徵應門》又沿襲《祥瑞志》，前後互異，未能辯正，而錢大昕《廿二史考異》、王鳴盛《十七史商榷》等皆未指出此處失誤（第92頁）。

[2]孝皇后：齊宣孝陳皇后。名道止，臨淮東陽（今江蘇盱眙縣）人。齊高帝之母。本書卷一一、《南齊書》卷二〇有傳。　昭皇后：齊高昭劉皇后。名智容，齊高帝之妻。本書卷一一、《南齊書》卷二〇有傳。　據：盤踞在。

[3]小字：小名，乳名。

[4]舉體：渾身，全身。

[5]皇帝行璽：皇帝印璽之一。用於答覆王公以下的文書。

仕宋爲贛令。[1]江州刺史晋安王子勛反，上不從命。南康相沈肅之縶上郡獄，[2]族人蕭欣祖、門客桓康等破郡迎出上，上遂率部曲百餘人起義。[3]避難揭陽山，[4]有白雀來集，聞山中有清聲傳漏響。[5]又於山累石爲佛圖，[6]其側忽生一樹，狀若花蓋，[7]青翠扶疏，[8]有殊群木。上將討戴凱之，[9]大饗士卒。[10]是日大熱，上各令折荆枝自蔽，言未終而有雲垂蔭，正當會所，會罷乃散。及爲廣興相，嶺南積旱，遭水阻涸，[11]商旅不通。上部伍既至，[12]無雨而川流暴起，[13]遂得利涉。[14]

[1]贛：縣名。治所在今江西贛州市東北。

[2]南康：郡名。治贛縣，在今江西贛州市東北。　縶（zhí）：拘捕，拘禁。

[3]部曲：古代豪門大族的私人軍隊，帶有人身依附性質。引申爲家丁、僕役。

[4]揭陽山：山名。在今廣東揭陽市西北。地當閩、粵二省交

通要隘。

[5]漏：古代的一種計時器。盛水於銅壺，壺内置一刻有度數之箭，壺底有小孔，水下漏，視度數變化以計時。

[6]佛圖：佛塔。

[7]花：汲古閣本、殿本作“華”。

[8]扶疏：枝葉繁茂紛披的樣子。

[9]上將討戴凱之：此處止云“上將討戴凱之”，《南齊書》卷三《武帝紀》記載較詳：“子勛遣其將戴凱之爲南康相，及軍主張宗之千餘人助之。上引兵向郡，擊凱之别軍主程超數百人於南康口，又進擊宗之，破斬之，遂圍郡城。凱之以數千人固守，上親率將士盡日攻之，城陷，凱之奔走，殺僞贛令陶沖之。”

[10]大饗：上級以酒食慰勞下級。

[11]遭水：汲古閣本、殿本同，百衲本作“連水”。連水，亦作鏈水。即今廣東南雄市西北之凌江。《水經注·溱水》：“連水出南康縣涼熱山連溪，山即大庾嶺也……其下船路，名漣溪。漣水南流，注于東溪，謂之漣口。庾仲初謂之大庾嶠水也。”　阻涸：乾涸而阻隔，難以通行。

[12]部伍：軍隊。

[13]暴起：突然漲水。

[14]利涉：順利渡河。

元徽四年，累遷晋熙王鎮西長史、江夏内史，[1]行郢州事。順帝立，徵晋熙王燮爲撫軍、揚州刺史，[2]以上爲左衛將軍，[3]輔燮俱下。沈攸之事起，未得朝廷處分，上以中流可以待敵，即據盆口城爲戰守備。高帝聞之曰：“此真我子也。”於盆城掘塹，得一大錢，文曰“太平百歲”。于時城内乏水，欲引水入城，始鑿城内，遇伏泉涌出，如此者九處，用之不竭。上表求西討，不許，乃遣偏軍援郢，平西將軍黄回等，皆受上節度。昇明二年，事平，遷江州刺史，封聞喜縣侯。[4]其年，徵侍中、領軍將軍。尋加督京畿諸軍事。[5]三年，又加尚書僕射、中軍大將軍、開府儀同三司，[6]進爵爲公，給班劍二十人。

[1]晋熙：郡名。治懷寧縣，在今安徽潜山市。　鎮西：官名。即鎮西將軍。與鎮東、鎮南、鎮北將軍合稱四鎮將軍。多爲持節都督，出鎮方面。宋三品。　江夏：郡名。治夏口城，在今湖北武漢市武昌區。

[2]撫軍：官名。即撫軍將軍。兩晋南北朝時與鎮軍、中軍將軍位比四鎮將軍，資淺者稱中撫軍。南朝齊位在四征將軍之上。　揚州：州名。治建康縣，在今江蘇南京市。

[3]左衛將軍：官名。禁衛軍官。分掌宿衛營兵。宋四品。

[4]聞喜：縣名。治所在今山西聞喜縣。　縣侯：侯爵中最高的一級，南朝一般作爲開國縣侯的簡稱。

[5]京畿：國都所在地及其行政官署所管地區。

[6]中軍大將軍：官名。南朝宋不開府者秩二品，開府者進爲秩一品。

齊國建，爲齊公世子。改加侍中、南豫州刺史，給油絡車、羽葆、鼓吹，[1]增班劍爲三十人。[2]以石頭爲世子宫，官置二率以下，[3]坊省服章，[4]一如東宫。進爲王太子。高帝即位，爲皇太子。

[1]油絡：古代車上懸垂的絲質繩網。因其光亮油滑，故名。

[2]三十：《南齊書》卷三《武帝紀》作“四十”。

[3]二率：太子左衛率和太子右衛率省稱。東晋、南朝皆置，領禁衛營兵，掌宿衛東宫，亦任征伐，地位頗重。

[4]坊省：官署。　服章：表示官吏身份品秩的服飾。

建元四年三月壬戌，高帝崩，是日，皇太子即皇帝位，大赦。征鎮、州郡令長、軍屯營部，[1]各行喪三日，不得擅離任。都邑城守，防備幢隊，[2]一不得還。乙丑，稱先帝遺詔，以司徒褚彦回録尚書事，尚書左僕射王儉爲尚書令，車騎將軍張敬兒開府儀同三司。詔曰："喪禮雖有定制，先旨每存簡約，内官可三日一還臨，外官間日一還臨，後有大喪皆如之。"丁卯，以前將軍王奂爲尚書左僕射。[3]庚午，以司空豫章王嶷爲太尉。癸酉，詔免逋城錢，自今以後，申明舊制。[4]初晋、宋舊制，受官二十日，輒送脩城錢二千。宋泰始初，軍役大起，受官者萬計，[5]兵戎機急，[6]事有未遑，[7]自是令僕以下，並不輸送。二十年中，大限不可勝計，[8]文符督切，[9]擾亂在所，至是除蕩，百姓悦焉。

[1]征鎮：四征、四鎮將軍的省稱。

[2]幢隊：軍前執旗先導的隊伍。幢，殿本同，汲古閣本作"僮"。按，底本是。

[3]前將軍：官名。將軍名號。宋三品。

[4]申明舊制：《南齊書》卷三《武帝紀》"舊制"作"舊科"。又其下有"有違糾裁"，馬宗霍《南史校證》認爲此四字不能少，"《南史》删之，非也"（第94頁）。

[5]受：殿本同，汲古閣本作"授"。按，受，同"授"。

[6]機急：緊急。

[7]未遑：没有時間顧及；來不及。
[8]大限：朝廷規定的期限。
[9]文符：文書。　督切：督責，督促。

夏四月辛卯，追尊穆妃爲皇后。[1]

[1]穆妃：文惠太子蕭長懋之妻裴惠昭，河東聞喜（今山西聞喜縣）人。本書卷一一、《南齊書》卷二〇有傳。

五月庚申，以高皇帝配南郊，[1]高昭皇后配北郊。[2]

[1]南郊：古代天子在京都南面的郊外築圜丘以祭天的地方。
[2]北郊：古代帝王郊祀的處所之一。立冬日迎冬。

六月甲申朔，立河南王長懋爲皇太子。[1]詔申壬戌赦恩百日。丙申，立皇太子妃王氏。進封聞喜公子良爲竟陵王，臨汝公子卿爲廬陵王，[2]應城公子敬爲安陸王，[3]江陵公子懋爲晋安王，[4]枝江公子隆爲隨王，[5]皇子子真爲建安王，[6]皇孫昭業爲河南郡王。[7]戊戌，以水潦爲患，星緯乖序，[8]剋日訊都下囚，諸遠獄委刺史以時察判。建康、秣陵二縣貧人加振賜，[9]必令周悉。吴興、義興遭水縣，蠲降租調。[10]以司徒褚彦回爲司空。[11]

[1]立河南王長懋爲皇太子：按，《南齊書》卷二《高帝紀下》建元元年（479）六月甲申，立皇孫長懋爲南郡王。底本誤。

［2］臨汝：縣名。治所在今江西撫州市臨川區西。　子卿：蕭子卿。字雲長，南蘭陵蘭陵（今江蘇常州市武進區）人。齊武帝第三子。建元元年，封臨汝縣公。本書卷四四、《南齊書》卷四〇有傳。　廬陵：郡名。治石陽縣，在今江西吉水縣東北。

［3］應城：縣名。治所在今湖北應城市。　子敬：蕭子敬。字雲端，南蘭陵蘭陵（今江蘇常州市武進區）人。齊武帝第五子。高帝封爲應城縣公。本書卷四四、《南齊書》卷四〇有傳。　安陸：郡名。治安陸縣，在今湖北安陸市。

［4］江陵：縣名。治所在今湖北荆州市荆州區。　子懋：蕭子懋。字雲昌，南蘭陵蘭陵（今江蘇常州市武進區）人。齊武帝第七子。高帝封爲江陵縣公。本書卷四四、《南齊書》卷四〇有傳。按，錢大昕《廿二史考異》卷三五據"江陵公子懋爲晋安王"文，認爲"晋平之復爲晋安當在其時。臨慶之爲臨賀，廣興之爲始興，大約皆在齊初"。

［5］枝江：縣名。治所在今湖北枝江市西南。　子隆：蕭子隆。字雲興，南蘭陵蘭陵（今江蘇常州市武進區）人。齊武帝第八子。高帝封爲枝江縣公。本書卷四四、《南齊書》卷四〇有傳。　隨：郡名。治隨縣，在今湖北隨州市。

［6］子真：蕭子真。字雲仙，南蘭陵蘭陵（今江蘇常州市武進區）人。齊武帝第九子。本書卷四四、《南齊書》卷四〇有傳。

［7］昭業：鬱林王蕭昭業。字元尚，小字法身，南蘭陵蘭陵（今江蘇常州市武進區）人。皇太子長懋長子。本書卷五、《南齊書》卷四有紀。　河南：當係南郡之誤。《南齊書》卷三《武帝紀》作"南郡"。

［8］星緯：星象。　乖序：次序錯亂。

［9］建康：縣名。治所在今江蘇南京市。西晋武帝太康三年（282）分秣陵水北置建業，晋愍帝即位，避帝諱，改爲建康。　秣陵：縣名。治所在今江蘇南京市中華門外。原名金陵，秦始皇改爲秣陵。東漢獻帝建安中改爲建業，西晋武帝太康元年復爲秣陵。

振賜：賑濟，賞賜。振，通“賑”。

[10]蠲降：蠲免，降低。降，《南齊書·武帝紀》作“除”。

[11]以司徒褚彦回爲司空：《南齊書·武帝紀》載於六月癸卯條，《資治通鑑》卷一三五《齊紀一》建元四年同，本書“承戊戌之下連書之，非也。當據補‘癸卯’二字”（參見馬宗霍《南史校證》，第94頁）。

秋八月癸卯，司空褚彦回薨。

九月丁巳，以國哀故，罷國子學。[1]辛未，以征南將軍王僧虔爲左光禄大夫、開府儀同三司。[2]

[1]國子學：國立儒學最高學府。西晋武帝時始置，以儒家經典教授生徒。東晋沿置。南朝宋泰始六年（470）廢學，改置總明觀。南齊建元四年（482）復置，尋廢。永明三年（485）復立，同時省總明觀。梁沿置，隸太常卿，兼領太學。

[2]征南將軍：官名。四征將軍之一，南朝爲榮譽加號。開府者位從公秩一品。　左光禄大夫：官名。光禄勳屬官。備顧問應對。文散官。

冬十月乙未，以中書令王延之爲尚書左僕射。

十二月己丑，詔曰：“緣淮戍將，久處邊勞，三元行始，[1]宜霑恩慶，可遣中書舍人宣旨臨會。”後每歲如之。

[1]三元：元旦，農曆正月初一。以其爲年、時、月三者之始，故稱。

永明元年春正月辛亥，[1]祀南郊。大赦，改元。壬子，詔内外群僚，各進讜言，[2]王公卿士，各舉所知。又詔守宰禄奉，[3]蓋有恒準，往以邊虜告警，故沿時損益，今區宇寧晏，[4]宜加優奬，郡縣丞尉，可還田秩。[5]壬戌，立皇弟鋭爲南平王，[6]鏗爲宜都王，[7]皇子子明爲武昌王，[8]子罕爲南海王。[9]望氣者云：新林、婁湖、東府西有氣。[10]甲子，築青溪舊宫，[11]作新婁湖苑以厭之。[12]

[1]永明：南朝齊武帝蕭賾年號（483—493）。

[2]讜言：正直之言，直言。

[3]守宰：郡守、縣令。地方長官。

[4]區宇：境域，天下。　寧晏：安定，平静。

[5]田秩：田，汲古閣本同，殿本作“舊”。《南齊書》卷三《武帝紀》亦作“田”。《資治通鑑》卷一三五《齊紀一》永明元年同。而據胡三省注，則以作“舊”爲長（參見馬宗霍《南史校證》，第95頁）。

[6]鋭：蕭鋭。字宣毅，南蘭陵蘭陵（今江蘇常州市武進區）人。齊高帝第十五子。本書卷四三、《南齊書》卷三五有傳。　南平：郡名。治孱陵縣，在今湖北公安縣西南。

[7]鏗：蕭鏗。字宣儼，南蘭陵人。齊高帝第十六子。本書卷四三、《南齊書》卷三五有傳。　宜都：郡名。治夷道縣，在今湖北枝江市。

[8]子明：蕭子明。字雲光，南蘭陵蘭陵（今江蘇常州市武進區）人。齊武帝第十子，永明三年，失國璽，改封西陽王。本書卷四四、《南齊書》卷四〇有傳。　武昌：郡名。治武昌縣，在今湖北鄂州市。

[9]子罕：蕭子罕。字雲華，南蘭陵蘭陵（今江蘇常州市武進區）人。齊武帝第十一子。本書卷四四、《南齊書》卷四〇有傳。　南海：郡名。治番禺縣，在今廣東廣州市。

[10]新林：地名。在今江蘇南京市江寧區西南。南齊永明五年起新林苑。　婁湖：湖名。相傳爲三國吴張昭主議開鑿，昭封婁侯，故名。在今江蘇南京市秦淮區境。

[11]青溪舊宫：宫苑名。南齊蕭賾（武帝）故宅所在，原爲青溪宫，後改爲芳林苑，一名桃花園。在今江蘇南京市東北。

[12]新：汲古閣本同，殿本作"新林"。按，作"新林"是。

二月庚寅，[1]以征虜將軍楊炅爲沙州刺史，[2]封陰平王。[3]

[1]庚寅：《南齊書》卷三《武帝紀》作"辛巳"。未知孰是。

[2]征虜將軍：官名。南朝爲榮譽加號。開府者位從公。　楊炅：事見《南齊書》卷五九《氐傳》。

[3]陰平：郡名。治陰平縣，在今甘肅文縣西白龍江北岸。

三月丙辰，詔以星緯失序，陰陽愆度，[1]申辛亥赦恩五十日，[2]以期訖爲始。[3]戊寅，詔四方見囚，罪無輕重，及劫賊餘口，長徒敕繫，[4]悉皆原赦。

[1]愆度：超過應有的尺度。愆，超過。

[2]申：寬展。

[3]訖：完畢，結束。

[4]長徒：長期服勞役。古代刑罰之一。　敕繫：敕命拘囚。

夏五月丁酉，[1]車騎將軍張敬兒有罪伏誅。

[1]五月丁酉：中華本校勘記云："按永明元年五月己酉朔，是月無丁酉。"丁福林《南史考疑（十五）》考證："五月丁酉，《南齊書·武帝紀》同此。考是年五月己酉朔，無丁酉日，此與《南齊書》所載皆誤，校所言是也。今考之《魏書·高祖紀上》云：'（太和七年）閏月癸丑，皇子生，大赦天下。五月戊寅朔，幸武州山石窟佛寺。'《通鑑》卷一三五記永明元年事亦云：'閏月癸丑，魏主後宮平涼林氏生子恂……五月戊寅朔，魏主如武州山石窟佛寺……丁酉，殺張敬兒及其四子。'魏之太和七年當齊之永明元年，則是年五月似又爲戊寅朔也。究此之由，蓋以南北雙方置閏不同而致也。據陳垣《二十史朔閏表》，自宋文帝元嘉二十二年（445）宋改用《元嘉曆》，而魏則仍沿用《景初曆》不變，故自元嘉二十二年始，南北雙方乃置閏有別。永明元年齊閏五月，而魏則閏四月，亦即魏之閏四月即齊五月，魏之五月即齊之閏五月也。《通鑑》未察此，誤以爲是年五月戊寅朔而以爲張敬兒之被殺在五月丁酉日。觀敬兒之被殺其實在齊之閏五月，是月戊寅朔，丁酉爲月之二十日。即此於'五月'前乃佚一'閏'字耳。"（載《江海學刊》2008年第6期）

秋八月壬申，魏人來聘。[1]

[1]秋八月壬申，魏人來聘：《魏書》卷七《高祖紀上》云：孝文帝太和七年秋七月甲申"詔假員外散騎常侍李彪、員外郎蘭英使於蕭賾"馬宗霍《南史校證》以爲"《南史》繫於八月壬申者，蓋《魏書》從發遣之日，《南史》從到齊之日也"（第95—96頁）。其説甚是。下文冬十月丙寅條與此情況相同。

冬十月丙寅，使驍騎將軍劉纘聘于魏。

十一月己卯，雷。

十二月乙巳朔，日有蝕之。

二年春正月乙亥，以護軍將軍柳世隆爲尚書右僕射，[1]以南兖州刺史竟陵王子良爲護軍將軍，兼司徒。壬寅，以新除尚書右僕射柳世隆爲左僕射，以丹楊尹李安人爲右僕射。[2]秋七月甲申，立皇子子倫爲巴陵王。

[1]柳世隆：字彦緒，河東解（今山西臨猗縣）人。本書卷三八有附傳，《南齊書》卷二四有傳。

[2]丹楊：郡名。屬揚州，治建康縣，在今江蘇南京市。楊，汲古閣本、殿本作“陽”。按，丹楊、丹陽之辨由來已久，“東吴鉛券、西晋磚志、東晋墓誌、唐前寫本、宋刊本皆作‘丹楊’，故六朝時似當作‘丹楊’。王念孫《讀書雜志》‘揚州’之‘揚’古寫從木，至唐以後，乃多從手。是也”（參見孔祥軍《晋書地理志校注》，新世界出版社 2012 年版，第 183 頁）。　李安人：《南齊書》作“李安民”，蓋本書避唐諱改。

八月丙午，幸舊宫，申都下獄及三署見徒，[1]量所降宥。[2]戊申，幸玄武湖講武。壬子，扶南國遣使朝貢，[3]并獻頌章云。甲子，詔都下二縣，[4]墳墓毁發，隨宜掩埋，遺骸未櫬者，並加斂瘞。[5]疾困不能存者，詳加霑賚。[6]

[1]三署：中書、尚書、黄門合稱。

[2]降宥：減罪寬宥。

[3]扶南：南海古國名。亦作“夫南”。地在今柬埔寨。本書

卷七八有傳。

[4]都下二縣：京師所在的秣陵、建康二縣。

[5]斂瘞（yì）：猶斂葬。斂，通“殮”。

[6]霑賚：賞賜。

冬十二月庚申，魏人來聘。

三年春正月辛卯，祀南郊。赦，三百里内罪應入重者降一等，餘依赦制。三月甲寅，使輔國將軍劉纘聘于魏。

夏五月，省總明觀。[1]

[1]總明觀：南朝宋始立，是一種教學兼研究性的機構。隸屬於太常，設祭酒掌管，下有學士十人，分設玄、儒、文、史四學，分工研究。

秋七月甲戌，左光禄大夫、開府儀同三司王僧虔薨。辛卯，於益州置平蠻校尉官。[1]

[1]益州：州名。治成都縣，在今四川成都市。　平蠻校尉：官名。齊武帝永明三年（485）置，掌益州地區的少數民族事務，與鎮蠻、護西戎、護羌校尉合稱四校尉。中央朝廷亦將此職授予依附其政權的少數民族首領。

八月乙未，幸中堂聽訟。[1]乙巳，[2]以行宕昌王梁彌頡爲河、凉二州刺史，[3]封隴西公、宕昌王。[4]

[1]中堂：地名。在今江蘇南京市城内古建康城宣陽門外。

［2］乙巳：《南齊書》卷三《武帝紀》作“丁巳”。未知孰是。

［3］宕昌：古族名。本書卷七九有傳。　凉：州名。治姑臧縣，在今甘肅武威市。

［4］隴西：郡名。治襄武縣，在今甘肅隴西縣東南。

冬十一月丙辰，魏人來聘。

十二月，以江州刺史王奂爲尚書右僕射。改封武昌王子明爲西陽王。[1]

［1］西陽：郡名。治西陽縣，在今湖北黄岡市東。

四年春閏正月癸巳，立皇子子貞爲邵陵王。[1]丁未，以武都王楊集始爲北秦州刺史。[2]辛亥，耕藉田。[3]詔宥殊死以下。[4]甲寅，幸閲武堂，[5]勞酒小會，賜王公以下在位者帛有差。戊午，幸宣武堂講武。[6]

［1］子貞：蕭子貞。字雲松，南蘭陵蘭陵（今江蘇常州市武進區）人。齊武帝第十四子。本書卷四四、《南齊書》卷四〇有傳。　邵陵：郡名。治邵陵縣，在今湖南邵陽市。

［2］武都王：封爵名。武都，郡名。治武都縣，在今甘肅隴南市武都區東南白龍江東岸。　楊集始：事迹詳見《南齊書》卷五九《氐傳》。　北秦州：州名。治安陽縣，在今甘肅秦安縣東北。

［3］藉田：又作“籍田”。古時帝王於春耕前親耕農田，以奉祀宗廟，寓有勸農之意。

［4］殊死：斬首之刑。

［5］閲武堂：堂館名。在京師建康宫城南闕前。

［6］宣武堂：堂館名。建康倣西晋洛都之制，築宣武場於臺

城北。

二月丙寅，大風，吴興偏甚，[1]樹葉皆赤。[2]己未，立皇弟銶爲晋熙王，[3]鉉爲河東王。[4]壬午，使通直郎裴昭明聘于魏。[5]

[1]偏甚：非常嚴重。偏，副詞。表示程度，相當於“特别”“最”。

[2]赤：空；盡；一無所有。

[3]銶：蕭銶。字宣攸，南蘭陵蘭陵（今江蘇常州市武進區）人。齊高帝第十八子。本書卷四三、《南齊書》卷三五有傳。

[4]鉉：蕭鉉。字宣胤，南蘭陵蘭陵（今江蘇常州市武進區）人。齊高帝第十九子。本書卷四三、《南齊書》卷三五有傳。　河東：僑郡名。治松滋縣，在今湖北松滋市西北。

[5]通直郎：官名。即通直散騎侍郎。門下省官。掌奏事，直侍左右。秩五品。　裴昭明：河東聞喜（今山西聞喜縣）人。仕宋爲太學博士，齊時曾出使北魏。《南齊書》卷五三有傳。按，《南齊書·裴昭明傳》載“永明三年，使虜”，與此處有異。

五年春正月戊子，以太尉豫章王嶷爲大司馬，車騎將軍竟陵王子良爲司徒，驃騎將軍臨川王映、衛將軍王儉、中軍將軍王敬則並以本號開府儀同三司。[1]以尚書右僕射王奂爲尚書左僕射。辛卯，賜孤寡老疾各有差。

[1]中軍將軍：官名。重號將軍。持節都督鎮守一方。宋位比四鎮將軍，秩三品。齊位在四征將軍之上，品秩不詳。

夏四月庚午，殷祀太廟，[1]降諸囚徒。[2]

[1]殷祀：殷祭。盛大的祭典。指三年一次的祖廟大祭（祫）及五年一次合祭諸祖神主的大祭（禘）。

[2]降（jiàng）：減，減退。

先是，立商飈館於孫陵岡，[1]世呼爲九日臺，秋九月辛卯，車駕幸焉。

[1]商飈館：館名。齊武帝建於京城建康孫陵崗，世呼爲“九日臺”。故址在今江蘇南京市中山陵西南、明孝陵南之梅花山。孫陵岡：晋孫楚墓，在建康城内。

冬十月，初起新林苑。

六年春三月甲申，詔皇太子於東宫玄圃園宣猷堂臨訊及三署徒隸。[1]己亥，封皇子子響爲巴東王。[2]

[1]玄圃園：園圃名。南齊文惠太子在東宫辟建，其中樓觀塔宇，多聚奇石花木。

[2]子響：蕭子響。字雲音，南蘭陵蘭陵（今江蘇常州市武進區）人。齊武帝第四子，封爵巴東郡王。本書卷四四、《南齊書》卷四〇有傳。 巴東：郡名。治魚復縣，在今重慶奉節縣東白帝城。

夏五月庚辰，左衛殿中將軍邯鄲超表陳射雉，[1]書奏賜死。又潁川荀丕亦以諫諍，[2]託他事及誅。

[1]殿中將軍：官名。掌督守殿内。宋六品。

[2]潁川：郡名。治許昌縣，在今河南許昌市東。

六月辛未，詔省州郡縣送故輸錢者。[1]

[1]送故：南北朝時期，州郡長官遷轉離任，其屬僚隨之遷轉，謂之“送故”。

秋七月，齊興太守劉元寶於郡城壍得錢三十七萬，[1]皆輪厚徑一寸半，[2]以獻，上以爲瑞，班賜公卿。

[1]齊興：郡名。置於齊武帝永明三年（485）。治上蔡縣，在今湖北鍾祥市北。　城壍：城塹。護城河。

[2]輪：錢幣的外廓。

九月壬寅，於琅邪城講武，習水步軍。

冬十月庚申，立冬，初臨太極殿讀時令。[1]

[1]太極殿：宫殿名。建康宫城的正殿，是皇帝聽政、治事之所。在今江蘇南京市玄武湖以南故臺城内。

十一月丙戌，土霧竟天，[1]如煙，入人眼鼻，二日乃止。

[1]竟天：直至天邊；滿天。

七年春正月丙午，以鎮南將軍柳世隆爲尚書左僕射，[1]以豫州刺史西昌侯鸞爲右僕射。[2]辛亥，祀南郊，大赦。申明不舉子之科；[3]若有産子者，復其父。壬戌，驃騎將軍、開府儀同三司臨川王映薨。戊辰，詔以諸大夫年秩隆重，增俸，給見役。[4]

[1]以鎮南將軍柳世隆爲尚書左僕射：按，前文已載齊武帝永明二年（484）春正月“壬寅，以新除尚書右僕射柳世隆爲左僕射”，此處又言“爲尚書左僕射”，高敏《南北史掇瑣》認爲“此不可解”，且“《建康實録》此卷多殘闕，無可資於考證，《通志》所載與《南史》同”（第36頁）。然《南齊書》卷二四《柳世隆傳》載:“世祖即位……永明建號……遷尚書右僕射，領太子右率，雍州大中正，不拜，改授散騎常侍，尚書左僕射，中正如故。湘州蠻動，遣世隆以本官總督伐蠻衆軍，仍爲使持節、都督湘州諸軍事、鎮南將軍、湘州刺史，常侍如故。世隆至鎮，以方略討平之。在州立邸治生，爲中丞庾杲之所奏，詔原不問。復入爲尚書左僕射，領衛尉，不拜。仍轉尚書令。”本書卷三八《柳世隆傳》記載大體同。據此可知世隆先在朝爲左僕射，後“以本官”出朝“總督伐蠻衆軍”，同時任多個職稱；而平定湘州蠻後回朝，因征討之需臨時加職皆解職，祇“復入爲尚書左僕射，領衛尉”。本處紀文不誤。

[2]西昌：縣名。治所在今江西泰和縣西。　鸞：蕭鸞，字景栖，南蘭陵蘭陵（今江蘇常州市武進區）人。後即位，爲齊明帝。本書卷五、《南齊書》卷六有紀。

[3]不舉子：不生育子女。　科：律令條文。

[4]給見役：供應使役。

三月甲寅，立皇子子岳爲臨賀王，[1]子峻爲廣漢王，[2]子琳爲宣成王，[3]子珉爲義安王。[4]

[1]子岳：蕭子岳。字雲嶠，南蘭陵蘭陵（今江蘇常州市武進區）人。齊武帝第十六子。本書卷四四、《南齊書》卷四〇有傳。　臨賀：郡名。治臨賀縣，在今廣西賀州市東南。

[2]子峻：蕭子峻。字雲嵩，南蘭陵蘭陵（今江蘇常州市武進區）人。齊武帝第十八子。本書卷四四、《南齊書》卷四〇有傳。　廣漢：郡名。治雒縣，在今四川廣漢市北。

[3]子琳：蕭子琳。字雲璋，南蘭陵蘭陵（今江蘇常州市武進區）人。齊武帝第十九子。本書卷四四、《南齊書》卷四〇有傳。　宣成：下文作“宣城”。按，應以“宣城”是。宣城，郡名。治宛陵縣，在今安徽宣城市宣州區。

[4]子珉：蕭子珉。字雲璵，南蘭陵蘭陵（今江蘇常州市武進區）人。齊武帝第二十子。本書卷四一、《南齊書》卷四五有附傳。　義安：郡名。治海陽縣，在今廣東潮州市東北。

夏五月乙巳，尚書令、衛將軍、開府儀同三司王儉薨。甲子，以新除尚書左僕射柳世隆爲尚書令。

秋九月壬寅，魏人來聘。

冬十一月戊申，詔平南參軍顔幼明聘于魏。

八年春正月庚子，以領軍王奂爲尚書左僕射。丁巳，以行百濟王泰爲鎮東大將軍、百濟王。

二月辛卯，零陵王司馬藥師薨。[1]

[1]零陵：郡名。治泉陵縣，在今湖南永州市。

夏四月戊辰朔，詔公卿以下各舉所知。

六月己巳，魏人來聘。庚午，長沙王晃薨。丙申，大雷雨，有黄光竟天，[1]照地狀如金。乙酉，都下大風發屋。[2]

[1]有黄：殿本同，汲古閣本無“有”字。按，二者皆可。
[2]發屋：毁壞房屋。

秋七月癸卯，詔以陰陽舛和，[1]緯象愆度、儲胤嬰患，[2]淹歷旬晷，[3]可大赦。

[1]舛和：失和。
[2]儲胤：太子的别稱。　嬰患：罹患疾病。
[3]旬晷：十日的時間。晷，日晷，引申爲時間。

八月壬辰，荆州刺史巴東王子響反，遣丹陽尹蕭順之討之，[1]子響伏誅。乙酉，以河南王世子休留代爲西秦、河二州刺史，封河南王。

[1]蕭順之：南朝梁武帝蕭衍之父，齊高帝蕭道成族弟。事見《梁書》卷一《武帝紀上》。

冬十一月戊寅，詔量增尚書丞郎賜禄。[1]己卯，改封宣城王子琳爲南康王，立皇子子建爲湘東王。

[1]量增：酌量增加。　尚書丞郎：官名。尚書省左、右丞與尚書郎合稱。南朝沿置。左、右丞爲尚書省佐官，共掌尚書都省庶

務，率諸都令史監督稽覈諸尚書曹、郎曹政務，督録近道文書章奏，糾彈百官。

九年春正月甲午，省平蠻府。辛丑，[1]祀南郊，降都下見囚。戊午，詔射聲校尉裴昭明聘于魏。

[1]丑：殿本同，汲古閣本作“巳”。按，底本是。《南齊書》卷三《武帝紀》亦作“丑”。

三月癸巳，明堂災。[1]

[1]明堂：古代帝王宣明政教的地方。凡朝會、祭祀、慶賞、選士、養老、教學等大典，都在此舉行。

夏五月丙申，林邑國獻金簟。[1]丁未，魏人來聘。安成王暠薨。己未，樂游正陽堂災。[2]

[1]林邑：即占城。《晉書》卷九七、《南齊書》卷五八有傳。簟（diàn）：竹席。

[2]樂游：樂游苑。《六朝事迹編類》卷四引《輿地志》云：“晋爲藥園，宋元嘉中以其地爲北苑，更造樓觀，後改爲樂游苑。”《資治通鑑》卷一四三《齊紀九》永元二年胡三省注：“樂游苑在玄武湖南。”

秋八月己亥，使司徒參軍蕭琛聘于魏。吴興、義興大水。乙卯，蠲二郡租。

九月戊辰，幸琅邪城講武，[1]觀者傾都，普頒酒肉。

［1］琅邪城：南琅邪郡城，在今江蘇南京市金川門外幕府山南麓。

冬十月甲寅，魏人來聘。

十年春正月戊午，以司徒竟陵王子良領尚書令，以尚書右僕射西昌侯鸞爲左僕射。詔增内外有務衆官禄奉。丙戌，詔故太宰褚彦回、故太尉王儉、故司空柳世隆、驃騎大將軍王敬則、鎮軍大將軍陳顯達、故鎮東將軍李安人配饗太祖廟庭。[1]

［1］配饗：合祭，祔祀。古代專指帝王宗廟及孔子廟的祔祀。後也通指在其他祠廟中的祔祭。饗，殿本同，汲古閣本作“享”。按，二者皆通。

二月乙巳，使司徒參軍蕭琛聘于魏。

十一年春正月戊午，以驃騎大將軍、豫州刺史王敬則爲司空。乙亥，[1]皇太子長懋薨。

［1］乙亥：《南齊書》卷三《武帝紀》、《資治通鑑》卷一三八《齊紀四》永明十一年作“丙子”。

二月，雍州刺史王奂有罪，伏誅。[1]

［1］“二月”至“伏誅”：馬宗霍《南史校證》云，《南齊書·武帝紀》、《通鑑》卷一三八作三月乙亥，“奂拒命在二月，非二月伏誅也，此《南史》之誤”（第104頁）。王奂，字道明，小字彦孫，琅邪臨沂（今山東臨沂市）人。本書卷二三有附傳，《南

齊書》卷四九有傳。

三月丙寅，以金紫光禄大夫王晏爲尚書右僕射。[1]

[1]王晏：字休默，一字士彦，琅邪臨沂（今山東臨沂市）人。本書卷二四有附傳，《南齊書》卷四二有傳。

夏四月癸未，魏人來聘。甲午，立皇孫昭業爲皇太孫，[1]賜天下爲父後者爵一級。[2]

[1]皇太孫：經册立爲繼承皇位的皇孫。

[2]父後：嫡子，繼承家産者。

五月戊辰，以旱故，都下二縣、朱方、姑熟權斷酒。[1]

[1]朱方：地名。即丹徒縣（此用其古名），治所在今江蘇鎮江市丹徒區。　姑熟：地名。在今安徽當塗縣。

秋七月丁巳，曲赦南兖兖豫司徐五州，[1]南豫州之歷陽譙臨江廬江四郡三調，[2]衆逋宿責，並同原除。其緣淮及青、冀新附僑人，[3]復除已訖，[4]更申五年。[5]

[1]曲赦：特赦。　南兖兖：殿本同，汲古閣本作“南兖”。按，底本是。此處爲南兖、兖、豫、司、徐，合爲“五州”之數。

[2]歷陽：郡名。治歷陽縣，在今安徽和縣。　譙：僑郡名。據《南齊書·州郡志上》，當作“南譙郡”。治所在今安徽巢湖市

東南。　臨江：郡名。治烏江縣，在今安徽和縣東北。　廬江：郡名。治舒縣，在今安徽舒城縣。　三調：又名三課。南朝税法之一。指調粟（徵收糧食）、調帛（徵交絹帛）、雜調（攤派勞役）。始於宋後廢帝時。一説三調指租、布、雜税，徵收粟、布帛及錢；或即租布，按户徵收調粟、調布。

[3]僑人：東晋、南北朝時稱流寓江南的北方人爲僑人。

[4]復除：免除賦役。　已訖：完成，完畢。

[5]更申：寬展期限。

先是魏地謡言，“赤火南流喪南國”。[1]是歲，有沙門從北齎此火而至，[2]色赤於常火而微，云以療疾。貴賤争取之，多得其驗。二十餘日，都下大盛，咸云“聖火”。詔禁之不止。火灸至七炷而疾愈。[3]吴興丘國賓密以還鄉，[4]邑人楊道慶虚疾二十年，依法灸即差。[5]

[1]赤火：據下文，意爲比平時的火顔色要更紅。　南流：流傳到南方。　喪南國：南方有喪失。

[2]沙門：梵語的譯音。或譯爲“娑門”“桑門”“喪門”等。一説，“沙門”等非直接譯自梵語，而是吐火羅語的音譯。原爲古印度反婆羅門教思潮各個派别出家者的通稱，佛教盛行後專指佛教僧侣。　齎：攜，持。　此火：指前文的“赤火”。

[3]炷：量詞。用於計量綫香。

[4]丘國賓：吴興（今浙江湖州市）人。本書卷五九有附傳。

[5]即差（chài）：即刻痊愈。差，病愈。後作“瘥”。《方言》卷三：“差，愈也。南楚病愈者謂之差。”

是月，上不豫，[1]徙御延昌殿，[2]始登階而殿屋鳴吒，上惡之。魏軍將至，上慮朝野憂惶，力疾召樂府奏正聲伎。戊寅，大漸，[3]詔曰："始終大期，聖賢不免，吾行年六十，[4]亦復何恨。但皇業艱難，萬機自重，不能無遺慮耳。太孫進德日茂，社稷有寄，子良善相毗輔，[5]思弘正道。内外衆事無大小，悉與鸞參懷。[6]尚書是職務根本，悉委王晏、徐孝嗣。[7]軍旅捍邊之略，[8]委王敬則、陳顯達、王廣之、王玄邈、沈文季、張瓌、薛深等。[9]百辟庶僚，各奉爾職，謹事太孫，勿有懈怠。"又詔曰："我識滅後，[10]身上著夏衣畫天衣，純烏犀導，[11]絓諸器服，[12]悉不得用寶物及織成等，[13]唯裝複裌衣各一通。[14]常所服刀長短二口，鐵環者，隨入梓宫。祭敬之典，本在因心，靈上慎勿以牲爲祭。祭惟設餅、茶飲、干飯、酒脯而已。天下貴賤，咸同此制。未山陵前，[15]朔望設菜食。陵墓萬世所宅，意常恨休安陵未稱，今可用東三處地最東邊以葬我，名爲景安陵。喪禮每存省約，不須煩人，百官停六時入臨，[16]朔望祖日可依舊。諸主六宫，並不須從山陵。内殿鳳華、壽昌、曜靈三處，[17]是吾所改制。夫貴有天下，富兼四海，宴處寢息，不容乃陋，謂此爲奢儉之中，慎勿壞去。顯陽殿玉像諸佛及供養，具如別牒，可盡心禮拜供養之。絓有功德事，可專在中。自今公私皆不得出家爲道，及起立塔寺，以宅爲精舍，並嚴斷之。惟年六十，必有道心，聽朝賢選序，已有別詔。諸小小賜乞，及閤内處分，亦有別牒。内外禁衛勞舊主帥左右，悉令蕭諶優量驅使之。"[18]是日上崩于延昌殿，年五十四。群臣上謚曰武皇帝，廟號世祖。九月丙寅，葬景安陵。[19]

［1］不豫：婉辭。指身體不適，有病。

［2］延昌殿：宫殿名。南朝臺城内帝寢區正殿。

［3］大漸：謂病勢加劇。病重。

［4］行年：將到的年齡。馬宗霍《南史校證》云："武帝崩年實五十四，而云六十，蓋舉滿數言之。"（第104頁）

［5］毗輔：輔助，輔佐。

［6］参懷：共同商議。

［7］徐孝嗣：字始昌，東海郯（今山東郯城縣）人。本書卷一五有附傳，《南齊書》卷四四有傳。

［8］捍邊：保衛邊疆。

［9］王廣之：字士林，一字林之，沛郡相（今安徽濉溪縣）人。本書卷四六、《南齊書》卷二九有傳。　王玄邈：字彦遠，下邳（今江蘇邳州市南）人。本書卷一六、《南齊書》卷二七有附傳。　沈文季：字仲達，吴興武康（今浙江德清縣）人。本書卷三七有附傳，《南齊書》卷四四有傳。　張瓌：字祖逸，吴郡吴（今江蘇蘇州市）人。本書卷三一有附傳，《南齊書》卷二四有傳。

［10］識滅：佛教語。指死。

［11］烏犀導：用烏犀牛角製作的導。烏犀，犀牛的一種。皮可爲甲，角可爲器具、飾物，又可入藥。亦指烏犀的角或其製品。導，首飾名，櫛的一種。《釋名·釋首飾》："導，所以導櫟鬢髮，使入巾幘之裏也。"

［12］絓（kuā）：汲古閣本同，殿本作"應"。按，應從殿本。《南齊書》卷三《武帝紀》亦作"應"，指一種粗綢子。

［13］織成：古代名貴紡織物。以彩絲及金縷織出花彩圖案，自漢以來爲帝王或公卿大臣之服。

［14］複袷衣：有裏有面的棉衣。複，有裏棉衣，内裝入綿絮。

《說文解字·衣部》:“複，褚衣。”裌，夾衣。

［15］山陵：帝王或皇后的墳墓。

［16］入臨：進朝哭悼。

［17］鳳華：宫殿名。又名鳳華柏殿，齊武帝寵姬荀昭華所居。　壽昌：宫殿名。又名壽昌畫殿，其南閣置白鷺鼓吹二部，爲帝、妃宴樂處所之一。　曜靈：宫殿名。宋末臺城后妃區已有“耀靈殿”，《宋書》卷九《後廢帝紀》:“於耀靈殿上養驢數十頭。”

［18］蕭諶：字彦孚，南蘭陵蘭陵（今江蘇常州市武進區）人，蕭道成族子。《南齊書》卷四二有傳。

［19］景安陵：陵墓名。在今江蘇丹陽市東北境南朝齊陵石刻區。

上剛毅有斷，政總大體，以富國爲先。頗喜游宴、彫綺之事，［1］言常恨之，未能頓遣。臨崩，又詔:“凡諸游費，宜從休息。自今遠近薦獻，務存節儉，不得出界營求，相高奢麗。金粟繒纊，［2］敝人已甚，珠玉玩好，傷俗尤重，嚴加禁絶。”

［1］彫綺：奢靡。

［2］繒纊（kuàng）：繒帛與絲綿的並稱。

論曰：齊高帝基命之初，武功潛用，泰始開運，大拯時艱。及蒼梧暴虐，釁結朝野，而百姓懔懔，［1］命縣朝夕。權道既行，兼濟天下。元功振主，利器難以假人，［2］群方戮力，實懷尺寸之望，豈惟天厭水行，固已人希木德，歸功與能，事極乎此。武帝雲雷伊始，［3］功參佐命，雖爲繼體，事實艱難。御衮垂旒，深存政典，文武授任，不革舊章，明罰厚恩，皆由己出。外表無塵，[4]内朝多豫，[5]機事平理，職貢有恒，府藏内充，鮮人勞役。[6]宫室苑囿，未足以傷財，安樂延年，衆庶所同幸，亦有齊之良主也。據齊、梁紀録，並云出自蕭何，[7]又編御史大夫望之以爲先祖之次。[8]案何及望之於漢俱爲勳德，[9]而望之本傳不有此陳，齊典所書，便乖實録。[10]近秘書監顔師古博考經籍，[11]注解《漢書》，已正其非，今隨而改削云。

[1]懔懔：危懼或戒慎的樣子。

[2]利器：指兵權。亦借指國家權力。

[3]雲雷：《易·屯卦》："《彖》曰：屯，剛柔始交而難生，動乎險中，大亨貞。"按，《屯》之卦象爲《坎》上《震》下，《坎》之象爲雲，《震》之象爲雷。因以"雲雷"喻險難環境。

[4]外表：邊境。　無塵：没有塵埃。比喻平息戰事，没有禍亂。

[5]豫：安樂，安逸。

[6]鮮人：人們很少。

[7]蕭何：沛郡豐邑（今江蘇豐縣）人。西漢開國名相。《史記》卷五三有世家、《漢書》卷三九有傳。

[8]望之：蕭望之。字長倩，東海蘭陵（今山東蘭陵縣）人。漢宣帝時名相。《漢書》卷七八有傳。

[9]案何及望之：殿本同，汲古閣本"案"後有"又"字。勳德：有功勳德行的人。

[10]實録：符合實際的記載。

[11]秘書監：官名。秘書寺長官，綜理經籍，考校古今，課試署吏，統著作局，掌國史修撰並管理中外三閣圖書，唐從二品。

顏師古：字籀，其先琅邪臨沂（今山東臨沂市）人，祖父顏之推，自北齊入周，遂居關中，爲京兆萬年（今陝西西安市）人。唐太宗時，受詔考定《五經》。《新唐書》卷一九八有傳。

南史　卷五

齊本紀下第五

廢帝鬱林王諱昭業，[1]字元尚，小字法身，[2]文惠太子長子也。[3]高帝爲相王，[4]鎮東府，[5]時年五歲，牀前戲。高帝方令左右拔白髮，問之曰："兒言我誰耶？"答曰："太翁。"高帝笑謂左右曰："豈有爲人作曾祖而拔白髮者乎。"即擲鏡、鑷。其後問訊，高帝指示賓客曰："我基於此四世矣。"及武帝即位，[6]封爲南郡王，[7]時年十歲。

[1]鬱林：郡名。治布山縣，在今廣西桂平市西南古城。

[2]小字：小名，乳名。《南齊書》卷四《鬱林王紀》正作小名。

[3]文惠太子：齊武帝長子蕭長懋。字雲喬。本書卷四四、《南齊書》卷二一有傳。

[4]高帝：南朝齊高帝蕭道成。字紹伯。本書卷四，《南齊書》卷一、卷二有紀。

[5]東府：東府城。在臺城東，青溪橋東，南臨秦淮河。大約在今江蘇南京市通濟門附近。

[6]武帝：南朝齊武帝蕭賾。字宣遠。本書卷四、《南齊書》卷三有紀。

[7]南郡：郡名。治江陵縣，在今湖北荆州市荆州區。

永明五年十一月戊子，[1]冠於東宫崇正殿。[2]其日小會，賜王公以下帛各有差，給南郡王扶二人。[3]

[1]永明：南朝齊武帝蕭賾年號（483—493）。

[2]東宫：太子所處宫殿。　崇正殿：南朝宋、齊東宫殿名，爲太子講學論事之所。《南齊書》卷四《鬱林王紀》作"崇政殿"。

[3]給南郡王扶：給某某扶，即給扶，給予扶侍之人。古時君主賜給大臣的一種禮遇。

七年，有司奏給班劍二十人，[1]鼓吹一部。[2]高選友、學，禮絶群王。十一年，給皂輪三望車。[3]文惠太子薨，立南郡王爲皇太孫，居東宫。

[1]班劍：有紋飾的木劍。班，通"斑"。漢制，朝服帶劍。自晋代之以木，謂之班劍，虎賁持之，以爲儀仗，是皇帝對王公大臣的一種恩賜。

[2]鼓吹：演奏鼓吹樂的樂隊。常賜予王公大臣及有功者。

[3]皂輪三望車：車名。即車厢三面有窗可望的皂輪車。六朝時王公大臣所乘之車，有窗可望，分四望、三望、夾望等等級。

其年七月戊寅，武帝崩，皇太孫即帝位，大赦。

八月壬午，詔稱遺詔，以護軍將軍武陵王曄爲衛將軍，[1]征南大將軍陳顯達即本號，[2]並開府儀同三司。[3]以尚書左僕射西昌侯鸞爲尚書令，[4]右僕射王晏爲左僕射，[5]吏部尚書徐孝嗣爲右僕射。[6]癸未，加司徒竟陵王子良位太傅,[7]增班劍三十人。[8]蠲除三調及衆逋在今年七月三十日以前者。[9]省御府及無用池田邸冶,[10]減關市征税。先是,每有蠲原之詔,少無事實,督責如故。是時西昌侯鸞任知朝政,天下咸望風來蘇,[11]至此恩信兩行,海内莫不欣然。

[1]護軍將軍:官名。掌督護京師以外諸軍。權任頗重。與中護軍爲同一官,資重者爲護軍將軍,資輕者爲中護軍。宋三品。齊官品不詳。　武陵王曄:蕭曄,字宣照(一作"宣昭")。齊高帝第五子。建元元年(479)六月封。本書卷四三、《南齊書》卷三五有傳。武陵,郡名。治臨沅縣,在今湖南常德市。　衛將軍:官名。位在諸名號大將軍之上,多作爲軍府名號,以加大臣,無具體職掌,但地位隆重。宋二品。齊官品不詳。

[2]征南大將軍:官名。將軍名號,多授予統兵出征在外、都督數州軍事者。位在四征將軍之上,不常置。宋二品。齊位從公,開府儀同如公,置僚屬亦從公。　陳顯達:南彭城彭城(今江蘇鎮江市)人。本書卷四五、《南齊書》卷二六有傳。

[3]開府儀同三司:官名。三國魏始置,南朝沿置,爲大臣加號。意謂與三司即太尉、司徒、司空禮制、待遇相同,許開設府署,自辟僚屬。

[4]尚書左僕射(yè):官名。南朝沿置,尚書次官。令不在,則代理其職。左僕射位在右僕射上。輔助尚書令執行政務,參議大政,諫諍得失,監察糾彈百官,可封還詔旨,常受命主管官吏選舉。南朝尚書令爲宰相之任,位尊權重,不親庶務,尚書省日常政務常由僕射主持,諸奏事由左、右僕射聯署。　西昌侯鸞:蕭鸞,字景栖。蕭道成次兄道生次子。後來的齊明帝。本書本卷、《南齊書》卷六有紀。西昌,縣名。治所在今江西泰和縣西。　尚書令:官名。南朝沿置。宋爲尚書省長官,綜理全國政務。雖位秩三品,

實權有如宰相，如録尚書事缺，則兼有宰相之名義。南齊録尚書事定爲官號，成爲尚書省長官，尚書令成爲其副貳。

［5］王晏：字士彦，琅邪臨沂（今山東臨沂市）人。本書卷二四有附傳，《南齊書》卷四二有傳。

［6］徐孝嗣：字始昌，東海郯（今山東郯城縣）人。本書卷一五有附傳，《南齊書》卷四四有傳。　右僕射：官名。尚書右僕射。輔助尚書令執行政務，參議大政，糾彈百官。在尚書令不親庶務時，與左僕射一起主持尚書臺事務。地位略低於左僕射。

［7］司徒：官名。南齊三公之一，位在司空之上，領天下州郡名數户口簿籍。雖無司徒公，其府亦常置。置左右長史、左西曹掾屬、主簿、祭酒、令史以下。宋、齊皆一品。　竟陵王子良：蕭子良。字雲英，齊武帝第二子。本書卷四四、《南齊書》卷四〇有傳。竟陵，郡名。治萇壽縣，在今湖北鍾祥市。　太傅：官名。南朝沿置，名爲皇帝師傅，名義尊榮，無職掌，用作贈官，不常置。宋、齊皆一品。

［8］增班劍三十人：《南齊書》卷四〇《竟陵文宣王子良傳》作“增班劍爲三十人”。《南齊書·竟陵文宣王子良傳》記載，齊武帝永明五年（487），蕭子良“正位司徒，給班劍二十人”。至此時，復增至三十人。

［9］蠲（juān）除：免除賦税或勞役。　三調：《資治通鑑》卷一三八《齊紀四》永明十一年，胡三省注：“三調，謂調粟、調帛及雜調也。”　逋：此處意爲拖欠。

［10］池：此處指池籞，爲帝王的園林。　田：此處指帝王狩獵之地。　邸：邸舍，存儲物資作爲商業經營及寄宿之所。　冶：冶鑄作坊。

［11］來蘇：從困苦中獲得蘇息。《尚書·仲虺之誥》：“攸徂之民，室家相慶曰：‘徯予后，后來其蘇！’”

九月辛酉，追尊文惠皇太子爲世宗文皇帝。

冬十月壬寅，尊皇太孫太妃爲皇太后，[1]立皇后何氏。[2]

[1]皇太孫太妃：南齊皇帝蕭昭業之母、文安皇后王寶明，琅邪臨沂（今山東臨沂市）人。本書卷一一、《南齊書》卷二〇有傳。

[2]何氏：何婧英，廬江灊（今安徽霍山縣）人。本書卷一一、《南齊書》卷二〇有傳。

十一月庚戌，魏人來聘。[1]辛亥，立臨汝公昭文爲新安王、曲江公昭秀爲臨海王，[2]皇弟昭粲爲永嘉王。[3]

[1]魏：北魏。

[2]臨汝：縣名。治所在今江西撫州市臨川區西。　新安：郡名。治始新縣，在今浙江淳安縣西北。現已没入千島湖。　曲江公昭秀：蕭昭秀。字懷尚，齊文惠太子蕭長懋第三子。本書卷四四、《南齊書》卷五〇有傳。曲江，縣名。治所在今廣東韶關市南武水西岸。　臨海：郡名。治章安縣，在今浙江台州市椒江區章安街道。

[3]昭粲：蕭昭粲。文惠太子蕭長懋第四子。本書卷四四、《南齊書》卷五〇有傳。　永嘉：郡名。治永寧縣，在今浙江温州市。

隆昌元年春正月丁未，[1]大赦，改元。加太傅竟陵王子良殊禮。[2]鎮軍將軍西昌侯鸞即本號爲大將軍，[3]給鼓吹一部，親兵五百人。以領軍鄱陽王鏘爲尚書右僕射。[4]詔百僚極陳得失。又詔王公以下各舉所知。辛亥，祀南郊，[5]宥隆昌元年以來流人。[6]戊午，拜崇安陵。[7]甲戌，使司徒參軍劉斆聘于魏。

[1]隆昌：南朝齊鬱林王蕭昭業年號（494）。

[2]殊禮：特殊的禮遇，指劍履上殿，入朝不趨，贊拜不名。

[3]鎮軍將軍：官名。南朝宋時與中軍將軍、撫軍將軍位比四鎮將軍。主要爲中央軍職，但亦可出任地方軍事長官，並領刺史等地方官，兼理民政。宋三品。齊時位在四征將軍之上，品秩不詳。　大將軍：官名。此處指鎮軍大將軍。位次高於鎮軍將軍。宋二品。南朝齊位從公，開府儀同如公。

[4]領軍：官名。中領軍的省稱。南朝宋沿置其官，資深者爲領軍將軍。掌禁衛軍及京師諸軍。三品。　鄱陽王鏘：蕭鏘。字宣韶，齊高帝第七子。本書卷四三、《南齊書》卷三五有傳。鄱陽，郡名。治鄱陽縣，在今江西鄱陽縣。

[5]南郊：都邑之外稱作郊。古代帝王祭天於南郊。

[6]流人：流民。

[7]崇安陵：齊文惠太子蕭長懋陵墓，在今江蘇南京市江寧區。

二月辛卯，祀明堂。[1]

[1]明堂：先秦時明堂是帝王祭祀、朝見諸侯、宣明政教的場所。西漢時於明堂中加入了五帝神位。至魏晋南北朝，明堂逐漸成爲專祀五帝的場所。

夏四月辛巳，衛將軍、開府儀同三司武陵王曄薨。戊子，太傅竟陵王子良薨。丁酉，以驃騎將軍廬陵王子卿爲衛將軍，[1]尚書右僕射鄱陽王鏘爲驃騎將軍，並開府儀同三司。

[1]驃騎將軍：官名。南朝時爲榮譽加號，開府者位從公。廬陵王子卿：蕭子卿。字雲長，齊武帝第三子。本書卷四四、《南齊書》卷四〇有傳。廬陵，郡名。治石陽縣，在今江西吉水縣東北。

閏月丁卯，以鎮軍大將軍西昌侯鸞即本號開府儀同三司。

五月甲戌朔，日有蝕之。

秋七月癸巳，皇太后令廢帝爲鬱林王。

帝少美容止，好隸書，武帝特所鍾愛，敕皇孫手書不得妄出以貴之。進退音吐，[1]甚有令譽。生而爲竟陵文宣王所攝養，[2]常在袁妃間。竟陵王移住西州，[3]帝亦隨住焉。性甚辯慧，哀樂過人。接對賓客，皆款曲周至。矯情飾詐，陰懷鄙慝。[4]與左右無賴群小二十許人共衣食，[5]同卧起。妃何氏擇其中美貌者，皆與交歡。密就富市人求錢，無敢不與。及竟陵王移西邸，帝獨住西州，每夜輒開後堂閤，與諸不逞小人，至諸營署中淫宴。凡諸小人，並逆加爵位，皆疏官名號於黄紙，使各囊盛以帶之，許南面之日，[6]即便施行。又别作籥鉤，[7]兼善效人書，每私出還，輒扃籥，[8]封題如故，故人無知者。師史仁祖、侍書胡天翼聞之，相與謀曰："若言之二宫，則其事未易，若於營署爲異人所毆打，及犬物所傷，豈直罪止一身，亦當盡室及禍。年各已七十，餘生寧足吝邪。”數日中，二人相係自殺，二宫不知也。武帝以既陽縣寒人給事中綦母珍之代仁祖，[9]剡縣寒人馬澄代天翼。[10]文惠太子每禁其起居，節其用度。帝謂豫章王妃庾氏曰：[11]“阿婆，佛法言有福生帝王家，今見作天王，[12]便是大罪，左右主帥，動見拘執，不如市邊屠酤富兒百倍。”

[1]進退：《南齊書》卷四《鬱林王紀》作“進對”。

[2]文宣王：蕭子良謚號。　攝養：撫養。

[3]西州：古地名。《資治通鑑》卷一二三《宋紀五》元嘉十七年，胡三省注：“揚州治所在建康臺城西，故謂之西州。”按，據賀雲翱考證，西州城當在今江蘇南京市建鄴路以北、豐富路一綫以西、三元巷和秣陵路一綫以南的空間範圍内（《六朝瓦當與六朝都城》，文物出版社 2005 年版，第 193—194 頁）。

[4]鄙慝：卑劣邪惡。

[5]許：餘。

[6]南面：稱帝。

[7]籥：同“鑰”。鎖鑰。

[8]扃（jiōng）：關閉，上門閂。

[9]既陽：縣名。治所在今江蘇江陰市東南。　寒人：與世族相對的出身門第較低的人。　給事中：官名。集書省官。掌侍從、顧問。　綦母珍之：齊武帝及鬱林王寵倖，任中書舍人。弄權於朝。本書卷七七有附傳。

[10]剡：縣名。治所在今浙江嵊州市西南。

[11]豫章王：蕭嶷。字宣儼，齊高帝第二子。本書卷四二、《南齊書》卷二二有傳。豫章，郡名。治南昌縣，在今江西南昌市。

[12]天王：印度宗教傳説中的天界之王。佛教稱護法神爲天王，如毗沙門天王、四天王。此處指帝王。

文惠太子自疾及薨，帝侍疾及居喪，哀容號毀，旁人見者，莫不嗚咽。裁還私室，即歡笑酣飲，備食甘滋。葬畢，立爲皇太孫。問訊太妃，截壁爲閤，於太妃房内往何氏間，每入輒彌時不出。武帝往東宫，帝迎拜號慟，絶而復蘇，武帝自下輿抱持之，寵愛日隆。又在西州令女巫楊氏禱祀，速求天位。及文惠薨，[1]謂由楊氏之力，倍加敬信，呼楊婆。宋氏以來，人間有楊婆兒哥，蓋此徵也。武帝有疾，又令楊氏日夜禱祈，令宫車早晏駕。[2]時何妃在西州，武帝未崩數日，疾稍危，與何氏書，紙中央作一大“喜”字，而作三十六小“喜”字繞之。侍武帝疾，憂容慘慼，言發淚下。武帝每言及存亡，帝輒哽咽不自勝。武帝以此謂爲必能負荷大業，謂曰：“五年中一委宰相，汝勿厝意。[3]五年以後，勿復委人。若自作無成，無所多恨。”臨崩，執帝手曰：“阿奴，若憶翁，當好作。”如此再而崩。大歛始畢，乃悉呼武帝諸伎，備奏衆樂，諸伎雖畏威從事，莫不哽咽流涕。

[1]惠：汲古閣本同，殿本作“帝”。
[2]晏駕：車駕晚出。古代稱帝王死亡的諱辭。
[3]厝（cuò）意：注意，關心。

素好狗馬，即位未逾旬，便毀武帝所起招婉殿，[1]以材賜閹人徐龍駒，於其處爲馬埒。[2]馳騎墜馬，面額並傷，稱疾不出者數日。多聚名鷹快犬，以粱肉奉之。及武帝梓宫下渚，帝於端門内奉辭，轀輬車未出端門，[3]便稱疾還内。裁入閤，即於内奏胡伎，鞞鐸之聲，[4]震響内外。時司空王敬則問新除射聲校尉蕭坦之曰：[5]“便如此，不當怱怱邪？”坦之曰：“此政是内人哭響徹耳。”自山陵之後，便於閤内乘内人車問訊，往皇后所生母宋氏間，因微服游走市里。又多往文帝崇安陵隧中，與群小共作諸鄙褻擲塗賭跳、放鷹走狗雜狡獪。[6]

[1]招婉殿：宫殿名。在南齊都城建康臺城内。

[2]馬埒（liè）：習射之馳道。兩邊有界限，使不致跑出道外。

[3]輼（wēn）輬（liáng）車：古代的卧車，亦用作喪車。

[4]鞞（pí）鐸：軍中樂器鞞鼓、金鐸。

[5]司空：官名。名譽宰相，多爲大臣加官，雖位居秩一品，而無實際職掌。　王敬則：臨淮射陽（今江蘇寶應縣）人，僑居晋陵南沙（今江蘇常熟市）。歷仕南朝宋、齊。本書卷四五、《南齊書》卷二六有傳。　射聲校尉：官名。禁衛軍官。分掌宿衛營兵。　蕭坦之：字君平。齊高帝絶服族子。歷仕宋齊，齊明帝心腹，爲領軍將軍。本書卷四一、《南齊書》卷四二有傳。

[6]鷹：殿本同，汲古閣本作“膺”。當作鷹。　狡獪（kuài）：兒戲，游戲。

帝既失道，朝事大小，皆决之西昌侯鸞，鸞有諫，多不見從。極意賞賜左右，動至百數十萬。每見錢曰：“我昔思汝一箇不得，[1]今日得用汝未？”武帝聚錢上庫五億萬，齋庫亦出三億萬，[2]金銀布帛不可稱計。即位未朞歲，所用已過半，皆賜與諸不逞群小。諸寶器以相擊剖破碎之，[3]以爲笑樂。及至廢黜，府庫悉空。

[1]一箇：殿本同，汲古閣本作“一個”，《南齊書》卷四《鬱林王紀》作“一文”，《資治通鑑》卷一三九《齊紀五》建武元年作“十枚”。

[2]齋庫：收藏財物的倉庫。

[3]諸寶器：中華本據《南齊書·鬱林王紀》在“諸”字前補“取”字。

其在内，常裸袒，[1]著紅紫錦繡新衣、錦帽、紅縠褌、雜采袒服。[2]好鬬雞，密買雞至數千價。武帝御物甘草杖，[3]宫人寸斷用之。徐龍駒爲後宫舍人，[4]日夜在六宫房内。帝與文帝幸姬霍氏淫通，[5]改姓徐氏，龍駒勸長留宫内，聲云度霍氏爲尼，以餘人代之。皇后亦淫亂，齋閤通夜洞開，内外淆雜，[6]無復分别。中書舍人綦母珍之、朱隆之，[7]直閤將軍曹道剛、周奉叔並爲之羽翼。

[1]常：殿本同，汲古閣本作“嘗”。

[2]新衣：真大成《中古史書校證》認爲，“新”應是“雜”的形近誤字，鬱林王所著衣混雜紅、紫兩色，故云“雜衣”（中華書局 2013 年版，第 302 頁）。　袒服：即僧却崎。僧尼五衣之一。爲一種覆肩掩腋衣。中華本《南齊書》卷四《鬱林王紀》據南監本、局本改作“袒服”。

[3]甘草杖：甘草做成的手杖。甘草，多年生草本植物，根有甜味，可以入藥。亦可作煙草、醬油等的香料。

[4]後宫：中華本據《南齊書·鬱林王紀》、《資治通鑑》卷一三九《齊紀五》建武元年改作“後閤”，並引胡三省注：“後閤，禁中後閤也。”

[5]文帝：《建康實録》卷一五作“武帝”，《資治通鑑》卷一三九《齊紀五》建武元年作“世祖”。

[6]内外：汲古閣本同，殿本作“外内”。

[7]中書舍人：官名。中書通事舍人的省稱。多由寒人擔任，掌轉呈文書，擬下詔旨等，爲中書省樞機事務的實際負責人。宋七品。

西昌侯鸞屢諫不納；既而尼媪外入，頗傳異語，乃疑鸞有異志。中書令何胤以皇后從叔見親，[1]使直殿省。常隨后呼胤爲三父。與胤謀誅鸞，令胤受事，胤不敢當，依違杜諫，[2]乃止。又謀出鸞於西州，中敕用事，不復關諮。[3]鸞慮變，先使蕭諶、坦之等於省誅曹道剛、朱隆之等，[4]率兵自尚書省入雲龍門，[5]戎服加朱衣於上。比入門，三失履，王晏、徐孝嗣、蕭坦之、陳顯達、王廣之、沈文季係進。[6]帝在壽昌殿，[7]裸身與霍氏相對，[8]聞外有變，使閉内殿諸房閤，令閹人登興光樓望，[9]還報云：“見一人戎服，從數百人，急裝，在西鍾樓下。”須臾，蕭諶領兵先入宫，帝走向愛姬徐氏房，拔劍自刺不入，[10]以帛纏頸，輿接出延德殿。諶初入殿，宿衛將士皆衛執弓楯欲戰，[11]諶曰：“所取自有人，卿等不須動。”宿衛信之。及帝出，各欲自奮，帝竟無一言。出西弄，遇弑，年二十二。[12]舁尸出徐龍駒宅，殯葬以王禮。霍氏及廣昌君宋並賜死，餘黨亦見誅。

[1]中書令：官名。中書省長官之一，位次中書監。南朝中書省掌納奏、擬詔、出令等機要政務，但事權悉由中書舍人執掌。

監、令名爲長官，品秩高，多用作重臣加官。宋、齊皆三品。　何胤（yìn）：字子季，廬江灊（今安徽霍山縣）人。本書卷三〇、《梁書》卷五一有附傳。

[2]依違：猶豫不決，模棱兩可。　杜諫：諫阻。

[3]關諮：咨詢。

[4]蕭諶：字彦孚。齊高帝絶服族子。本書卷四一、《南齊書》卷四二有傳。

[5]尚書省：協助皇帝處理政務的機構。　雲龍門：南朝齊宫城正南門。

[6]王廣之：字士林，一字林之，沛郡相（今安徽濉溪縣）人。本書卷四六、《南齊書》卷二九有傳。　沈文季：字仲達，吴興武康（今浙江德清縣）人。本書卷三七有附傳，《南齊書》卷四四有傳。

[7]壽昌殿：宫殿名。在建康臺城後宫中。

[8]裸身與霍氏相對：中華本校勘記引張森楷《南史校勘記》："據上云霍氏改姓徐氏，則當書徐氏；而此仍從其實書霍氏。下又依《南齊書》紀稱'帝走向愛姬徐氏房'，遂若兩人然者。"

[9]興光樓：南齊建康臺城後宫之閣樓。

[10]不入：《南齊書》卷四《鬱林王紀》、《建康實録》卷一五作"不中"。丁福林《南齊書校議》："云不入者，蓋謂鬱林王懼痛，自刺甚輕，故而不入其内也。若自刺而不中，則未之聞耳。觀下文云鬱林'以帛纏頸'者，則必已刺之中且傷矣。《通鑑》卷一百三十九從《南史》，作'不入'，是也。"（中華書局2010年版，第35頁）

[11]宿衛：殿本、《南齊書·鬱林王紀》同，汲古閣本無"衛"字。　皆衛執：《南齊書·鬱林王紀》作"皆操"。中華本校勘記以爲此"衛"字爲衍文，並據《南齊書》删。

[12]二十二：《南齊書·鬱林王紀》一本作"二十一"。

先是文惠太子立樓館於鍾山下，號曰“東田”，太子屢游幸之，“東田”反語爲“顛童”也。[1]武帝又於青溪立宫，號曰“舊宫”，反之“窮厩”也。果以輕猾而至於窮。又武帝時有小史姓皇名太子，武帝曰：“皇太子非名之謂”，於是移點於外，易名爲犬子。處士何點曰：[2]“太子者，天地之所懸，三才之所係，今化而爲犬，不得立矣。”既而文忠太子薨，[3]鬱林、海陵相繼廢黜，此其驗也。永明中，百姓忽著破後帽，[4]始自建業，流于四遠，貴賤翕然服之，此服祅也。帽自蕭諶之家，其流遂遠，天意若曰：武穆、文昭皆當滅，而諶亦誅死之效焉。

[1]反語：魏晋南北朝時的一種隱語。以兩個字先正切，再倒切，成爲另外兩個字。

[2]何點：字子晳，廬江灊（今安徽霍山縣）人。本書卷三〇有附傳，《梁書》卷五一有傳。

[3]忠：汲古閣本同，殿本作“惠”。按，作“惠”是。

[4]破後帽：一種縛帶的風帽。帽裙下垂至肩，額間以繩帶繫縛，垂結於後。其制見於南北朝時。

廢帝海陵恭王諱昭文，[1]字季尚，文惠太子第二子也。永明四年，封臨汝公，鬱林王即位，改封新安王。及鬱林廢，西昌侯鸞奉帝纂統。

[1]海陵：郡名。治建陵縣，在今江蘇泰州市東北。

延興元年秋七月丁酉，[1]皇帝即位，大赦，改元，賜文武位二等。以鎮軍大將軍、西昌侯鸞爲驃騎大將軍、開府儀同三司、録尚書事、都督、揚州刺史，[2]加班劍爲三十人，封宣城郡公，[3]出鎮東城。以尚書左僕射王晏爲尚書令，以丹陽尹徐孝嗣爲左僕射，[4]以領軍將軍沈文季爲右僕射，以車騎大將軍陳顯達爲司空，[5]以驃騎大將軍鄱陽王鏘爲司徒。[6]命宣城公鸞甲仗百人入殿，陳顯達、王晏、徐孝嗣、蕭諶各五十人入殿。

[1]延興：南朝齊海陵王蕭昭文年號（494）。

[2]西昌侯鸞爲驃騎大將軍：殿本、《南齊書》卷五《海陵王紀》同，汲古閣本無此十字。驃騎大將軍，官名。南朝多加於元老重臣，開府置吏，不領兵。　録尚書事：官名。總録尚書臺事務。朝廷重臣所加之要職，職無不總，權重三公。　都督：官名。地方軍政長官。稱都督諸州軍事，領駐在州刺史。　揚州：州名。治建康縣，在今江蘇南京市。

[3]宣城：郡名。治宛陵縣，在今安徽宣城市宣州區。

[4]丹陽尹：官名。京師建康所在的丹陽郡行政長官。掌京城行政事務並詔獄，地位頗重要。丹陽，郡名。治建康縣，在今江蘇南京市。

[5]車騎大將軍：官名。南朝爲榮譽加號，位從公一品。

[6]驃騎大將軍：《南齊書·海陵王紀》同。丁福林《南齊書校議》云："是時爲驃騎大將軍者，乃蕭鸞也。鸞於時執掌朝政，故得以任此職。此'驃騎'前乃衍一'大'字。"（第36—37頁）

八月壬辰，[1]魏人來聘。甲午，[2]以前司空王敬則爲太尉。[3]辛丑，復置南蠻校尉官。[4]甲辰，詔使者觀省風俗。[5]

[1]八月壬辰：中華本校勘記云："按八月癸卯朔，無壬辰及下之'甲午''辛丑'；七月癸酉朔，則有此諸日辰，然'壬辰'（二十日）、'甲午'（二十二日）又不當繫在上文'丁酉'（二十五日）後。"

[2]甲午：王敬則爲太尉、陳顯達爲司空、王晏爲尚書令、蕭鏘爲司徒，《南齊書》卷五《海陵王紀》、《資治通鑑》卷一三九《齊紀五》建武元年並繫於八月甲辰。

[3]太尉：官名。三公之一，南朝時爲最高榮譽加號之一。

[4]南蠻校尉：官名。防邊軍官。隸荆州，主護少數民族。治江陵縣，在今湖北荆州市荆州區。

[5]俗：殿本同，汲古閣本作"化"。

九月癸未，誅新除司徒鄱陽王鏘、中書大將軍隨王子隆。[1]遣平西將軍王廣之誅南兗州刺史安陸王子敬。[2]於是江州刺史晋安王子懋起兵，[3]遣中護軍王玄邈討誅之。[4]乙酉，[5]又誅湘州刺史南平王鋭、郢州刺史晋熙王銶、南豫州刺史宜都王鏗。[6]丁亥，以衛將軍廬陵王子卿爲司徒，以撫軍將軍桂陽王鑠爲中軍將軍、開府儀同三司。[7]

[1]中書大將軍：《南齊書》卷五《海陵王紀》作"中軍大將軍"，當以《南齊書》爲是。　隨王子隆：蕭子隆。字雲興，齊武帝第八子。高帝封爲枝江縣公。本書卷四四、《南齊書》卷四〇有傳。隨，郡名。治隨縣，在今湖北隨州市。

[2]平西將軍：官名。四平將軍之一，多爲持節都督或監某一

地區之軍事，有時也作爲地方官兼理軍事的加官。宋三品。　南兗州：僑州名。東晋僑立兗州，宋時改爲南兗州，初治京口，在今江蘇鎮江市。宋文帝元嘉八年（431）移治廣陵縣，在今江蘇揚州市西北蜀岡上。　安陸王子敬：蕭子敬。字雲端，齊武帝第五子。高帝封爲應城縣公。本書卷四四、《南齊書》卷四〇有傳。安陸，郡名。治安陸縣，在今湖北安陸市。

[3]江州：州名。治柴桑縣，在今江西九江市西南。　晋安王子懋：蕭子懋。字雲昌，齊武帝第七子。高帝封爲江陵縣公。本書卷四四、《南齊書》卷四〇有傳。晋安，郡名。治候官縣，在今福建福州市。

[4]中護軍：官名。掌督護京師以外地方諸軍。宋三品。齊未詳。　王玄邈：字彦遠，太原祁（今山西祁縣）人。本書卷一六、《南齊書》卷二七有附傳。

[5]乙酉：《南齊書·海陵王紀》繫此事於九月乙未下，丁福林《南齊書校議》以爲《南齊書》"乙未"當作"乙酉"（第37頁）。

[6]湘州：州名。治臨湘縣，在今湖南長沙市。　南平王鋭：蕭鋭。字宣毅，齊高帝第十五子。本書卷四三、《南齊書》卷三五有傳。南平，郡名。治孱陵縣，在今湖北公安縣西南。　郢州：州名。治夏口城，在今湖北武漢市武昌區。　晋熙王銶：蕭銶。字宣攸，齊高帝第十八子。本書卷四三、《南齊書》卷三五有傳。晋熙，郡名。治懷寧縣，在今安徽潜山市。　南豫州：僑州名。治姑孰，在今安徽當塗縣。　宜都王鏗：蕭鏗。字宣嚴（一作"宣儼"），齊高帝第十六子。本書卷四三、《南齊書》卷三五有傳。宜都，郡名。治夷道縣，在今湖北枝江市。

[7]撫軍將軍：官名。兩晋南北朝時與鎮軍、中軍將軍位比四鎮將軍，資輕者稱中撫軍將軍。南朝齊位在四征將軍之上。　桂陽王鑠：蕭鑠。字宣朗，齊高帝第八子。本書卷四三、《南齊書》卷三五有傳。桂陽，郡名。治郴縣，在今湖南郴州市。　中軍將軍：

官名。重號將軍。持節都督鎮守一方。宋位比四鎮將軍，秩三品。齊位在四征將軍之上，品秩不詳。中軍，汲古閣本同，殿本作“中書”。

冬十月丁酉，[1]加宣城公鸞黄鉞，進授都督中外諸軍事、太傅，[2]領大將軍、揚州刺史，[3]加殊禮，進爵爲王。戊戌，誅新除中軍將軍桂陽王鑠、撫軍將軍衡陽王鈞、侍中秘書監江夏王鋒、鎮軍將軍建安王子真、左將軍巴陵王子倫。[4]是時宣城王鸞輔政，帝起居皆諮而後行。思食蒸魚菜，太官令答無録公命，[5]竟不與。辛亥，皇太后令廢帝爲海陵王，使宣城王入纂皇統。建武元年，[6]詔海陵王依漢東海王彊故事，[7]給虎賁、旄頭、畫輪車，[8]設鍾簴宫縣。[9]十一月，稱王有疾，數遣御師往視，乃殞之。給温明秘器，斂以衮冕之服，[10]大鴻臚監護喪事。葬給輼輬車，九旒大輅，[11]黄屋左纛，[12]前後部羽葆、鼓吹，挽歌二部，依東海王彊故事，謚曰恭。[13]

[1]冬十月丁酉：建武元年（494）十月壬寅朔，無丁酉、戊戌。《建康實録》卷一五屬丁酉於九月，疑是。酉，殿本同，汲古閣本作“西”。

[2]都督中外諸軍事：官名。總統中央、地方諸軍，爲全國最高軍事統帥，不常置。

[3]揚州刺史：中華本據《南齊書》卷五《海陵王紀》上下文改作“揚州牧”。

[4]衡陽王鈞：蕭鈞。字宣禮，齊高帝第十一子。本書卷四一、《南齊書》卷四五有附傳。衡陽，郡名。南朝宋移治湘西縣，在今

湖南株洲市西南。　秘書監：官名。秘書寺長官，綜理經籍，考校古今，課試署吏，統著作局，掌國史修撰並管理中外三閣圖書。　江夏王鋒：蕭鋒。字宣穎，齊高帝第十二子。本書卷四三、《南齊書》卷三五有傳。江夏，郡名。治夏口城，在今湖北武漢市武昌區。　建安王子真：蕭子真。字雲仙，齊武帝第九子。本書卷四四、《南齊書》卷四〇有傳。建安，郡名。治建安縣，在今福建建甌市。真，殿本同，汲古閣本作"貞"。　左將軍：官名。常作加官。宋三品。齊官品不詳。　巴陵王子倫：蕭子倫。字雲宗，齊武帝第十三子。本書卷四四、《南齊書》卷四〇有傳。巴陵，郡名。治巴陵縣，在今湖南岳陽市。

[5]録公：録尚書事。

[6]建武：南朝齊明帝蕭鸞年號（494—498）。

[7]東海王彊：劉彊。漢光武帝長子。郭皇后所生，立爲皇太子。郭皇后廢，彊不自安，請出就藩國。封爲東海王。《後漢書》卷四二有傳。東海，郡名。治郯縣，在今山東郯城縣。　故事：先例，已有典章制度。

[8]虎賁（bēn）：勇士。賁，同"奔"。　旄頭：古代皇帝儀仗中擔任先驅的騎士。　畫輪車：車名。以彩漆畫輪轂，故名。其上形如輦，下如犢車，駕牛。古之貴者不乘車，自漢末至宋齊梁間，爲天子至士人所常用。

[9]鍾簴（jù）：一種懸鍾的格架。上有猛獸爲飾。　宮縣（xuán）：古代鐘磬等樂器懸挂在架上，其形制因用樂者身份地位不同而有别。帝王懸挂四面，象徵宮室四面的墻壁，故名。縣，通"懸"。

[10]衮：殿本同，汲古閣本作"兖"。

[11]九旒：古代旌旗上的九條絲織垂飾，爲天子、王侯所佩。　大輅：亦作大路。玉輅。古時天子所乘之車。

[12]黄屋左纛（dào）：有黄繒車蓋的帝王專用車輿。左纛，帝王車輿上的飾物。以犛牛尾或雉尾製成，設在車衡左邊。

[13]謚曰恭：《南齊書·海陵王紀》記載，蕭昭文卒年十五。

先是武帝立禪靈寺於都下，[1]當世以爲壯觀，天意若曰“禪”者禪也，“靈”者神明之目，漢文帝晏駕而鼎業傾移也。[2]永明世，市里小兒以鐵相擊於地，謂之“鬭鑿”，“鑿”之爲言“族”也，至是宗室族滅矣。又武帝時以燕支爲朱衣，[3]朝士皆服之，及明帝以宗子入纂，此又奪朱之效也。[4]時又多以生紗爲帽，半其裙而析之，號曰“倚勸”。先是人間語好云“擾攘建武”，至是朝士勸進，實爲忽遽，“倚勸”“擾攘”之言，於是驗矣。

[1]都下：京城。

[2]漢文帝：錢大昕《廿二史考異》云：“‘漢’字誤。‘文帝’謂文惠太子也。”馬宗霍《南史校證》以爲當以“武帝”爲是（第111頁）。　鼎業傾移：掌握皇權者發生變化。

[3]燕支：胭脂。一種紅色的顔料。婦女用作化妝品。亦用作國畫的顔料。

[4]奪朱：朱是正色，紫是間色。後因以奪朱喻以邪犯正。

高宗明皇帝諱鸞，[1]字景栖，始安貞王道生之子也，[2]小字玄度。少孤，高帝撫育過諸子。宋泰豫元年，[3]爲安吉令，[4]有嚴能之名。昇明中，[5]累遷淮南、宣城二郡太守，[6]進號輔國將軍。[7]高帝踐祚，[8]封西昌侯，位郢州刺史。永明元年，爲侍中，領驍騎將軍。王子侯舊乘纏帷車，[9]帝獨乘下帷，[10]儀從如素士。[11]公事混撓，[12]販食人擔火誤燒牛鼻，豫章王以白武帝，帝笑焉。轉爲散騎常侍、左衛將軍，[13]清道而行。十年，累遷尚書左僕射，領右衛將軍。[14]武帝遺詔爲侍中、尚書令，尋加鎮軍將軍，給班劍二十人。隆昌元年，即本號爲大將軍，給鼓吹一部，親兵五百人。尋加中書監、開府儀同三司。[15]

[1]宗：汲古閣本同，殿本作“祖”。

[2]始安貞王道生：蕭道生。字孝伯，齊高帝次兄。本書卷四一、《南齊書》卷四五有傳。始安，郡名。治始安縣，在今廣西桂林市。

[3]泰豫：南朝宋明帝劉彧年號（472）。

[4]安吉：縣名。治所在今浙江安吉縣孝豐鎮。

[5]昇明：南朝宋順帝劉準年號（477—479）。

[6]淮南、宣城：雙頭郡名。治于湖縣，在今安徽當塗縣。

[7]輔國將軍：官名。宋三品。輔，殿本、《南齊書》卷六《明帝紀》同，汲古閣本作“撫”。

[8]祚：殿本同，汲古閣本作“阼”。

[9]纏（chán）帷車：車名。指裝飾有帷幔的車。

[10]下帷：無帷幔的車。

[11]素士：非皇族出身的士族。

[12]混撓：混雜，攪亂。

[13]散騎常侍：官名。集書省（南朝齊亦稱散騎省）職官。職以侍從左右，主掌圖書文翰、諫諍拾遺、收納轉呈文書奏事，亦常用作宰相、諸公加官。宋三品。齊官品不詳。　左衛將軍：官名。掌宮禁宿衛。宋四品。齊官品不詳。

[14]領：殿本同，汲古閣本無此字。　右衛將軍：官名。掌宮禁宿衛。宋四品。齊官品不詳。按，《南齊書·明帝紀》記載，蕭

鸞領右衛將軍在永明十一年（493）。

［15］中書監：官名。中書省長官。南朝中書省雖復掌納奏、擬詔、出令，然權歸中書舍人。監、令雖名爲長官，多用宗室諸王或大臣的加官，時人視爲清要之職。宋、齊皆三品。

海陵王立，爲驃騎大將軍、録尚書事、揚州刺史，加都督，增班劍爲三十人，封宣城郡公，鎮東府城，給兵五千人，錢二百萬，布千匹。九江事難，[1]假黄鉞，事寧，表送之。尋加黄鉞、都督中外諸軍事、太傅，領大將軍、揚州牧，增班劍爲四十人，給幢絡三望車，[2]前後部羽葆、鼓吹，劍履上殿，入朝不趨，贊拜不名，置左右長史、司馬、從事中郎、掾、屬各四人，[3]封宣城王。未拜，太后令廢海陵王，以上入纂高帝爲第三子，群臣三請，乃受命。

［1］九江事難：延興元年（494）九月，齊武帝第七子江州刺史晋安王子懋起兵反抗專制朝政的蕭鸞。事見《南齊書》卷五《海陵王紀》、卷四〇《晋安王子懋傳》。九江，地名。此處用以指代江州。江州治所在今江西九江市。

［2］幢絡：形如車蓋的帷幔。　三望車：六朝王公大臣所乘的有窗可外望之車。有四望、三望、夾望諸等級。

［3］司馬：官名。公府司馬，主軍務。宋六品。齊官品不詳。　從事中郎：官名。或分掌諸曹，或分掌機密，或參謀議，地位較高。宋六品。齊官品不詳。

建武元年冬十月癸亥，皇帝即位，大赦，改元，文武賜位二等。以太尉王敬則爲大司馬，[1]以司空陳顯達爲太尉。乙丑，詔斷遠近上禮。丁卯，詔“自今雕文篆刻，歲時光新，[2]可悉停省。藩牧守宰，或有薦獻，事非任土，[3]嚴加禁斷”。

[1]大司馬：官名。南齊爲八公之一，位在太傅之下、大將軍之上，爲無實職的榮譽銜，不常授。

[2]光新：猶言品嘗時新。光，敬辭。光臨，光顧。新，指剛收獲的糧食或果蔬等。

[3]任土：依據土地所産。《册府元龜》卷一九八作“在一”。

十一月壬申，日有蝕之。帝宿沐浴，不御内。其日，潔齋蔬食，斷朝務，屏人，單衣帢危坐，[1]以至事畢。追尊始安貞王爲景皇，妃江氏爲懿后，[2]别立寢廟，號陵曰脩安。封桂陽王鑠等諸王子皆爲列侯。凡諸王侯得罪者，諸子皆復屬籍。[3]又詔遣大使觀省四方。癸酉，革永明之制，依晋、宋舊典，太子以師禮敬少傅。甲戌，進大司馬尋陽公王敬則等十三人爵邑各有差。省新林苑，[4]先是百姓地者，悉以還主。廢南蠻校尉官。己卯，追崇妃劉氏爲敬皇后，號陵曰興安。庚辰，立皇子寶義爲晋安王，[5]寶玄爲江夏王，[6]寶源爲廬陵王，[7]寶寅爲建安王，[8]寶融爲隨郡王，寶攸爲南平王。[9]甲申，斷官長貢獻及私餉遺。以安陸昭王緬第二子寶晊襲封安陸王。[10]丁亥，詔細作中署、材官、車府，[11]凡諸工可悉開番假，[12]遞令休息。戊子，立皇子寶卷爲皇太子，賜天下爲父後者爵一級。己丑，詔東宫肇建，遠近或有慶禮，可悉斷之。永明中，御史中丞沈深表：[13]百官年登七十者，皆令致仕，並窮困私門。庚子，詔“自縉紳年及，可一遵永明七年以前銓叙之科”。

[1]單衣：單層無裹子的衣服。亦指古代官吏的朝服。　帢（qià）：帛製的便帽。

[2]追尊始安貞王爲景皇，妃江氏爲懿后：《南齊書》卷六《明帝紀》、《資治通鑑》卷一三九《齊紀五》繫此事於明帝建武元年十一月乙酉。

[3]籍：殿本同，汲古閣本作“藉”。

[4]新林苑：當在新林浦，今江蘇南京市西南。參見《讀史方輿紀要》卷二〇《南直二·江寧縣》。

[5]寶義：蕭寶義。字智勇，齊明帝長子。明帝建武元年（494）封晋安王。梁受禪，改封巴陵郡王。本書卷四四、《南齊書》卷五〇有傳。

[6]寶玄：蕭寶玄。字智深，齊明帝第三子。本書卷四四、《南齊書》卷五〇有傳。

[7]寶源：蕭寶源。字智淵，齊明帝第五子。本書卷四四、《南齊書》卷五〇有傳。

[8]寶寅：蕭寶寅。字智亮，齊明帝第六子。初封建安王，後改封鄱陽王。本書卷四四、《南齊書》卷五〇、《魏書》卷五九、《北史》卷二九有傳。

[9]寶攸：蕭寶攸，一作“蕭寶脩”。字智宣，齊明帝第九子。本書卷四四、《南齊書》卷五〇有傳。

[10]安陸昭王緬：蕭緬。字景業，齊明帝弟。高帝建元元年（479），封安陸侯。謚曰昭。明帝建武元年，追贈安陸王。本書卷四一、《南齊書》卷四五有傳。　寶晊（zhì）：蕭寶晊。蕭緬次子。本書卷四一、《南齊書》卷四五有附傳。

[11]細作中署：此處爲南齊官署御府之别稱。南朝劉裕始建宋

朝，以原相府細作署劃歸宫廷，設令、丞，掌監製供奉御用精巧珍寶器玩，隸門下。又先後改名御府、中署，隸右尚方。南齊復名御府，隸少府。　材官：官署名。南朝沿置，設將軍爲長官，掌工匠土木之事及工徒，隸中領軍（領軍將軍），或兼隸尚書起部曹。　車府：官署名。南朝隸尚書駕部，主乘輿諸車。

[12]番假：輪流休假。

[13]御史中丞：官名。御史臺長官，掌監察、執法。　沈深：《南齊書·明帝紀》作"沈淵"。本書避唐諱改。

十二月庚戌，宣德右僕劉朗之、游擊將軍劉璩之子，[1]坐不贍給兄子，致使隨母他嫁，免官，禁錮終身，付之鄉論。[2]

[1]宣德右僕：宣德宫右僕。當從《魏書》卷九《蕭昭業傳》作宣德太僕。鬱林王蕭子昭業即位，尊其母爲皇太后，稱宣德宫。太僕，官名。諸卿之一。掌皇帝車馬、田獵、兵器及全國畜牧業。東晉或置或省。南朝宋、齊於郊祀典禮時置，事訖即罷。此處當宣德太后之太僕，功用與朝廷太僕同。　游擊將軍：官名。兩晉時爲禁軍主要將領，與驍騎將軍分領命中虎賁，掌宿衛之任。南朝沿置。

[2]鄉論：鄉黨對士人的品評。

是歲，魏孝文皇帝遷都洛陽。[1]

[1]魏孝文皇帝：拓跋宏。《魏書》卷七、《北史》卷三有紀。

二年春正月辛未，降都下繫囚殊死以下。詔王公以下各舉所知，内外群僚各進忠言，無有所諱。魏攻豫、司、徐、梁四州。[1]壬申，遣鎮軍王廣之督司州，[2]右衛將軍蕭坦之督徐州，尚書右僕射沈文季督豫州，以拒魏。己卯，詔都下二縣，有毀發墳壠，[3]隨宜修理。乙未，魏軍攻鍾離，[4]徐州刺史蕭惠休破之。[5]丙申，加太尉陳顯達使持節、都督西北道諸軍事。[6]丁酉，内外纂嚴。[7]

[1]豫：州名。治壽春縣，在今安徽壽縣。　司：州名。治平陽縣，在今河南信陽市。　徐：州名。治燕縣，在今安徽鳳陽縣臨淮關鎮。　梁：州名。治南鄭縣，在今陝西漢中市東。

[2]鎮軍：中華本據《南齊書》卷六《明帝紀》、《資治通鑑》卷一四〇《齊紀六》建武二年改作“鎮南”。

[3]發：挖開。

[4]鍾離：郡名。治燕縣，在今安徽鳳陽縣臨淮關鎮。

[5]蕭惠休：南蘭陵蘭陵（今江蘇常州市武進區）人。本書卷一八有附傳，《南齊書》卷四六有傳。

[6]使持節：重要軍事長官出征或出鎮時，加使持節，可誅殺二千石以下官員。皇帝派遣大臣出巡或祭吊等事務，亦有使持節，以表示權力和尊崇。

[7]纂嚴：戒嚴。

三月己未，[1]司州刺史蕭誕與衆軍攻敗魏軍。[2]詔雍、豫、司、南兗、徐五州遭遇兵戎之家，[3]悉停今年税調。[4]丙寅，停青州麥租。[5]魏軍自壽春退。[6]

[1]三月：建武二年三月庚午朔，無己未、丙寅。中華本據

《資治通鑑》卷一四〇《齊紀六》改“三月”爲“二月”。

[2]蕭誕：字彦偉，齊宗室。本書卷四一、《南齊書》卷四二有附傳。

[3]雍：州名。治襄陽縣，在今湖北襄陽市。

[4]税調：賦税和租庸調。調指調粟（徵收糧食）、調帛（徵交絹帛）、雜調（攤派勞役）。

[5]青州：州名。僑寄鬱洲，在今江蘇連雲港市東雲臺山一帶。　麥租：種植小麥所繳納的税。

[6]壽春：縣名。治所在今安徽壽縣。

甲申，[1]解嚴。[2]

[1]甲申：建武二年二月庚子朔，無甲申。中華本改前“三月”爲“二月”，復據《資治通鑑》卷一四〇《齊紀六》於“甲申”前補“三月”二字。

[2]解嚴：解除非常的戒備措施。

夏四月己亥朔，親録三百里内獄訟，[1]自外委州郡訊察，三署徒隸，[2]原遣有差。魏軍圍漢中，[3]梁州刺史蕭懿拒退之。[4]

[1]録：録囚。省察復覈囚犯是否有冤情。

[2]三署：光禄勳下設五官署、左署、右署，合稱三署。　徒隸：服勞役的罪犯。

[3]漢中：郡名。治南鄭縣，在今陝西漢中市東。

[4]蕭懿：字元達，南蘭陵（今江蘇常州市武進區）中都里人。梁武帝長兄。本書卷五一有傳。

五月甲午，寢廟成，[1]詔監作長帥賜位一等。[2]

[1]寢廟：古代宗廟的正殿稱廟，後殿稱寢，合稱寢廟。

[2]監作：監督製作，此處指製造寢廟。

六月壬戌，誅領軍蕭諶、西陽王子明、南海王子罕、邵陵王子貞。[1]

[1]西陽王子明：蕭子明。字雲光。齊武帝第十子。本書卷四四、《南齊書》卷四〇有傳。西陽，僑郡名。治西陽縣，在今湖北黄岡市東。　南海王子罕：蕭子罕。字雲華。齊武帝第十一子，永明元年（483）封。本書卷四四、《南齊書》卷四〇有傳。南海，郡名。治番禺縣，在今廣東廣州市。　邵陵王子貞：蕭子貞。字雲松。齊武帝第十四子，永明四年封。本書卷四四、《南齊書》卷四〇有傳。邵陵，郡名。治邵陵縣，在今湖南邵陽市。

秋九月己丑，改封南平王寶攸爲邵陵王，蜀郡王子文爲西陽王，[1]廣漢王子峻爲衡陽王，[2]臨海王昭秀爲巴陵王，永嘉王昭粲爲桂陽王。

[1]蜀郡王子文：蕭子文。字雲儒。齊武帝第十七子。本書卷四四、《南齊書》卷四〇有傳。蜀郡，郡名。治成都縣，在今四川成都市。

[2]廣漢王子峻：蕭子峻。字雲嵩。齊武帝第十八子。本書卷四四、《南齊書》卷四〇有傳。廣漢，郡名。治雒縣，在今四川廣漢市北。

冬十月癸卯，[1]詔罷東田，[2]毀光興樓，[3]并詔水衡量省御乘。[4]乙卯，[5]納皇太子妃褚氏，[6]大赦，王公以下班賜各有差，斷四方上禮。

[1]冬十月癸卯：《南齊書》卷六《明帝紀》繫此事於冬十月丁卯，《資治通鑑》卷一四〇《齊紀六》建武二年繫此事於十一月丁卯。是年十月丙申朔，有癸卯，無丁卯；十一月丙寅朔，有丁卯。

[2]東田：南齊宫苑名。故址在建康（今江蘇南京市）東宫之東、鍾山之下。永明中文惠太子所建，綿亘華遠，壯麗極目，號曰“東田”。

[3]光興樓：南齊樓閣名。《資治通鑑》卷一四〇《齊紀六》建武二年，胡三省注：“興光樓，蓋亦文惠太子所建。”按，若興光樓果爲文惠太子所建，則其位置當或在東宫，或在東田。中華本據《南齊書·明帝紀》《資治通鑑》將其改作“興光樓”。

[4]水衡：官名。水衡都尉省稱。南朝齊時無此官號，此稱“水衡”乃用典也，是指當時掌帝室輿馬的尚書省左民尚書所領駕部（其屬官有車府令）。

[5]乙卯：《資治通鑑》卷一四〇《齊紀六》建武二年繫此事於十一月己卯。

[6]褚氏：褚令璩（qú），河南陽翟（今河南禹州市）人。東昏侯即位，封皇后。本書卷一一、《南齊書》卷二〇有傳。

十二月丁酉，詔晋帝諸陵，悉皆修理，并增守衛。吴、晋陵失稔之鄉，[1]蠲三調有差。[2]

[1]吴：郡名。治吴縣，在今江蘇蘇州市。　晋陵：郡名。治晋陵縣，在今江蘇常州市。　失稔：歉收。

［2］三調：三課。一般指調粟（徵收糧食）、調帛（徵交絹帛）、雜調（攤派勞役）。

三年春正月丁酉，[1]以陰平王楊炅子崇祖爲沙州刺史，[2]封陰平王。二月己巳，[3]詔申明守長六周之制，[4]事竟不行。乙酉，詔以去歲魏攻緣邊諸州郡，將士有臨陣及病死者，並送還本土。

［1］丁酉：《資治通鑑》卷一四〇《齊紀六》建武三年作"丁卯"，《考異》云："《齊本紀》作'丁酉'。按《長曆》，是月乙丑朔，無丁酉。下有己巳，當作'丁卯'。"

［2］陰平：舊郡名。三國魏置。治陰平縣，在今甘肅文縣西白龍江北岸。西晋末廢，南朝齊權以其爲號對氐族首領作羈縻之封。楊炅（jiǒng）：氐族首領。事見《南齊書》卷五九《氐傳》。沙州：羈縻州名。治所在今青海貴南縣北。

［3］二月己巳：《南齊書》卷六《明帝紀》無"二月"二字。建武三年正月乙丑朔，有己巳，二月甲午朔，無己巳。此處不當有"二月"二字。

［4］守長六周之制：太守縣令六周年爲一任期的制度。

三月壬午，詔車府乘輿有金銀飾者，[1]皆剔除之。

［1］飾：該字前中華本據《南齊書》卷六《明帝紀》、《資治通鑑》卷一四〇《齊紀六》建武三年補"校"字，並引胡三省注："校，欄格也。飾其校，飾其欄格也。又居效翻，義與鉸同，以金飾器謂之鉸。"

夏四月，魏軍攻司州，櫟城戍主魏僧岎擊破之。[1]

[1]櫟城戍：在今河南信陽市北。 魏僧岎：《南齊書》卷五七《魏虜傳》、《資治通鑑》卷一四〇《齊紀六》建武三年作“魏僧岷”。

冬閏十二月戊寅，皇太子冠，賜王公以下帛各有差，爲父後者賜爵一級，斷遠近上禮。

四年春正月庚午，[1]大赦。庚辰，[2]詔“人産子者，[3]蠲其父母調役一年，又賜米十斛。新婚者，蠲夫役一年”。壬辰，[4]誅尚書令王晏。二月以尚書左僕射徐孝嗣爲尚書令。

[1]四年春正月庚午：建武四年正月己丑朔，無庚午。《資治通鑑》卷一四一《齊紀七》建武四年作“春正月大赦”，不書日。

[2]庚辰：《南齊書》卷六《明帝紀》作“壬寅”。是年正月有壬寅，無庚辰。

[3]人:《南齊書·明帝紀》作“民”，本書避唐太宗李世民諱改。

[4]壬辰:《南齊書·明帝紀》、《資治通鑑》卷一四一《齊紀七》建武四年作“丙辰”。

秋八月甲午，[1]追尊景皇所生王氏爲恭太后。魏軍攻沔北。[2]

[1]秋八月甲午:《南齊書》卷六《明帝紀》無“甲午”二字。是年八月丙辰朔，無甲午。

[2]沔（miǎn）北：漢水以北地區。

冬十月，又逼司、雍二州。甲戌，遣太子中庶子蕭衍、右軍司馬張稷禦之。[1]

[1]太子中庶子：官名。東宫屬官。掌侍從及文翰。宋五品。齊官品不詳。　蕭衍：字叔達，南蘭陵（今江蘇常州市武進區）中都里人。南朝梁開國皇帝。本書卷六、卷七，《梁書》卷一至卷三有紀。　右軍司馬：官名。右軍將軍府司馬省稱。軍府高級幕僚，掌參贊軍務，管理府内武職，位僅次於長史。宋七品。齊官品不詳。　張稷：字公喬，吴郡吴（今江蘇蘇州市）人。本書卷三一有附傳，《梁書》卷一六有傳。

十一月丙辰，[1]以氐楊靈珍爲北秦刺史，[2]封仇池公、武都王。[3]

[1]十一月丙辰：是年十一月甲申朔，無丙辰。中華修訂本《南齊書》卷六《明帝紀》校勘記疑“丙辰”爲“丙戌”之誤。

[2]氐：氐族，古族名。魏晋南北朝時主要分布於今陝西南部、甘肅中東部和四川北部，與漢人雜處，多聚族而居，曾建立仇池、前秦、後凉等政權。《南齊書》卷五九有傳。　楊靈珍：氐族楊氏酋長。事見《南齊書·氐傳》。　北秦：州名。即北魏之秦州，南朝稱爲北秦州。治上邽縣，在今甘肅天水市。

[3]仇池：地名。在今甘肅西和縣西南。　武都：地名。在今甘肅隴南市武都區東南。

十二月丁丑，遣度支尚書崔慧景率衆救雍州。[1]

[1]度支尚書：官名。尚書省度支曹長官。領度支、金部、倉部、起部四郎曹，掌國家財政。　崔慧景：字君山，清河東武城（今河北清河縣）人。本書卷四五、《南齊書》卷五一有傳。

永泰元年春正月癸未朔，[1]大赦。中軍大將軍徐孝嗣即本號開府儀同三司。沔北諸郡，爲魏所攻，相繼亡敗，新野太守劉忌隨宜應接，[2]食盡，煑土爲粥，而救兵不至，城被剋，死之。乙巳，遣太尉陳顯達持節救雍州。丁未，誅河東王鉉、臨賀王子岳、西陽王子文、衡陽王子峻、南康王子琳、永陽王子珉、湘東王子建、南郡王子夏、巴陵王昭秀、桂陽王昭粲。[3]

[1]永泰：南朝齊明帝蕭鸞年號（498）。

[2]新野：郡名。治新野縣，在今河南新野縣。　劉忌：中華本校勘記引張森楷《南史校勘記》云："《魏虜傳》作劉思忌，疑此誤脱'思'字。"並云《通鑑》亦作"劉思忌"。

[3]河東王鉉：蕭鉉。字宣胤，齊高帝第十九子。永明四年（486）封。本書卷四三、《南齊書》卷三五有傳。河東，郡名。僑寄松滋縣，在今湖北松滋市西北。　臨賀王子岳：蕭子岳。字雲嶠，齊武帝第十六子。本書卷四四、《南齊書》卷四〇有傳。臨賀，郡名。治臨賀縣，在今廣西賀州市東南。　南康王子琳：蕭子琳。字雲璋，齊武帝第十九子。本書卷四四、《南齊書》卷四〇有傳。南康，郡名。治贛縣，在今江西贛州市東北。　永陽王子珉：蕭子珉。字雲璵，齊武帝第二十子。本書卷四一、《南齊書》卷四五有附傳。永陽，郡名。治營浦縣，在今湖南道縣西北。　湘東王子建：蕭子建。字雲立，齊武帝第二十一子。本書卷四四、《南齊書》卷四〇有傳。湘東，郡名。治臨烝縣，在今湖南衡陽市。　南郡王

子夏：蕭子夏。字雲廣，齊武帝第二十三子。本書卷四四、《南齊書》卷四〇有傳。

二月癸丑，遣左衛將軍蕭惠休假節援壽陽。辛未，豫州刺史裴叔業敗魏軍於淮北。[1]

[1]裴叔業：河東聞喜（今山西聞喜縣）人。歷事齊高、武、明諸帝，爲豫州刺史。《南齊書》卷五一有傳。　淮北：泛指淮水以北地。今安徽鳳臺縣至亳州市東南一帶。

三月甲午，[1]蠲雍州遇魏軍之縣租布。戊申，詔增仲尼祭秩。[2]

[1]甲：《南齊書》卷六《明帝紀》作“丙”。

[2]仲尼：孔子的字，代指孔子。　祭秩：祭祀的規格。

上以疾患不瘳，望氣者云宜改元，夏四月甲寅，大赦，改元，文武賜位二等。己未，立武陵昭王子子坦爲衡陽王。[1]丁丑，[2]大司馬、會稽太守王敬則舉兵反。[3]

[1]子坦：蕭子坦。蕭曄第三子。

[2]丁丑：《南齊書》卷六《明帝紀》作“丁卯”。馬宗霍《南史校證》疑作“丁卯”是（第114頁）。

[3]會稽：郡名。治山陰縣，在今浙江紹興市。

五月壬午，遣輔國將軍劉山陽率軍東討。[1]乙酉，斬敬則，傳首建鄴，[2]曲赦浙東、吴、晉陵等七郡。[3]

[1]劉山陽：仕齊，因平定王敬則叛亂有功，封湘陰縣男。永元二年（500）奉命討伐蕭衍，被殺。事見《南齊書》卷二六《王敬則傳》、卷三八《蕭穎胄傳》。

[2]鄴：汲古閣本同，殿本作“業”。

[3]曲赦：特赦。　浙東：浙東五郡包括會稽、東陽、臨海、永嘉、新安。

秋七月己酉，帝崩于正福殿，年四十七。遺詔：“徐孝嗣可重申八命，中書監、本官悉如故。沈文季可尚書左僕射，常侍、護軍如故。江祏可右僕射，[1]江祀可侍中，[2]劉暄可衛尉卿。[3]軍政大事委陳太尉。内外衆事無大小委徐孝嗣、遥光、坦之、江祏；[4]其大事與沈文季、江祀、劉暄參懷。心腹之任，可委劉悛、蕭惠休、崔慧景。”[5]群臣上謚曰明皇帝，廟號高宗，葬興安陵。

[1]江祏：字弘業，濟陽考城（今河南民權縣）人。本書卷四七、《南齊書》卷四二有傳。

[2]江祀：字景昌，江祏弟。本書卷四七、《南齊書》卷四二有附傳。

[3]劉暄：字士穆，彭城（今江蘇徐州市）人。本書卷四七、《南齊書》卷四二有附傳。　衛尉卿：官名。掌宫門宿衛屯兵，巡行宫外，糾察不法，管理武器庫藏等。

[4]遥光：蕭遥光。字元暉。始安貞王蕭道生孫。本書卷四一有傳，《南齊書》卷四五有附傳。

[5]劉悛：字士操，彭城（今江蘇徐州市）安上里人。本書卷三九有附傳，《南齊書》卷三七有傳。

帝明審有吏才，持法無所借。制御親幸，臣下肅清。驅使寒人，不得用四幅繖。[1]大存儉約，罷武帝所起新林苑，以地還百姓。廢文惠太子所起東田，斥賣之。永明中，輿輦舟乘，悉剔金銀，還主衣庫，以牙角代之。嘗用皂莢，訖，授餘濼與左右，[2]曰："此猶堪明日用。"大官進御食，[3]有裹蒸，帝十字畫之，曰："可四片破之，餘充晚食。"而武帝掖庭中宮殿服御，一無所改。其儉約如此。

[1]繖（sǎn）：用作儀仗的傘。繖，"傘"的古字。

[2]濼（lì）：顆，塊。

[3]大官：官署名。即太官。南朝宋、齊屬侍中省。掌宮廷膳食，由令、丞主之。

性猜忌，亟行誅戮。信道術，用計數。每出行幸，先占利害。簡於出入，將南則詭言之西，將東則詭言之北，[1]皆不以實，竟不南郊。初有疾，無輟聽覽，群臣莫知。及疾篤，敕臺省府署文簿求白魚以爲藥，[2]外始知之。身衣絳衣，服飾皆赤，以爲厭勝。巫覡云"後湖水頭經過宮内，致帝有疾"。帝乃自至太官行水溝，左右啓"太官無此水則不立"。決意塞之，欲南引淮流，會崩，事寢。

[1]將南則詭言之西，將東則詭言之北：殿本同，汲古閣本作"將南則詭言之北"。

[2]白魚：衣服、書籍中的一種蛀蟲。通稱蠹魚。

廢帝東昏侯諱寶卷，[1]字智藏，明帝第二子也。本名明賢，明帝輔政後改焉。建武元年，立爲皇太子。

[1]東昏侯：南齊皇帝蕭寶卷被殺後追貶之號。

永泰元年七月己酉，明帝崩，太子即皇帝位。

八月庚申，鎮北將軍晋安王寶義進號征北大將軍、開府儀同三司。[1]

[1]鎮北將軍：官名。與鎮東、鎮西、鎮南將軍合稱四鎮將軍。多爲持節都督，出鎮方面。宋三品。齊官品不詳。　征北大將軍：官名。多爲持節都督，出鎮方面。宋二品。齊位從公。

冬十月己未，詔删省律科。癸亥，詔蕭坦之、江祏更直殿省，總監宿衛。辛未，詔劉暄、江祏更直延明殿省。

十一月戊子，立皇后褚氏。庚寅，尚書令徐孝嗣議："王侯貴人昏，[1]連巹以真銀盃，[2]蓋出近俗；又牢燭侈績，[3]亦虧曩制。[4]今除金銀連鎖，自餘新器，[5]悉用埏陶，牢燭華侈，[6]亦宜停之。"奏可。

[1]昏：同"婚"。結婚。

[2]連巹（jǐn）：古代婚禮中的一種儀式。剖一瓠爲兩瓢，新婚夫婦各執一瓢，斟酒以飲。後多以"合巹"代指成婚。

[3]牢燭：古時婚禮所用的雕飾華麗的花燭。　績（huì）：繪畫。殿本同，汲古閣本作"縷"。

[4]曩（nǎng）：先前。

[5]新器：《南齊書·禮志上》作“雜器”。

[6]華侈：奢華。

永元元年春正月戊寅朔，[1]大赦，改元。辛卯，祀南郊。丁酉，改封隨王寶融爲南康王，安陸王寶晊爲湘東王，竟陵王昭胄爲巴陵王。[2]

[1]永元：南朝齊東昏侯蕭寶卷年號（499—501）。

[2]竟陵王昭胄：蕭昭胄。字景胤，蕭子良之子。本書卷四四、《南齊書》卷四〇有附傳。胄，汲古閣本同，殿本作“胃”。

二月，太尉陳顯達敗績於馬圈。[1]

[1]太尉：官名。南齊時置爲八公之一，與司徒、司空合稱三公，雖官居一品，而實爲無職掌的榮銜。　馬圈：軍鎮名。在今河南鎮平縣南。

夏四月丙午朔，魏孝文皇帝崩。己巳，立皇子誦爲皇太子，[1]大赦，賜爲父後者爵一級。

[1]誦：蕭誦。黄淑儀所生。蕭寶卷死後，被廢爲庶人。

五月癸亥，[1]加撫軍大將軍始安王遥光開府儀同三司。[2]

[1]五月癸亥：是年五月丙子朔，無癸亥。

［2］撫軍大將軍：官名。用作大臣加官。宋二品。齊位從公。

六月甲子，詔原雍州今年三調。

秋七月辛未，[1]淮水變赤如血。丙戌，殺尚書右僕射江祏、侍中江祀。地震自此至來歲，晝夜不止，小屋多壞。丁亥，都下大水，死者甚衆。賜死者材器，並加振恤。

［1］秋七月辛未：是年七月乙亥朔，無辛未。

八月乙巳，蠲遇水資財漂蕩者今年調税。又詔爲馬圈戰亡將士舉哀。丙辰，[1]揚州刺史始安王遥光據東府反。[2]詔曲赦都下，中外戒嚴，遣領軍將軍蕭坦之致討。戊午，[3]斬遥光，傳首。己巳，以尚書令徐孝嗣爲司空，以領軍蕭坦之爲尚書左僕射。

［1］丙辰：《南齊書》卷七《東昏侯紀》作“丙午”。《南齊書》中華修訂本校勘記云：“按本書卷四五《蕭遥光傳》載‘八月十二日晡時，收集二州部曲，於東府門聚人衆’。其年八月甲辰朔，丙午初三日，丙辰十三日，作‘丙辰’是。”

［2］東府：殿本同，汲古閣本無“府”字。

［3］戊午：丁福林《南齊書校議》云：“《南史·齊東昏侯紀》亦記遥光之被殺在是月戊午，考是月甲辰朔，戊午爲月之十五日。本書《宗室·始安王遥光傳》則記在是月十六日。本書《天文志上》云：‘永元元年八月己未，月蝕盡，色皆赤。是夜，始安王遥光伏誅。’己未爲月之十六日，與本傳正自相應。見本傳所記，爲得其實。《通鑑》卷一百四十二從之，亦記在是月己未日，是也。”

（第 45 頁）

閏月丙子，以江陵公寶覽爲始安王。[1]

[1]江陵：縣名。治所在今湖北荆州市荆州區。　寶覽：蕭寶覽。始安貞王道生孫，安陸昭王緬次子。建武元年（494）封江陵公。事見《南齊書》卷四五《安陸昭王緬傳》。

九月甲辰，殺尚書左僕射蕭坦之，右衛將軍曹武。[1]戊午，殺領軍將軍劉暄。壬戌，以頻殺大臣，大赦。

[1]右衛將軍：官名。掌宿衛營兵，禁衛宫廷。位次左衛將軍。南齊四品。　曹武：即曹虎，本書避唐高祖祖父李虎諱改。字士威，下邳（今江蘇睢寧縣）人。本書卷四六、《南齊書》卷三〇有傳。

冬十月乙未，誅尚書令新除司空徐孝嗣、右僕射新除鎮軍將軍沈文季。[1]庚子，以吴興太守蕭惠休爲尚書右僕射。[2]辛丑，以侍中王亮爲左僕射。[3]

[1]右僕射：中華修訂本《南齊書》卷七《東昏侯紀》據卷六《明帝紀》載齊明帝遺詔、卷四四《沈文季傳》、《文苑英華》卷三八〇引沈約《沈文季加侍中詔》改作“左僕射”。

[2]吴興：郡名。治烏程縣，在今浙江湖州市。

[3]王亮：字奉叔，琅邪臨沂（今山東臨沂市）人。本書卷二三有附傳，《梁書》卷一六有傳。　左僕射：《梁書·王亮傳》、

《資治通鑑》卷一四四《齊紀十》中興元年記東昏侯在位時，王亮爲尚書右僕射。

十一月丙辰，太尉、江州刺史陳顯達舉兵反於尋陽。[1]乙丑，加護軍將軍崔慧景平南將軍，督衆軍南討。

[1]尋陽：郡名。治柴桑縣，在今江西九江市西南。

十二月甲申，陳顯達至都，宮城嚴警。己酉，[1]斬顯達，傳其首。餘黨盡平。

[1]己酉：《南齊書》卷七《東昏侯紀》作“乙酉”。馬宗霍《南史校證》云:“是月《齊書》上文有‘甲申’，下文有‘丁亥’，則此當作‘乙酉’爲是。《通鑑》卷一四二與《齊書》合。”（第115頁）是年十二月壬申朔，無己酉。

二年春正月庚午，詔討豫州刺史裴叔業。

二月己丑，[1]叔業病死，兄子植以壽春降魏。

[1]己丑：《資治通鑑》卷一四三《齊紀九》永元二年作“己亥”。

三月乙卯，[1]命平西將軍崔慧景攻壽春。[2]夏四月丙午，[3]尚書右僕射蕭惠休卒。丁未，崔慧景於廣陵反，[4]舉兵内向。壬子，命右衛將軍左興盛督都下水步衆軍禦之。[5]南徐州刺史江夏王寶玄以京城納慧景。[6]乙卯，遣中領軍王瑩率衆軍屯北籬門。[7]壬戌，慧景至，瑩等敗績。甲子，慧景入建業，臺城内閉門拒守。豫州刺史蕭懿興兵入援。己巳，以懿爲尚書右僕射。

［1］三月乙卯：丁福林《南齊書校議》云："既然下文出此月丁未及壬子事，爲初七日及十二日，則叙乙卯事不應反在丁未、壬子前。且下文又有是月'乙卯，遣中領軍王瑩率衆軍屯北籬門'事，一月之内乃二出乙卯日。以上皆足證此'乙卯'者必誤。考上文出癸卯，爲月之初三日；下文出丁未，爲月之初七日。癸卯與丁未間有乙巳，爲月之初五日，此'乙卯'，恐是'乙巳'之訛。"（第47頁）

［2］命：殿本同，汲古閣本作"以"。

［3］夏四月丙午：是年三月辛丑朔，四月庚午朔，丙午、丁未、壬子、乙卯、壬戌、己巳皆在三月内。中華本移"夏四月"三字於下文"癸酉"上。

［4］廣陵：郡名。治廣陵縣，在今江蘇揚州市西北蜀岡上。

［5］左興盛：齊明帝、東昏侯時將領。事見《南齊書》卷二六《王敬則傳》《陳顯達傳》、卷四五《宗室傳》、卷五一《崔慧景傳》。

［6］南徐州：僑州名。治京口城，在今江蘇鎮江市。　京城：指京口。

［7］王瑩：字奉光，琅邪臨沂（今山東臨沂市）人。本書卷二三有附傳，《梁書》卷一六有傳。　北籬門：建康都城的外郭用竹木籬笆圍成，故外郭門皆稱"籬門"。其北郭有北籬門。

癸酉，慧景棄衆走，斬之。詔曲赦都下及南徐、南兖二州。乙亥，以新除尚書右僕射蕭懿爲尚書令。丙子，以中領軍王瑩爲尚書右僕射。

五月己酉，江夏王寶玄伏誅。壬子，赦。己丑，[1]曲赦都下及徐、兖二州。六月庚寅，車駕於樂游苑内會，如三元，[2]都下放女人觀。

［1］己丑：《南齊書》卷七《東昏侯紀》作“乙丑”，《資治通鑑》卷一四三《齊紀九》永元二年以“乙丑”屬六月，馬宗霍《南史校證》以爲此當爲五月乙丑事（第116頁）。

［2］三元：指農曆正月初一。是日，爲年、月、日開始，故謂之三元。

秋七月甲申夜，[1]宫内火，唯東閤内明帝舊殿數區及太極以南得存，[2]餘皆蕩盡。

［1］秋七月甲申：汲古閣本同，殿本作“秋七月甲辰”。《南齊書》卷七《東昏侯紀》記載，八月“甲申夜，宫内火”；《資治通鑑》卷一四三《齊紀九》永元二年記載，八月“甲辰夜，後宫火”。馬宗霍《南史校證》云:“尋《齊書·五行志》:‘永元二年八月宫内火，燒西齋璿儀殿及昭陽、顯陽等殿，北至華林墻，西及秘閣，凡屋三千餘間。’據此，則《南史》‘七月’當爲‘八月’之誤無疑。又按《齊書》八月内上文有‘丁酉’，距‘甲申’四十八日，不得并在一月，則當從《通鑑》作‘甲辰’爲是。”（第116頁）

［2］太極：皇宫正殿太極殿。

冬十月己亥，[1]殺尚書令蕭懿。

［1］己亥：《南齊書》卷七《東昏侯紀》作“己卯”。是年十月丁卯朔，無己亥。

十一月甲寅，西中郎長史蕭穎胄起兵於荆州。

十二月，雍州刺史蕭衍起兵於襄陽。[1]

[1]十二月：《梁書》卷一《武帝紀上》、《資治通鑑》卷一四三《齊紀九》永元二年繫此事於十一月乙巳。

是歲，魏宣武皇帝景明元年。[1]

[1]魏宣武皇帝：元恪。北魏孝文帝第二子。《魏書》卷八、《北史》卷四有紀。　景明：北魏宣武帝元恪年號（500—503）。

三年春正月丙申朔，日有蝕之。[1]帝與宫人於閲武堂元會，[2]皇后正位，閹人行儀，帝戎服臨視。丁酉，以驃騎大將軍晋安王寶義爲司徒，以新除撫軍將軍建安王寶寅爲車騎將軍、開府儀同三司。[3]乙巳，長星見，[4]竟天。辛亥，祀南郊，大赦，詔百官陳讜言。[5]

[1]蝕：殿本同，汲古閣本作“融”。

[2]閲武堂：堂名。爲南朝皇帝講武、聽訟之所。在京師建康宫城南闕前。　元會：正月初一元旦日，皇帝朝會群臣或宫人慶賀新年，稱元會，亦稱正會。

[3]車騎將軍：官名。重號將軍，位次驃騎將軍，多作爲軍府名號以加授大臣、重要州郡長官，無具體職掌。南齊時加“大”字，位從公。開府位同如公。

[4]長星：古星名。類似彗星，有長形光芒。

[5]讜（dǎng）言：正直之言，直言。

二月丙寅，乾和殿西厢火。[1]壬午，詔遣羽林兵征雍州，中外纂嚴。始内横吹五部於殿内，晝夜奏之。壬戌，[2]蚩尤旗見。[3]

[1]乾和殿：南齊宫殿，在宫城，遺址不存。

[2]壬戌：是年二月乙丑朔，無壬戌。

[3]蚩尤旗：彗星名。古代以爲該星出現，將發生征伐之事。

三月乙巳，[1]南康王寶融即皇帝位於江陵。癸丑，遣平西將軍陳伯之西征。[2]

[1]乙巳：《南齊書》卷七《東昏侯紀》作“丁未”。

[2]陳伯之：濟陰睢陵（今江蘇睢寧縣）人。本書卷六一、《梁書》卷二〇有傳。

六月，蕭穎胄弟穎孚起兵廬陵。戊子，赦江州安成、廬陵二郡。[1]

[1]安成：郡名。屬江州，治平都縣，在今江西安福縣東南。

秋七月癸巳，曲赦荆、雍二州。雍州刺史張欣泰、前南譙太守王靈秀率石頭文武奉建安王寶寅向臺，[1]至杜姥宅，[2]宫門閉，乃散走。丙辰，龍鬬于建康淮，激水五里。

[1]雍州刺史：此上《南齊書》卷七《東昏侯紀》有“甲午”

二字。　張欣泰：字義亨，竟陵竟陵（今湖北潛江市）人。仕齊，累任武官。本書卷二五有附傳，《南齊書》卷五一有傳。　南譙：僑郡名。僑寄於居巢東南，在今安徽巢湖市東南。　石頭：石頭城，在今江蘇南京市清涼山。

[2]杜姥宅：以東晉成帝杜皇后母裴氏宅第所在而得名。故址在南朝都城建康臺城南掖門外。

八月辛卯，[1]以太子左率李居士總督西討諸軍事，[2]屯新亭。[3]

[1]辛卯：《南齊書》卷七《東昏侯紀》作"辛未"，《資治通鑑》卷一四四《齊紀十》中興元年作"辛巳"。

[2]太子左率：官名。掌宿衛東宮。　李居士：趙郡（今河北高邑縣）人。南齊東昏侯將領。

[3]新亭：在今江蘇南京市西南。其地瀕臨江邊，位置險要，南朝時是捍衛京邑的重要軍事城堡之一。

九月甲辰，蕭衍至南豫州，輔國將軍、監南豫州事申胄軍二萬人於姑孰奔歸。[1]丙辰，李居士與衍軍戰於新亭，見敗。

[1]輔國將軍：官名。榮譽虚號。齊三品。　姑孰：又作姑熟，亦名南洲（南州）。即今安徽當塗縣。因臨姑孰溪得名。孰，汲古閣本、殿本作"熟"。

冬十月甲戌，王珍國又戰敗於朱雀航。[1]戊寅，寧朔將軍徐元瑜以東府城降。青、冀二州刺史桓和入衛，屯東宫，尋亦降衍，於是閉宫城門自守。

[1]王珍國：字德重，沛郡相（今安徽濉溪縣）人。本書卷四六有附傳，《梁書》卷一七有傳。　朱雀航：橋名。即大桁。航，與“桁”通，意爲浮橋。朱雀橋在建康城南門朱雀門外秦淮河上。故址約在今江蘇南京市中華門内鎮淮橋稍東。

十二月丙寅，新除雍州刺史王珍國、侍中張稷率兵入殿殺帝，時年十九。帝在東宫，便好弄，不喜書學，明帝亦不以爲非，但勗以家人之行，[1]令太子求一日再入朝，發詔不許，使三日一朝。在宫嘗夜捕鼠達旦，以爲笑樂。明帝臨崩，屬後事，以隆昌爲戒，曰：“作事不可在人後。”故委任群小，誅諸宰臣，無不如意。性訥澀少言，不與朝士接。欲速葬，惡靈在太極殿，徐孝嗣固争，得踰月。每當哭，輒云喉痛。太中大夫羊闡入臨，無髮，號慟俯仰，幘遂脱地，帝輟哭大笑，謂宦者王寶孫曰：“此謂秃秋啼來乎。”自江祏、始安王遥光等誅後，無所忌憚，日夜於後堂戲馬，鼓譟爲樂。合夕，[2]便擊金鼓吹角，令左右數百人叫，雜以羌胡横吹諸伎。常以五更就卧，至晡乃起，王侯以下節朔朝見，[3]晡後方前，或際暗遣出。臺閤案奏，月數十日乃報，或不知所在。閹豎以紙包裹魚肉還家，並是五省黄案。[4]二年元會，食後方出，朝賀裁竟，便還殿西序寢，自巳至申，百僚陪位，皆僵仆菜色。比起就會，忽遽而罷。

[1]勗：同“勖”。勉勵。　家人：一般百姓，庶人或編户民。

[2]合夕：整個晚上。

[3]節朔：節日和朔日。亦泛指節日。節，殿本同，汲古閣本作“即”。

[4]五省：尚書省、中書省、門下省、秘書省、集書省的合稱。　黄案：尚書省文案之一種。因用黄紙書寫，故名。

太子所生母黄貴嬪早亡，令潘妃母養之。拜潘氏爲貴妃，乘卧輿，帝騎馬從後，著織成袴褶，[1]金薄帽，[2]執七寶縛矟。[3]又有金銀校具，[4]錦繡諸帽數十種，各有名字。戎服急裝縛袴，上著絳衫，以爲常服，不變寒暑。陵冒雨雪，不避阬穽。馳騁渴乏，輒下馬解取腰邊蠡器，[5]酌水飲之，復上馳去。馬乘具用錦繡處，患爲雨所濕，織雜采珠爲覆蒙，備諸雕巧。教黄門五六十人爲騎客，又選營署無賴小人善走者爲逐馬鷹犬，左右數百人，[6]常以自隨，奔走往來，略不暇息。置射雉場二百九十六處，[7]翳中帷帳及步障，[8]皆袷以緑紅錦，金銀鏤弩牙，瑇瑁帖箭。[9]每出，輒與鷹犬隊主徐令孫、媒翳隊主俞靈韻齊馬而走，[10]左右争逐之。又甚有筋力，牽弓至三斛五斗。能擔幢，初學擔幢，每傾倒在幢杪者，必致踠傷。其後，白虎幢七丈五尺，齒上擔之，折齒不倦。擔幢諸校具服飾，皆自製之，綴以金華玉鏡衆寶。舍人、主書及至左右主帥，並皆侍側，逞諸變態，曾無愧顔。[11]始欲騎馬，未習其事，俞靈韻爲作木馬，人在其中，行動進退，隨意所適，其後遂爲善騎。

[1]袴（kù）褶（xí）：古服裝名。上服褶下縛袴，其外不復用裘裳，故謂袴褶。

[2]金薄帽：以金箔爲飾的帽子。薄，通“簿”，又通“箔”。

[3]七寶縛矟：用七種寶物裝縛的長矛。

[4]校具：裝飾的物品。

[5]蠡（lǐ）器：瓠瓢。

[6]數百人：《南齊書》卷七《東昏侯紀》、《資治通鑑》卷一四三《齊紀九》永元二年作“五百人”，《太平御覽》卷一二九引蕭子顯《齊書》作“百人”。

[7]九：殿本、《南齊書·東昏侯紀》同，汲古閣本無。

[8]翳（yì）：掩蔽物。此處指射者的掩蔽物。　帷帳：帳幕。步障：用以庶蔽風塵或障蔽内外的屏幕。

[9]瑇（dài）瑁（mào）：亦作“玳瑁”。一種形狀像龜的爬行動物，産於熱帶海中，甲殼可作裝飾品。此處指用玳瑁殼作裝飾。

[10]隊主：一隊之主。猶隊長。　媒翳：射獵。媒，鳥媒，繫活鳥以誘他鳥前來，伺機捕捉；翳，伏射的地方。

[11]曾：汲古閣本同，殿本作“會”。

陳顯達卒，[1]漸出游走，不欲令人見之，驅斥百姓，唯置空宅而已。是時率一月二十餘出，既往無定處，尉司常慮得罪，東行驅西，南行驅北，應旦出，夜便驅逐，吏司奔驅，叫呼盈路。打鼓蹋圍，鼓聲所聞，便應奔走，臨時驅迫，衣不暇披，乃至徒跣走出，犯禁者應手格殺。百姓無復作業，終日路隅。[2]從萬春門由東宫以東至郊外，數十里，[3]皆空家盡室。巷陌縣幔爲高障，置人防守，謂之“屏除”。高障之内，設部伍羽儀，復有數部，皆奏鼓吹、羌胡伎、鼓角横吹。夜反火光照天。[4]每三四更中，鼓聲四出，幡戟横路，百姓喧走，士庶莫辨。或於市肆左側過親幸家，環繞宛轉，周徧都下，老小震驚，啼號塞道。處處禁斷，不知所過。疾患困篤者，悉掆移之。[5]無人掆者，扶匐道側，吏司又加捶打，絶命者相係。從騎及左右因之入富家取物，無不蕩盡。工商莫不廢業，樵蘇由之路斷。至於乳婦昏姻之家，移産寄室，或輿病棄屍，不得殯葬。有棄病人於青溪邊者，吏懼爲監司所問，推置水中，泥覆其面，須臾便死，遂失骸骨。前魏興太守王敬賓新死未斂，[6]家人被驅，不得留視，及家人還，鼠食兩眼都盡。如此非一。又嘗至沈公城，[7]有一婦人當産不去，帝入其家，問："何獨在？"答曰："臨産不得去。"因剖腹看男女。又長秋卿王儇病篤，不聽停家，死於路邊。丹陽尹王志被驅急，狼狽步走，惟將二門生自隨，藏朱雀航南酒壚中，夜方得羽儀而歸。喜游獵，不避危險。至蔣山定林寺，[8]一沙門病不能去，[9]藏於草間，爲軍人所得，應時殺之。左右韓暉光曰："老道人可念。"帝曰："汝見麞亦不射邪？"仍百箭俱發。故貴人富室者，皆數處立宅，以爲避圍之舍。每還宫，常至三更，百姓然後得反。禁斷又不即通，處處屯咽，[10]或泥塗灌注，或冰凍嚴結，老幼啼號，不可聞見。時人以其所圍處號爲"長圍"。及建康城見圍，亦名長圍，識者以爲讖焉。

[1]卒：《南齊書》卷七《東昏侯紀》作"事平"。

[2]路隅：路邊。

[3]數十里：《南齊書·東昏侯紀》作“數十百里”。

[4]夜反：《南齊書·東昏侯紀》作“夜出晝反”，《建康實録》卷一五作“夜出夜反”。

[5]掆（gāng）移：搬運，移動。

[6]魏興：郡名。治西城縣，在今陝西安康市西北漢江北岸。

[7]嘗：汲古閣本同，殿本作“常”。

[8]蔣山：鍾山，又名紫金山。在今江蘇南京市東北。　定林寺：在今江蘇南京市江寧區東定林鎮。

[9]沙門：梵語的譯音。或譯爲“娑門”“桑門”“喪門”等。原爲古印度反婆羅門教思潮各個派别出家者的通稱，佛教盛行後專指佛教僧侣。

[10]屯咽：阻塞。

三年，殿内火，合夕便發，其時帝猶未還，宫内諸房閤已閉，内人不得出，外人又不敢輒開，比及開，死者相枕。領軍將軍王瑩率衆救火，太極殿得全。内外叫唤，聲動天地。帝三更中方還，先至東宫，慮有亂，不敢便入，參覘審無異，[1]乃歸。其後出游，火又燒璿儀、曜靈等十餘殿及柏寢，北至華林，西至秘閣，三千餘間皆盡。左右趙鬼能讀《西京賦》，[2]云“柏梁既災，建章是營”。[3]於是大起諸殿，芳樂、芳德、仙華、大興、含德、清曜、安壽等殿，又别爲潘妃起神仙、永壽、玉壽三殿，皆帀飾以金璧。[4]其玉壽中作飛仙帳，四面繡綺，窻間盡畫神仙。又作七賢，皆以美女侍側。鑿金銀爲書字，靈獸、神禽、風雲、華炬，爲之玩飾。椽桷之端，悉垂鈴佩。江左舊物，有古玉律數枚，[5]悉裁以鈿笛。莊嚴寺有玉九子鈴，外國寺佛面有光相，禪靈寺塔諸寶珥，皆剥取以施潘妃殿飾。性急暴，所作便欲速成，造殿未施梁桷，便於地畫之，唯須宏麗，不知精密。酷不别畫，但取絢曜而已，故諸匠賴此得不用情。又鑿金爲蓮華以帖地，令潘妃行其上，曰："此步步生蓮華也。"塗壁皆以麝香，錦幔珠簾，窮極綺麗。[6]縶役工匠，[7]自夜達曉，猶不副速，乃剔取諸寺佛刹殿藻井、仙人、騎獸以充足之。武帝興光樓上施青漆，世人謂之"青樓"，帝曰："武帝不巧，何不純用瑠璃。"潘氏服御，極選珍寶，主衣庫舊物，不復周用，貴市人間金銀寶物，價皆數倍，虎珀釧一隻，[8]直百七十萬。都下酒租，皆折輸金，以供雜用。猶不能足，下揚、南徐二州橋桁塘埭丁計功爲直，[9]斂取見錢，供太樂主衣雜費。由是所在塘瀆，悉皆隳廢。又訂出雄雉頭、鶴氅、白鷺縗，[10]百品千條，無復窮已。親倖小人，因緣爲姦，科一輸十。又各就州縣求爲人輸，準取見直，不爲輸送。守宰懼威，口不得道，須物之處，以復重求。如此相仍，前後不息，百姓困盡，號泣道路。少府大官，凡諸市買，事皆急速，催求相係。吏司奔馳，遇便虜奪，市廛離散，[11]商旅靡依。[12]

[1]參覘（chān）：仔細窺視。

[2]《西京賦》：詩賦名。東漢張衡撰。文章描述長安繁華富麗的景象，結合鋪叙和議論，内容豐富。

[3]柏梁既災：柏梁臺發生火災。柏梁臺，漢代臺名。故址在今陝西西安市西北長安故城内。　建章是營：營建建章宫。建章宫，漢宫名。漢武帝太初元年（前104）建，位於未央宫西。故址

在今陜西西安市西。後泛指宮闕。

［4］市：汲古閣本同，殿本作“市”。

［5］玉律：玉製的標準定音器，也用竹製。

［6］綺：殿本同，汲古閣本作“其”。

［7］縶（zhí）役：拘縶，役使。

［8］虎珀：琥珀。是地質時代中植物樹脂經過石化的產物。質優者可製作飾品或用作工藝雕刻材料。虎，汲古閣本同，殿本作“琥”。　釧：鐲。

［9］橋桁（héng）：橋梁。　塘埭（dài）：堤防，堤壩。

［10］縗（cuī）：舊時喪服。用麻布條披於胸前。服三年之喪（臣爲君、子爲父、妻爲夫）者用之。

［11］市廛（chán）：市中店鋪。

［12］靡依：無所依存。

又以閱武堂爲芳樂苑，窮奇極麗。當暑種樹，朝種夕死，死而復種，率無一生。於是徵求人家，望樹便取，毁徹墻屋，以移置之。大樹合抱，亦皆移掘，插葉繫華，取玩俄頃。[1]剗取細草，[2]來植階庭，烈日之中，至便焦燥。紛紜往還，無復已極。山石皆塗以采色，跨池水立紫閣諸樓，壁上畫男女私褻之像。明帝時多聚金寶，至是金以爲泥，不足周用，令富室買金，[3]不問多少，限以賤價，又不還直。張欣泰嘗謂舍人裴長穆曰：[4]“宫殿何事頓爾！夫以秦之富，起一阿房而滅，[5]今不及秦一郡，而頓起數十阿房，其危殆矣。”答曰：“非不恱子之道，顧言不用耳。”

［1］俄頃：片刻，一會兒。

[2]剗：同“鏟”。刮削。
[3]買金：中華本據《通志》改作“賣金”。
[4]舍人：僕從，差役。
[5]阿房：秦宫殿名。故址在今陝西西安市雁塔區。

潘妃放恣，威行遠近。父寶慶與諸小共逞姦毒，富人悉誣爲罪，田宅貲財，莫不啓乞。或云寄附隱藏，復加收没，計一家見陷，禍及親鄰。又慮後患，男口必殺。明帝之崩，竟不一日蔬食，居處衣服，無改平常。潘妃生女，百日而亡，制斬衰絰杖，[1]衣悉麤布。群小來弔，盤旋地坐，舉手受執蔬膳，積旬不聽音伎。左右直長閹豎王寶孫諸人，共營肴羞，云爲天子解菜。

[1]斬衰（cuī）：又作“斬縗”。舊時五種喪服中最重的一種。用粗麻布製成，左右和下邊不縫。服制三年。子及未嫁女爲父母，媳爲公婆，承重孫爲祖父母，妻妾爲夫，均服斬衰。先秦諸侯爲天子、臣爲君亦服斬衰。　絰（dié）：古代喪服所用的麻帶。

又於苑中立店肆，模大市，日游市中，雜所貨物，與宫人閹豎共爲裨販。以潘妃爲市令，自爲市吏録事，[1]將鬭者就潘妃罰之。帝小有得失，潘則與杖，乃敕虎賁威儀不得進大荆子，[2]閤内不得進實中荻。雖畏潘氏，而竊與諸姊妹淫通。每游走，潘氏乘小輿，宫人皆露褌，[3]著緑絲屩，[4]帝自戎服騎馬從後。又開渠立埭，躬自引船，埭上設店，坐而屠肉。于時百姓歌云：“閲武堂，種楊柳，至尊屠肉，潘妃酤酒。”

[1]録事：官署繕寫文書的官員。

[2]威儀：帝王或大臣的儀仗、扈從。 荆子：荆條。指刑杖。

[3]露褌（kūn）：露出滿襠袴。褌，同“幝”。

[4]屩（juē）：本指草鞋。泛指鞋。

又偏信蔣侯神，[1]迎來入宫，晝夜祈禱。左右朱光尚詐云見神，動輒諮啓，並云降福。始安之平，遂加位相國，末又號爲“靈帝”，車服羽儀，一依王者。又曲信小祠，日有十數，師巫魔媪，迎送紛紜。光尚輒託云神意。范雲謂光尚曰：[2]“君是天子要人，當思百全計。”光尚曰：“至尊不可諫正，當託鬼神以達意耳。”後東入樂游，人馬忽驚，以問光尚，光尚曰：“向見先帝大瞋，不許數出。”帝大怒，拔刀與光尚等尋覓，既不見處，乃縛菰爲明帝形，[3]北向斬之，縣首苑門。[4]

[1]蔣侯神：蔣子文，東漢廣陵（今江蘇揚州市）人。嘗自言骨青，死當爲神。漢末爲廣陵尉，逐賊至鍾山，傷額而死。三國吴主孫權進封爲中都侯，爲立廟。世稱蔣侯神。南朝宋明帝亦尊奉之。

[2]范雲：字彦龍，南鄉舞陰（今河南泌陽縣）人。本書卷五七、《梁書》卷一三有傳。

[3]菰：茭笋。又名“蔣”。禾本科。多年生水生宿根草本。葉如蒲葦。

[4]縣：殿本同，汲古閣本作“懸”。

上自永元以後，魏每來伐，繼以内難，揚、南徐二州人丁，三人取兩，以此爲率。遠郡悉令上米準行，一人五十斛，輸米既畢，就役如故。又先是諸郡役人，多依人士爲附隸，謂之“屬名”。又東境役苦，百姓多注籍詐病，[1]遣外醫巫，在所檢占諸屬名，并取病身。凡屬名多不合役，止避小小假，[2]並是役蔭之家。凡注病者，或已積年，皆攝充將役。又追責病者租布，隨其年歲多少。銜命之人，皆給貨賂，隨意縱捨。又横調徵求，皆出百姓。

[1]注籍：東晋、南朝時佃客、衣食客之類人口，不能獨立户籍，須附於主人户籍中，即所謂“客皆注家籍”。由此便可免課役，但附屬於主人。

[2]小小：稍稍，短暫。

群小以陳顯達下數日便敗，崔慧景圍城正得十日，及蕭衍師至，亦謂爲然。裹糧食、樵芻，[1]凡所須物，爲百日備。帝謂茹法珍曰：[2]“須來至白門前，當一决。”及至近郊，乃聚兵爲固守計，召王侯分置尚書都坐及殿省。[3]尚書舊事，悉充紙鎧。[4]使冠軍將軍王珍國領三萬人據大桁，[5]莫有鬬志，遣王寶孫督戰，呼爲王倀子。[6]寶孫切罵諸將帥，直閤將軍席豪發憤突陣死。[7]豪，驍將也，既斃，衆軍於是土崩。軍人從朱雀觀上自投及赴淮水死者無數。於是閉城自守，城内軍事委王珍國。兗州刺史張稷入衛，以稷爲副，實甲猶七萬人。

[1]裹：儲藏。

[2]茹法珍：會稽（今浙江紹興市）人。本書卷七七有傳。

［3］都坐：政事堂。魏晋時大臣商議政事的地方。

［4］紙鎧：即紙甲。用布帛裱糊實以紙筋的鎧甲。古代戰争時用以護身。

［5］冠軍將軍：官名。南朝爲優禮大臣的榮譽稱號。宋三品。　三萬人：《南齊書》卷七《東昏侯紀》一本作“萬人”，《資治通鑑》卷一四四《齊紀十》中興元年作“十萬人”。

［6］王倀子：《南齊書·東昏侯紀》作“王長子”。

［7］直閤將軍：官名。宿值宫閣的禁衛武官。

帝著烏帽袴褶，備羽儀，登南掖門臨望。又虚設鎧馬齋仗千人，皆張弓拔白，出東掖門，稱蔣王出盪。[1]又受刀敕等教著五音兒衣，登城望戰。還與御刀左右及六宫於華光殿立軍壘，以金玉爲鎧仗，親自臨陣，詐被創勢，以板擱將去，[2]以此厭勝。[3]又於閲武堂設牙門軍頓，每夜嚴警。帝於殿内騎馬，從鳳莊門入徽明門，馬被銀蓮葉具裝鎧，雜羽孔翠寄生，逐馬左右衛從，晝眠夜起如平常。聞外鼓吹叫聲，被大紅袍，登景陽樓望，弩幾中之。衆皆怠怨，不爲致力，募兵出戰，至城門數十步，皆坐甲而歸。慮城外有伏兵，乃燒城傍諸府署，六門之内皆盡。城中閤道、西掖門内，相聚爲市，販死牛馬肉。蕭衍長圍既立，塹栅嚴固，然後出盪，屢戰不捷。

［1］蔣王：蔣山神。漢末有秣陵尉蔣子文逐盜死於此，三國吴孫權爲立廟於鍾山，因改稱蔣山。　出盪：出戰，出擊。

［2］擱：同“扛”。舉，抬。

［3］厭（yā）勝：古代一種巫術，能以詛咒制勝，壓服人

或物。

帝尤惜金錢，不肯賞賜，茹法珍叩頭請之，帝曰："賊來獨取我邪，何爲就我求物？"後堂儲數百具榜，[1]啓爲城防，帝曰："擬作殿。"竟不與。城防巧手，而悉令作殿，晝夜不休。又催御府細作三百人精仗，須圍解以擬屏除。金銀雕鏤雜物，倍急於常。法珍、蟲兒又説帝曰：[2]"大臣不留意，使圍不解，宜悉誅之。"珍國、張稷懼禍，乃謀應蕭衍，以計告後閤舍人錢强。强許之，密令游盪主崔叔智夜開雲龍門，稷及珍國勒兵入殿，分軍又從西上閤入後宮，御刀豐勇之爲内應。是夜，帝在含德殿。吹笙歌作《女兒子》，卧未熟，聞兵入，趨出北户，欲還後宮。清曜閤已閉，閹人禁防黄泰平刀傷其膝，[3]仆地，顧曰："奴反邪！"直後張齊斬首，[4]送蕭衍。宣德太后令依漢海昏侯故事，[5]追封東昏侯。

[1]榜：木片，木板。

[2]蟲兒：梅蟲兒。吴興（今浙江湖州市）人。本書卷七七有附傳。

[3]禁防：南齊宫中置，掌禁衛，以宦者爲之。

[4]直後：官名。在乘輿之後擔任侍衛。

[5]漢海昏侯：劉賀。漢武帝劉徹之孫，昌邑哀王劉髆之子。始元元年（前86），嗣襲爲昌邑王。元平元年（前74），漢昭帝劉弗陵死，被徵爲昭帝後，即皇帝位。在位二十七日，以喜飲酒，行淫亂，好弄彘鬭虎，騎乘游戲，欲專權自恣，被權臣霍光廢歸故國。元康三年（前63）四月，被漢宣帝劉詢降封爲海昏侯。《漢

書》卷六三有傳。

和帝諱寶融，字智昭，明帝第八子也。建武元年，封隨郡王。永元元年，改封南康王，出爲西中郎將、荆州刺史，[1]督九州軍事。[2]

[1]西中郎將：官名。與東、南、北中郎將合稱四中郎將。南朝宋、齊多以宗室諸王任之，或領刺史，或持節爲之。宋四品。齊官品不詳。

[2]督九州軍事：《南齊書》卷八《和帝紀》云蕭寶融爲督荆雍益寧梁南北秦七州軍事。

二年十一月甲寅，長史蕭穎胄奉王舉兵。[1]其日太白及辰星俱見西方。乙卯，教纂嚴。丙辰，以雍州刺史蕭衍爲使持節、都督前鋒諸軍事。[2]戊午，衍表勸進。

[1]奉王：《南齊書》卷八《和帝紀》作“奉梁王”。馬宗霍《南史校證》云：“按蕭穎胄時爲西中郎將長史，奉王謂奉南康王也。《南齊書·和帝紀》作奉梁王舉義，梁王則謂蕭衍，此蕭子顯諛衍之辭，故李延壽不從。”（第120頁）

[2]都督：統率諸軍出征的高級將帥。

十二月乙亥，群僚勸進，並不許。壬辰，驍騎將軍夏侯亶自建鄴至江陵，[1]稱宣德太后令：“西中郎將南康王宜纂承皇祚，光臨億兆，可且封宣城王、相國、荆州牧，[2]加黄鉞，[3]置僚屬。”

[1]夏侯亶：字世龍，譙郡譙（今安徽亳州市）人。本書卷五五有附傳，《梁書》卷二八有傳。

[2]相國：官名。魏晋南北朝不常置，位尊於丞相，任之者皆權臣，非尋常人臣之職。　荆州牧：官名。當時州之長官稱刺史。此稱乃仿古制，以示尊崇。

[3]黄鉞：飾以黄金的長柄斧子。本爲天子儀仗，賜臣下以示專征伐。在軍事行動中，假黄鉞有誅殺持節將軍的權力。

三年正月乙巳，王受命，大赦；唯梅虫兒、茹法珍等不在例。是日，長星見，竟天。甲寅，建牙于城南。[1]二月己巳，群僚上尊號，立宗廟及南北郊。[2]

[1]建牙：出師前樹立軍旗。

[2]及：殿本同，汲古閣本作“在”。

中興元年春三月乙巳，[1]皇帝即位，大赦，改永元三年爲中興，文武賜位二等。是夜彗星竟天。以相國左長史蕭穎胄爲尚書令，加雍州刺史蕭衍尚書左僕射、都督征討諸軍。以晋安王寶義爲司空，廬陵王寶源爲車騎將軍、開府儀同三司。丙午，有司奏封庶人寶卷爲零陵侯，[2]詔不許。又奏爲涪陵王，[3]詔可。

[1]三：殿本、《南齊書》卷八《和帝紀》同，汲古閣本作“二”。

[2]零陵：縣名。治所在今湖南保靖縣。《南齊書·和帝紀》作“零陽”。

[3]涪陵：郡名。治漢平縣，在今重慶市涪陵區東南。

夏四月戊辰，詔凡東討衆軍及諸向義之衆，普復除五年。[1]

[1]復除：免除賦役。

秋七月丁卯，[1]魯山城主孫樂祖以城降。[2]己未，郢城主薛元嗣降。

[1]丁卯：《資治通鑑》卷一四四《齊紀十》中興元年作“丁巳”，本書卷六《梁武帝紀上》作“戊午”。是年七月癸巳朔，無丁卯。

[2]魯山：山名。在今湖北武漢市漢陽區北。　城主：南北朝時期主管城池防衛等軍政事務的主將。

八月丙子，平西將軍陳伯之降。

九月己未，[1]詔假黄鉞蕭衍，若定京邑，得以便宜從事。

[1]己未：《南齊書》卷八《和帝紀》作“乙未”。

冬十一月壬寅，尚書令、鎮軍將軍蕭穎胄卒。

十二月丙寅，建康城平。己巳，宣德皇太后令，以征東大將軍蕭衍爲大司馬、録尚書、驃騎大將軍、揚州刺史，[1]封建安郡公，依晋武陵王遵承制故事。[2]壬申，改封建安王寶寅爲鄱陽王。癸酉，以司徒、揚州刺史晋安王寶義爲太尉，領司徒。乙酉，以尚書右僕射王瑩爲左僕射。

[1]征東大將軍：官名。職掌同於征東將軍，而地位居其上，多統兵出鎮方面，都督數州軍事。不常置。宋二品。齊位從公，開府儀同公。

[2]晉武陵王遵：司馬遵。字茂遠。曾在桓玄操控下“遵依舊典，承制總百官行事”。《晉書》卷六四有附傳。武陵，郡名。治臨沅縣，在今湖南常德市。

二年春正月戊戌，宣德皇太后臨朝，入居内殿。壬寅，大司馬蕭衍都督中外諸軍事，加殊禮。己酉，以大司馬長史王亮爲守尚書令。甲寅，加大司馬蕭衍位相國，梁公，備九錫禮。[1]

[1]九錫禮：古代帝王賜給諸侯、大臣九種禮物，爲最高禮遇。

二月壬戌，誅湘東王寶晊。丙戌，[1]進梁公蕭衍爵爲王。

[1]丙戌：《南齊書》卷八《和帝紀》作“戊辰”。

三月辛丑，鄱陽王寶寅奔魏。誅邵陵王寶攸、晉熙王寶貞。[1]庚戌，車駕東歸至姑熟。丙辰，遜位于梁。[2]丁巳，廬陵王寶源薨。

[1]晉熙王寶貞：《南齊書》卷八《和帝紀》作“晉熙王寶嵩

桂陽王寶貞”，本書删“寶嵩桂陽王”五字，誤合三王爲二王。

[2]遜位：禪讓帝位。

四月辛酉，[1]禪詔至，皇太后遜居外宫。梁受命，奉帝爲巴陵王，宫于姑熟。戊辰，巴陵王殂，年十五。追尊爲齊和帝，葬恭安陵。

[1]酉：汲古閣本、《南齊書》卷八《和帝紀》同，殿本作“丑”。

初，梁武帝欲以南海郡爲巴陵國邑而遷帝焉，以問范雲，雲俛首未對。沈約曰：[1]“今古殊事，魏武所云，‘不可慕虚名而受實禍’。”梁武頷之。於是遣鄭伯禽進以生金，[2]帝曰：“我死不須金，醇酒足矣。”乃引飲一升，伯禽就加搚焉。[3]先是，文惠太子與才人共賦七言詩，句後輒云“愁和帝”，[4]至是其言方驗。又永明中，望氣者云新林、婁湖、青溪並有天子氣，於其處大起樓苑宫觀，武帝屢游幸以應之；又起舊宫於青溪，以弭其氣。[5]而明帝舊居東府城西，延興末，明帝龍飛，至是梁武帝衆軍城於新林，而武帝舊宅亦在征虜。

[1]沈約：字休文，吴興武康（今浙江德清縣）人，南朝著名文學家、史學家。本書卷五七、《梁書》卷一三有傳。

[2]生金：未經冶煉的丹砂、金砂。

[3]搚（lā）：同“拉”。摧折。

[4]帝：《南齊書·五行志》作“諦”。馬宗霍《南史校證》

云:"'諦'與'帝'音同，蓋取同音而爲語讖，詩句原文當從《五行志》作'諦'。"（第122頁）

[5]弭：停止，消除。

百姓皆著下屋白紗帽，而反裙覆頂。東昏曰:"裙應在下，今更在上，不祥。"命斷之。於是百姓皆反裙向下，此服袄也。[1]帽者首之所寄，今而向下，天意若曰，元首方爲猥賤乎。東昏又令左右作逐鹿帽，形甚窄狹，後果有逐鹿之事。東昏宮裏又作散叛髮，[2]反髻根向後，百姓争學之，及東昏狂惑，天下散叛矣。東昏又與群小別立帽，騫其口而舒兩翅，[3]名曰"鳳度三橋"。幘向後，總而結之，名曰"反縛黄麗"。東昏與刀敕之徒親自著之，皆用金寶，鑿以璧璫。[4]又作著調帽，鏤以金玉，間以孔翠，此皆天意。梁武帝舊宅在三橋，而"鳳度"之名，鳳翔之驗也。"黄麗"者"皇離"，爲日而反縛之，東昏戮死之應也。"調"者，梁武帝至都，而風俗和調。先是百姓及朝士，皆以方帛填胸，名曰"假兩"，[5]此又服袄。假非正名也，儲兩而假之，明不得真也。[6]東昏誅，其子廢爲庶人，假兩之意也。

[1]服袄（yāo）：服飾怪異。古人以爲奇裝異服會預示天下之變，故稱。袄，同"妖"。

[2]散叛髮：南朝時髮式，起於齊宮，行於民間。

[3]騫：高，舉。

[4]璧璫：屋椽頭的裝飾。以璧飾之，故稱。

[5]假兩：南朝齊的一種服飾名。

[6]明：殿本同，汲古閣本作“名”。

論曰：鬱林地居長嫡，瑕釁未彰，[1]而武皇之心，不變周道，故得保兹守器，正位尊極。既而愆鄙内作，[2]兆自宫闈，[3]雖爲害未遠，而足傾社稷。郭璞稱永昌之名，有二日之象，隆昌之號，實亦同焉。明帝越自支庶，任當負荷，乘機而作，大致殲夷，流涕行誅，非云義舉，事苟非安，[4]能無内愧。既而自樹本枝，根胤孤弱，貽厥所授，屬在凶愚，[5]用覆宗祊，[6]亦其理也。夫名以行義，往賢垂範，備而之禪，術士誡之，東昏以“卷”矣，[7]“藏”以終之，其兆先徵，蓋亦天所命矣。

[1]瑕釁（xìn）未彰：爲非作歹之事並未顯露。瑕釁，可乘之隙，嫌隙，隔閡，引申指事端。

[2]愆鄙：過失，罪惡。

[3]宫闈：后妃所居的深宫。

[4]非安：《南齊書》卷六《明帝紀》作“求安”。

[5]愚：殿本同，汲古閣本作“患”。

[6]宗祊（bēng）：宗廟。此指蕭道成受命於明帝，明帝神主入太廟，故代稱以“宗祊”。祊，古代稱宗廟之門，亦指廟門内設祭之處。

[7]矣：汲古閣本同，殿本作“名”。

南史　卷六

梁本紀上第六

梁高祖武皇帝諱衍，字叔達，小字練兒，[1]南蘭陵中都里人，[2]姓蕭氏，[3]與齊同承淮陰令整。[4]整生皇高祖鎋，位濟陰太守。[5]鎋生皇曾祖副子，位州治中從事。[6]副子生皇祖道賜，位南臺治書侍御史。[7]道賜生皇考，[8]諱順之，字文緯，於齊高帝爲始族弟。[9]

[1]練兒：北齊顔之推《顔氏家訓·風操》："梁武小名阿練，子孫皆呼練爲絹。"王利器注："蕭梁多以佛典取名，則阿練之名本於《大寶積經》也。又案：《齊東野語》四《避諱》：'梁武帝小名阿練，子孫皆呼練爲白絹。''絹'上有'白'字。"（《顔氏家訓集解》，中華書局1993年版，第66頁）周一良《梁書札記·蕭衍以及東晉南北朝人小字》云："練當是指道家修練……梁武家世奉道，故人名用道家術語，後乃改宗佛法。"（《魏晋南北朝史札記》，中華書局1985年版，第267頁）

[2]南蘭陵：郡名。南朝宋初改蘭陵郡置。治蘭陵縣，在今江蘇常州市武進區西北。

[3]姓蕭氏：宋吴曾《能改齋漫録》卷九《紀南城》引王觀國《學林新編》云："南朝蕭氏出於蘭陵，而其後又創南蘭陵，各貴其所自出也。"

［4］淮陰令整：蕭整。字公齊。南朝齊、梁皇族始祖。仕晋，官淮陰令。中朝亂，過江，居晋陵郡武進縣（今江蘇丹陽市東，梁改蘭陵縣）之東城里。事見本書卷四《齊高帝紀》及《南齊書》卷一《高帝紀上》。淮陰，縣名。治所在今江蘇淮安市淮陰區西南。

［5］濟陰：郡名。東晋僑置。治睢陵縣，在今江蘇睢寧縣。

［6］州治中從事：官名。治中從事史省稱。州府屬官，掌衆曹文書事。宋多以六品官爲之。齊同。梁揚州治中九班，他州高者七班，低者一班。陳揚州治中六品，他州高者六品，低者九品。

［7］南臺治書侍御史：官名。御史中丞佐貳，御史臺要職，置二至四員，掌監察、舉劾六品以上官員，亦奉命出使，收捕犯官等。晋、宋六品。梁六班。陳七品，秩六百石。

［8］皇考：對亡父的尊稱。《楚辭·離騷》："帝高陽之苗裔兮，朕皇考曰伯庸。"漢王逸注："皇，美也；父死稱考。"

［9］齊高帝：蕭道成。在位四年（479—482），謚高，廟號太祖。本書卷四，《南齊書》卷一、卷二有紀。

皇考外甚清和，而内懷英氣，與齊高少而款狎。嘗共登金牛山，[1]路側有枯骨縱横，齊高謂皇考曰："周文王以來幾年，當復有掩此枯骨者乎？"言之懔然動色。皇考由此知齊高有大志，常相隨遂。[2]齊高每外討，皇考常爲軍副。[3]及北討，薛索兒夜遣人入營，[4]提刀徑至齊高眠牀，皇考手刃之。頻爲齊高鎮軍司馬、長史。[5]時宋帝昏虐，齊高謀出外，皇考以爲一旦奔亡，則危幾不測，不如因人之欲，行伊、霍之事，[6]齊高深然之。歷黄門郎，安西長史，吴郡内史，[7]所經皆著名。吴郡張緒常稱：[8]"文武兼資，有德有行，吾敬蕭順之。"袁粲之據石頭，[9]黄回與之通謀，[10]皇考聞難作，率家兵據朱雀橋，[11]回覘人還告曰："朱雀橋南一長者，英威毅然，坐胡牀南向。"回曰："蕭順之也。"遂不敢出。時微皇考，石頭幾不據矣。及齊高創造皇業，推鋒決勝，[12]莫不垂拱仰成焉。齊建元末，[13]齊高從容謂皇考曰："當令阿玉解揚州相授。"[14]玉，豫章王嶷小名也。[15]齊武帝在東宫，[16]皇考嘗問訊，[17]及退，齊武指皇考謂嶷曰：[18]"非此翁，吾徒無以致今日。"及即位，深相忌憚，故不居台輔。[19]以參豫佐命，[20]封臨湘縣侯。[21]歷位侍中，[22]衛尉，[23]太子詹事，[24]領軍將軍，[25]丹陽尹，[26]贈鎮北將軍，[27]謚曰懿。

［1］金牛山：山名。在今江蘇丹陽市陵口鎮東南。齊、梁諸陵多在金牛山旁。見顧祖禹《讀史方輿紀要》卷二五《南直七·丹陽縣》。

［2］隨遂：大德本同，汲古閣本、殿本、百衲本、中華本作"隨逐"。

［3］軍副：軍中副將。《資治通鑑》卷一二五《宋紀七》文帝元嘉二十七年："元景遣軍副柳元怙將步騎二千救安都等，夜至，魏人不之知。"胡三省注："一軍之將謂之軍主，副將謂之軍副。"

［4］薛索兒：河東汾陰（今山西萬榮縣）人。宋明帝即位，授左將軍。明帝泰始二年（466），參與從叔徐州刺史薛安都謀反，兵敗被斬。事見本書卷四〇、《宋書》卷八八《薛安都傳》。

［5］司馬：官名。軍府屬官。掌參贊軍務，管理府内武職，位次長史，品秩隨府主而定，高低不等。　長史：官名。軍府屬官。爲幕僚長，品秩隨府主地位而定，高低不等。

［6］行伊、霍之事：伊、霍指商代伊尹和漢代霍光。此謂重臣秉權左右朝政或廢立君主。

［7］吴郡：郡名。治吴縣，在今江蘇蘇州市。

［8］張緒：字思曼，吴郡吴（今江蘇蘇州市）人。本書卷三一有附傳，《南齊書》卷三三有傳。

［9］袁粲：字景倩，陳郡陽夏（今河南太康縣）人。本書卷二六有附傳，《宋書》卷八九有傳。　石頭：石頭城。又名石首城、石城。在今江蘇南京市清凉山。六朝時，江流緊迫山麓，城負山面江，南臨秦淮河口，當交通要衝，爲建康軍事重鎮。

［10］黄回：竟陵郡（今湖北鍾祥市）人。本書卷四〇、《宋書》卷八三有傳。

［11］朱雀橋：浮橋名。亦作朱雀航、朱雀桁，又稱南桁、南航等。在今江蘇南京市秦淮區鎮淮橋附近秦淮河上。

［12］推鋒决勝：大德本、百衲本同，汲古閣本、北監本、殿本“推”作“摧”。張元濟《南史校勘記》:“殿（本）誤，‘推鋒萬里’見天監元年《告天文》。”

［13］建元：南朝齊高帝蕭道成年號（479—482）。

［14］揚州：此處指揚州刺史。漢、魏、西晋以司隸校尉統京師所在之州，東晋渡江後罷司隸校尉，而以揚州刺史當其職。南朝諸代均以揚州刺史爲京輦重任，以諸王或重臣領之，其權任與丹陽尹相表裏。

［15］豫章王：蕭嶷。字宣儼，齊高帝第二子。封豫章郡王。本書卷四二、《南齊書》卷二二有傳。

［16］齊武帝：蕭賾。字宣遠，齊高帝長子。在位十一年（483—493），謚武，廟號世祖。本書卷四、《南齊書》卷三有紀。

［17］嘗：大德本、汲古閣本同，殿本、北監本作“常”。張元濟《南史校勘記》:“殿（本）誤。”

［18］齊武：大德本、殿本同。汲古閣本作“齊高”，誤。

［19］台輔：指三公、宰相之位。

［20］佐命：古代帝王以取得天下爲順應天命，故稱輔佐帝王創業爲佐命。

［21］臨湘：縣名。治所在今湖南長沙市。

［22］侍中：官名。門下省長官。常侍衛皇帝左右，統領宫廷内侍諸署，與聞朝政。或加予宰相、尚書等高級官員，令其出入殿省，入宫議政。晋、宋三品。梁十三班。陳三品，秩中二千石。

［23］衛尉：官名。掌宫禁及京城防衛，統武庫等。宋三品。梁、陳稱衛尉卿。梁十二班。陳三品，秩中二千石。

［24］太子詹事：官名。總領東宫庶務、官屬。晋、宋三品。梁十四班。陳三品，秩中二千石。

［25］領軍將軍：官名。南朝宋掌禁衛軍及京都諸軍，三品。齊制，諸爲將軍官皆敬領軍、護軍，如諸王爲將軍，道相逢，則領、護讓道。梁掌天下兵要，十五班。陳三品，秩中二千石。

［26］丹陽尹：官名。京城建康（今江蘇南京市）所在之郡行政長官。亦稱“京尹”。東晋初改丹陽内史置。掌京城行政庶務並詔獄，一度掌少府職事。南朝沿置。宋三品。齊位次九卿。陳五品，秩中二千石。

［27］鎮北將軍：官名。與鎮東、鎮西、鎮南將軍合稱四鎮將軍。多爲持節都督，出鎮方面。晋、宋皆三品，如持節都督則進爲二品。梁先後定爲武職（二十四班）二十二班和（三十四班）三十二班。陳擬二品，比秩中二千石。

帝以宋孝武大明元年歲次甲辰生于秣陵縣同夏里三橋宅。[1]初，皇妣張氏嘗夢抱日，[2]已而有娠，遂産帝。帝生而有異光，狀貌殊特，日角龍顔，重岳武顧，[3]舌文八字，項有浮光，身映日無景，[4]兩髈駢骨，項上隆起，[5]有文在右手曰“武”。[6]帝爲兒時，能蹈空而行。及長，博學多通，好籌略，有文武才幹。所居室中，常若雲氣，人或遇者，[7]體輒肅然。

［1］大明：南朝宋孝武帝劉駿年號（457—464）。　元年：各本作“元年”。《梁書》卷一《武帝紀上》作“八年”。按，宋孝武帝大明元年歲次丁酉，甲辰歲爲大明八年，“元年”訛。應依中華本據《梁書》改。　秣陵縣：縣名。治所在今江蘇南京市中華門外故報恩寺附近。　同夏里：地名。在秣陵縣東長樂鄉，今江蘇南京市東南。見張敦頤《六朝事迹編類》卷三《城闕門・同夏縣城》及《太平寰宇記》卷九〇《江南東道二・上元縣》。

［2］皇妣：對亡母的尊稱。《禮記・曲禮下》：“祭……父曰皇考，母曰皇妣。”　張氏：張尚柔。范陽方城（今河北固安縣）人。本書卷一二、《梁書》卷七有傳。

［3］武顧：大德本、汲古閣本、殿本作“虎顧”。本書避唐高祖李淵祖父李虎諱改。

［4］景（yǐng）：“影”之古字。至漢晋時，始加“彡”作“影”。《周禮・地官・大司徒》：“以土圭之灋，測土深，正日景，以求地中。”

［5］項上隆起：殿本《考證》：“項，《梁書》作‘頂’，今各本俱同，仍之。”

［6］有文在右手：《梁書・武帝紀上》同。《建康實録》卷一七作“有文在左手”。

［7］遇：《梁書・武帝紀上》及《建康實録》卷一七作“過”。

初爲衛軍王儉東閤祭酒，[1]儉一見深相器異，請爲户曹屬。[2]謂廬江何憲曰：[3]“此蕭郎三十内當作侍中，出此則貴不可言。”竟陵王子良開西邸，[4]招文學，帝與沈約、謝朓、王融、蕭琛、范雲、任昉、陸倕等並游焉，[5]號曰“八友”。融俊爽，識鑒過人，尤敬異帝，每謂所親曰：“宰制天下，必在此人。”累遷隨王鎮西諮議參軍。[6]行經牛渚，[7]逢風，入泊龍瀆，有一老人謂帝曰:“君龍行武步,[8]相不可言，天下方亂，安之者其在君乎?”問其名氏，忽然不見。尋以皇考艱去職,[9]歸建鄴。

[1]衛軍:《建康實録》卷一七同;《梁書》卷一《武帝紀上》作“衛將軍”。按，衛軍爲衛將軍省稱。　王儉：字仲寶，琅邪臨沂（今山東臨沂市）人。本書卷二二有附傳,《南齊書》卷二三有傳。　東閤祭酒：官名。王公、丞相及將軍府佐吏，與西閤祭酒、主簿、舍人分掌閤内事。

[2]户曹屬：官名。王公、丞相及將軍府佐吏，位在東、西閤祭酒之前。參見《宋書·百官志上》《南齊書·百官志》。

[3]何憲：字子思，廬江灊（今安徽霍山縣）人。本書卷四九、《南齊書》卷三四有附傳。

[4]竟陵王子良：蕭子良。字雲英，齊武帝第二子。高帝建元四年（482），武帝即位後，封爲竟陵王。本書卷四四、《南齊書》卷四〇有傳。竟陵，郡名。治萇壽縣，在今湖北鍾祥市。　西邸：官舍名。在建康雞籠山（今江蘇南京市解放門内雞鳴山），爲蕭子良招延文士講經談義、文酒賞會之所。

[5]沈約：字休文，吴興武康（今浙江德清縣）人。本書卷五七、《梁書》卷一三有傳。　謝朓：字玄暉，陳郡陽夏（今河南太康縣）人。本書卷一九有附傳，《南齊書》卷四七有傳。　王融：字元長，琅邪臨沂（今山東臨沂市）。本書卷二一有附傳，《南齊書》卷四七有傳。　蕭琛：字彦瑜，南蘭陵（今江蘇常州市武進區）人。本書卷一八有附傳,《梁書》卷二六有傳。　范雲：字彦龍，南鄉舞陰（今河南泌陽縣）人。本書卷五七、《梁書》卷一三有傳。　任昉：字彦升（《梁書》作“彦昇”），樂安博昌（今山東博興縣）人。本書卷五九、《梁書》卷一四有傳。　陸倕：字佐公，吴郡吴（今江蘇蘇州市）人。本書卷四八有附傳，《梁書》卷

二七有傳。

[6]隨王：蕭子隆。字雲興，齊武帝子，封爵隨郡王。本書卷四四、《南齊書》卷四〇有傳。隨郡，郡名。治隨縣，在今湖北隨州市。　諮議參軍：官名。王公軍府屬官。掌咨詢謀議衆事，位在列曹參軍上。宋七品。梁自九班至六班。陳自五品至七品。

[7]牛渚：地名。即牛渚磯。又名采石磯。在今安徽馬鞍山市西南翠螺山麓、長江東岸。山勢峻峭，磯頭突出江中，歷爲江津襟要。與南京燕子磯、岳陽城陵磯並稱長江三磯。

[8]武：大德本、汲古閣本、殿本作“虎”。本書避唐高祖李淵祖父李虎諱改。

[9]艱：指父母之喪。

及齊武帝不豫，竟陵王子良以帝及兄懿、王融、劉繪、王思遠、顧暠之、范雲等爲帳内軍主。[1]融欲因帝晏駕立子良，[2]帝曰："夫立非常之事，必待非常之人，融才非負圖，視其敗也。"范雲曰："憂國家者，惟有王中書。"[3]帝曰："憂國欲爲周、召？[4]欲爲豎刁邪？"[5]懿曰："直哉史魚，[6]何其木强也！"[7]

[1]懿：蕭懿。字元達，梁太祖蕭順之之子，梁武帝胞兄。後爲齊東昏侯所殺。梁武帝天監元年（502），追贈丞相、長沙郡王，謚宣武。本書卷五一、《梁書》卷二二有傳。　劉繪：字士章，彭城（今江蘇徐州市）安上里人。本書卷三九有附傳，《南齊書》卷四八有傳。　王思遠：琅邪臨沂（今山東臨沂市）人。本書卷二四有附傳，《南齊書》卷四三有傳。　顧暠之：字士明。齊武帝永明末，爲太子中舍人，兼尚書左丞。事見本書卷二四、《南齊書》卷四三《王思遠傳》。　帳内軍主：官名。軍幕中的將佐，爲州軍府侍衛隊之長。無固定品階，多以將軍領之。按，軍主，百衲本同，

大德本、汲古閣本、北監本、殿本皆作“軍王”。張元濟《南史校勘記》:“殿（本）誤，見《梁書》紀一。”

[2]晏駕：本指車駕晚出。古代多代稱帝王的死亡。

[3]王中書：王融。時爲中書郎，故稱。

[4]周、召：亦作周、邵。即周公旦和召公奭。周成王時兩人共輔朝，分陝而治，皆有美政。

[5]豎刁：春秋時齊桓公近臣寺人貂。桓公卒，諸公子争立，與易牙等殺群吏，立公子無虧，齊國因此内亂。事見《左傳》僖公十七年。

[6]直哉史魚：語出《論語·衛靈公》。史魚，名鰌，字子魚。春秋時衛國大夫。衛靈公用人不當，其屢諫不聽，自認未盡職責，臨死遺言“殯我於室”，以尸諫感動衛靈公，終於采納他的主張。見《韓詩外傳》卷七。

[7]木强：質直剛强。《漢書》卷四二《張周趙任申屠傳》贊云:“周昌，木强人也。”顔師古注:“言其强質如木石然。”

初，皇考之薨，不得志，事見《齊·魚復侯傳》。[1]至是，鬱林失德，齊明帝作輔，[2]將爲廢立計，帝欲助齊明，傾齊武之嗣，以雪心耻，[3]齊明亦知之，每與帝謀。時齊明將追隨王，[4]恐不從，又以王敬則在會稽，[5]恐爲變，以問帝。帝曰:“隨王雖有美名，其寔庸劣，既無智謀之士，爪牙惟仗司馬垣歷生、武陵太守卞白龍耳。[6]此並惟利是與，[7]若啗以顯職，無不載馳。隨王止須折簡耳。[8]敬則志安江東，窮其富貴，宜選美女以娱其心。”齊明曰:“亦吾意也。”即徵歷生爲太子左衛率，白龍游擊將軍，並至。續召隨王至都，賜自盡。

[1]《齊·魚復侯傳》：載《南齊書》卷四〇。魚復侯，蕭子響。字雲音，齊武帝第四子。初封巴東王。本書卷四四、《南齊書》卷四〇有傳。魚復，縣名。治所在今重慶奉節縣東白帝城。

[2]齊明帝：蕭鸞。齊高帝侄。在位五年（494—498），謚明，廟號高宗。本書卷五、《南齊書》卷六有紀。

[3]以雪心耻：《册府元龜》卷一八五作“以雪先耻”。

[4]齊明將追隨王：《資治通鑑》卷一三九《齊紀五》明帝建武元年作“鸞欲徵之”。按，追，猶召、徵。

[5]王敬則：臨淮射陽（今江蘇寶應縣）人，僑居晋陵南沙（今江蘇常熟市）。本書卷四五、《南齊書》卷二六有傳。　會稽：郡名。治山陰縣，在今浙江紹興市。

[6]垣歷生：略陽桓道（今甘肅隴西縣）人。本書卷二五、《南齊書》卷二八有附傳。　卞白龍：宋順帝昇明元年（477），爲殿中將軍。

[7]此並惟利是與：按，《册府元龜》卷一八五“此並”作“此輩”，《資治通鑑·齊紀五》明帝建武元年作“二人”。

[8]折簡：指書札或信箋。

豫州刺史崔慧景既齊武舊臣，[1]不自安，齊明憂之，乃起帝鎮壽陽，[2]外聲備魏，實防慧景。師次長瀨，[3]慧景懼罪，白服來迎，帝撫而宥之。將軍房伯玉、徐玄慶並曰：[4]“慧景反迹既彰，實是見賊，我曹武將，譬如韝上鷹，將軍一言見命，便即制之。”帝笑曰：“其如掌中嬰兒，殺之不武。”於是曲意和釋之，慧景遂安。隆昌元年，[5]拜中書侍郎，[6]還黄門侍郎。[7]

[1]豫州：州名。治壽春縣，在今安徽壽縣。　崔慧景：字君

山，清河東武城（今河北清河縣）人。本書卷四五、《南齊書》卷五一有傳。

[2]鎮壽陽：《梁書》卷一《武帝紀上》作“鎮壽春”。按，壽陽即壽春，東晋孝武帝時以避鄭太后諱改。

[3]長瀨：津渡名。長瀨津，即今安徽壽縣東五里東津渡。《水經注·肥水》：“肥水自黎漿（在今壽縣東南）北逕壽春故城東爲長瀨津。津側有謝堂北亭，迎送所薄，水陸舟車，是焉萃止。”

[4]房伯玉：清河繹幕（今山東平原縣）人。齊明帝時爲南陽太守。明帝建武四年（497），魏孝文帝親征至南陽，伯玉嬰城拒守，勢窮降。魏宣武帝時，卒於馮翊相。《魏書》卷四三有附傳。徐玄慶：齊將領。海陵王延興元年（494）爲軍主。明帝時，歷冠軍將軍、兗州刺史、徐州刺史。事見《南齊書》卷六《明帝紀》、卷五七《魏虜傳》等。

[5]隆昌：南朝齊鬱林王蕭昭業年號（494）。

[6]中書侍郎：官名。中書省長官中書監、令之副。南朝擬詔出令之職雖歸中書省，但事權悉由中書舍人執掌。侍郎職閑官清，成爲諸王起家官，如缺監、令，或亦主持中書省務。宋五品。梁九班。陳四品，秩千石。均設四員。

[7]黄門侍郎：官名。給事黄門侍郎省稱。爲侍中省或門下省次官，與侍中俱掌門下衆事，職掌略同。齊時知詔令，有“小門下”之稱。晋、宋五品。梁十二班。陳四品，秩二千石。

建武二年，[1]魏將王肅、劉昶攻司州刺史蕭誕甚急，[2]齊明遣左衛將軍王廣之赴救，[3]帝爲偏帥隸廣之。行次尉斗洲，[4]有人長八尺餘，容貌衣冠皓然皆白，緣江呼曰：“蕭主大貴。”[5]帝既屢有徵祥，心益自負。時去誕百里，衆軍以魏軍盛，莫敢前。帝欲大振威略，謂諸將曰：“今屯下梁之城，[6]塞鑿峴之險，[7]守雉脚之路，據賢首之山，[8]以通西關，以臨賊壘，三方掎角，[9]出其不備，破賊必矣。”廣之等不從。後遣徐玄慶進據賢首山，魏絶其糧道，衆懼，莫敢援之，惟帝獨奮請先進。[10]於是廣之益帝精甲，銜枚夜前。失道，望見如持兩炬者，隨之果得道，徑上賢首山，廣之軍因得前。魏軍來脅，帝堅壁不進。時王肅自攻城，一鼓而退，劉昶有疑心，帝因與書，間成其隙。一旦，有風從西北起，陣雲隨之來，當肅營，尋而風回雲轉，還向西北，帝曰："此所謂歸氣，魏師遁矣。"令軍中曰：[11]"望麾而進，聽鼓而動。"肅乃傾壁十萬，陣于水北，帝揚麾鼓譟，響振山谷，敢死之士，執短兵先登，長戟翼之。城中見援至，因出軍攻魏栅，魏軍表裏受敵，因大崩。肅、昶單馬走，[12]斬獲千計，流血絳野。[13]得肅、昶巾箱中魏帝敕曰："聞蕭衍善用兵，勿與争鋒，待吾至；若能禽此人，則江東吾有也。"以功封建陽縣男。[14]

[1]建武：南朝齊明帝蕭鸞年號（494—498）。

[2]王肅：字恭懿，琅邪臨沂（今山東臨沂市）人。齊雍州刺史王奂子。奂被誅，奔魏。《魏書》卷六三、《北史》卷四二有傳。　劉昶：字休道，宋文帝第九子，初封義陽王。宋前廢帝景和元年（465）中，奔魏。本書卷一四、《宋書》卷七二、《魏書》卷五九、《北史》卷二九有傳。　司州：州名。宋明帝泰始中置。治平陽縣，在今河南信陽市。　蕭誕：字彦偉，南蘭陵蘭陵（今江蘇常州市武進區）人。齊高帝族子。本書卷四一、《南齊書》卷四二有附傳。

[3]王廣之：字士林，一字林之，沛郡相（今安徽濉溪縣）人。本書卷四六、《南齊書》卷二九有傳。

[4]尉斗洲：大德本、汲古閣本、殿本作"熨斗洲"。

[5]蕭主：大德本、汲古閣本、殿本作“蕭王”。

[6]下梁之城：《册府元龜》卷一八五作“下梁州城”。下梁，城名。在今河南信陽市東南。

[7]鑿峴：山名。即峴山。在今河南信陽市南。

[8]賢首：山名。在今河南信陽市西南。

[9]掎角：大德本、北監本、殿本同，汲古閣本作“犄角”。張元濟《南史校勘記》：“修。汲‘犄’。”

[10]先進：《資治通鑑》卷一四〇《齊紀六》明帝建武二年同，《梁書》卷一《武帝紀上》作“先啓”。

[11]今：大德本、汲古閣本、殿本皆作“令”。底本誤，應據諸本改。

[12]單馬：大德本、汲古閣本、殿本作“單騎”。

[13]絳野：大德本同，汲古閣本、殿本作“綘野”。

[14]建陽縣：縣名。治所在今福建南平市建陽區東北。

尋爲司州刺史。有沙門自稱僧惲，謂帝曰：“君項有伏龍，非人臣也。”復求，莫知所之。帝在州，甚有威名。嘗有人餉馬，[1]帝不受，餉者密以馬繫齋柱而去。帝出見馬，答書殷勤，縛之馬首，令人驅出城外，馬自還。都爲太子中庶子，[2]領四廂直。[3]出鎮石頭。齊明性猜忌，帝避時嫌，解遣部曲，常乘折角小牛車。齊明每稱帝清儉，勗勵朝臣。

[1]嘗：大德本、汲古閣本同，殿本作“常”。

[2]都：中華本於“都”上補“還”字，其校勘記云：“‘都’上各本不疊‘還’字，據《梁書》《通志》補。”是。應據補。太子中庶子：官名。東宮官屬。掌侍從、奏事、諫議等，並與太子

中舍人共掌文翰。晉、宋五品。梁十一班。陳四品，秩二千石。

[3]領四廂直：領羽林四廂直衛的簡稱。齊置。統率羽林軍侍衛宮廷，多以黄門郎兼任。見本書卷四一《蕭穎胄傳》、卷四六《周山圖傳》及《南齊書》卷三八《蕭穎胄傳》、卷二九《周山圖傳》。《梁書》卷一《武帝紀上》作“領羽林監”。領，官制術語。即以較高官位兼理地位較低職事，亦稱“録”。

四年，魏孝文帝自率大衆逼雍州，[1]刺史曹武度沔守樊城，[2]武舊齊武腹心，齊明忌之，欲使后弟劉暄爲雍州，[3]暄不願出外，因江祏得留。[4]齊明帝擬帝雍州，受密旨出頓，聲爲軍事發遣。又命五兵尚書崔慧景、征南將軍陳顯達相續援襄陽。[5]慧景與帝進行鄧城，[6]魏孝文帥十餘萬騎奄至，慧景引退，帝止之，不從，於是大敗。帝帥衆拒戰，獨得全軍。及魏軍退，以帝爲輔國將軍，[7]監雍州事。[8]

[1]雍州：州名。東晉僑置。治襄陽縣，在今湖北襄陽市。

[2]曹武：即曹虎。此避唐高祖李淵祖父李虎諱改。字士威，下邳郡下邳縣（今江蘇睢寧縣）人。本書卷四六、《南齊書》卷三〇有傳。　沔：水名。即今漢江。　樊城：地名。在今湖北襄陽市，與襄陽城隔漢水相望。

[3]劉暄：字士穆，彭城（今江蘇徐州市）人。本書卷四七、《南齊書》卷四二有附傳。

[4]江祏：字弘業，濟陽考城（今河南民權縣）人。齊明帝腹心。本書卷四七、《南齊書》卷四二有傳。

[5]又命：大德本、殿本同，汲古閣本作“人命”，誤。　陳顯達：南彭城彭城（今江蘇鎮江市）人。本書卷四五、《南齊書》

卷二六有傳。　襄陽：城名。在今湖北襄陽市漢水南岸。南跨漢沔，北接京洛，地處水陸要衝，是歷代兵家必争之地。

［6］鄧城：城名。在今湖北襄陽市東北。

［7］輔國將軍：官名。雜號將軍。晋、宋皆三品。齊爲小號將軍。梁武帝天監七年（508）罷，改置輕車至貞毅等五號將軍代之。參《南齊書·百官志》。

［8］監雍州事：即監理雍州事務，代行刺史職權。《梁書》卷一《武帝紀上》作"行雍州府事"。按，南朝在某州刺史缺員未補時，暫以其他地位較低官員監理該州事務，代行刺史職權，稱監某州或監某州事，簡稱監州。

先是，雍州相傳樊城有王氣，至是謡言更甚。及齊明崩，遺詔以帝爲都督、雍州刺史。時揚州刺史始安王遥光、尚書令徐孝嗣、右僕射江祏、右將軍蕭垣之、侍中江祀、衛尉劉暄更直内省，[1]分日帖敕，[2]世所謂"六貴"。又有御刀茹法珍、梅虫兒、豐勇之等八人，[3]號爲"八要"，及舍人王咺之等四十餘人，[4]皆口擅王言，權行國憲。帝謂張弘策曰：[5]"政出多門，亂其階矣。當今避禍，惟有此地，勤行仁義，可坐作西伯；[6]但諸弟在都，恐離時患，須與益州圖之耳。"[7]時上長兄懿罷益州還，仍行郢州事，[8]乃使弘策詣郢，陳計於懿，語在《懿傳》。[9]言既不從，弘策還，帝乃召弟偉及憺，[10]是歲至襄陽。乃潜造器械，多伐竹木，沈於檀溪，[11]密爲舟裝之備。時帝所住齋常有氣，五色回轉，狀若蟠龍。季秋出九日臺，[12]忽暴風起，煙塵四合，帝所居獨白日清朗，其上紫雲騰起，形如繖蓋，望者莫不異焉。

[1]始安王遥光：蕭遥光。字元暉，齊始安王蕭鳳長子，襲父爵。本書卷四一有傳，《南齊書》卷四五有附傳。始安，郡名。治始安縣，在今廣西桂林市。　徐孝嗣：字始昌，小字遺奴，東海郯（今山東郯城縣）人。司空徐湛之之孫。本書卷一五有附傳，《南齊書》卷四四有傳。　蕭垣之：汲古閣本同，大德本、殿本作“蕭坦之”。底本誤，應作“蕭坦之”。蕭坦之，南蘭陵蘭陵（今江蘇常州市西北）人。齊高帝族人。本書卷四一、《南齊書》卷四二有傳。

[2]帖敕：即由主政大臣在奏章上簽署意見，作爲敕命批發。《資治通鑑》卷一四二《齊紀八》東昏侯永元元年胡三省注：“帖敕者，於敕後聯紙書行，所謂畫敕也。”

[3]茹法珍：會稽（今浙江紹興市）人。備受齊東昏侯寵信，東昏侯呼其爲“阿丈”。本書卷七七有傳。　梅虫兒：吴興（今浙江湖州市）人。齊東昏侯親信。本書卷七七有附傳。　豐勇之：南齊右衛軍人。爲齊東昏侯所委任。後蕭衍起兵圍建康，守將王珍國、張稷勒兵殺東昏，其爲内應。及蕭衍平建康，誅殺茹法珍、梅虫兒等，勇之行殺獲免。事見本書卷五《齊廢帝東昏侯紀》、卷七七《茹法珍傳》及《南齊書》卷七《東昏侯紀》。

[4]王咺之：仕齊，初任太學博士。齊東昏侯時爲中書舍人，與諸權佞共執朝政。專掌文翰，誅戮無辜。及蕭衍平建康，被誅。事見本書卷五一《長沙宣武王懿傳》、卷七七《恩倖傳》及《南齊書·東昏侯紀》、《梁書》卷一《武帝紀上》。

[5]張弘策：字真簡，范陽方城（今河北固安縣）人。梁武帝從舅。本書卷五六、《梁書》卷一一有傳。

[6]西伯：指周文王或周武王。

[7]益州：州名。治成都縣，在今四川成都市。此處代指蕭衍長兄懿。

[8]郢州：州名。宋孝武帝分荆、湘、江、豫四州置。治夏口城（後稱郢城），在今湖北武漢市武昌區。

[9]語在《懿傳》：按，其語不在本書《長沙宣武王懿傳》，而是載於《張弘策傳》，亦見於《梁書·武帝紀上》。詳見錢大昕《廿二史考異》卷三五。

[10]暐及憺：大德本、汲古閣本、殿本“暐”作“偉”。底本誤，應據諸本改。偉，蕭偉。字文達，梁武帝第八弟。本書卷五二、《梁書》卷二二有傳。憺，蕭憺。字僧達，梁武帝第十一弟。本書卷五二、《梁書》卷二二有傳。

[11]檀溪：古溪名。在今湖北襄陽市西南。

[12]九日臺：樓臺名。即齊武帝所建商飆館。在今江蘇南京市中山門外鍾山之陽梅花山上。

尋而大臣相次誅戮。永元二年冬，[1]懿又被害。信至，帝密召長史王茂、中兵吕僧珍、别駕柳慶遠、功曹史吉士瞻等謀之。[2]既定，以十一月乙巳召僚佐集於聽事，告以舉兵。是日建牙，[3]出檀溪竹木裝艑艦，旬日大辦。百姓願從者，得鐵馬五千匹，甲士三萬人。[4]

[1]永元：南朝齊東昏侯蕭寶卷年號（499—501）。

[2]王茂：字休連（《梁書》作“休遠”），一字茂先，太原祁（今山西祁縣）人。本書卷五五、《梁書》卷九有傳。　吕僧珍：字元瑜，東平范（今山東梁山縣）人，世居廣陵（今江蘇揚州市）。本書卷五六、《梁書》卷一一有傳。　柳慶遠：字文和，河東解（今山西臨猗縣）人。本書卷三八有附傳，《梁書》卷九有傳。　吉士瞻：字梁容，馮翊蓮勺（今陝西渭南市臨渭區下邽鎮東北）人。本書卷五五有傳。

[3]建牙：指古代出征時在軍前樹立的大旗。亦引申爲武臣出鎮或興兵建立幕府。

[4]鐵馬五千匹，甲士三萬人：《梁書》卷一《武帝紀上》作

"甲士萬餘人，馬千餘匹"，《建康實録》卷一七作"甲士三萬餘人，馬一千匹"。

先是，東昏以劉山陽爲巴西太守，[1]使過荆州就行事蕭穎胄以襲襄陽。[2]帝知其謀，乃遣參軍王天武、龐慶國詣江陵，[3]偏與州府人書論軍事。[4]天武既發，帝謂諮議參軍張弘策曰："今日天武坐收天下矣。[5]荆州得天武至，必回遑無計，若不見同，取之如拾地芥耳。斷三峽，據巴、蜀，分兵定湘中，便全有上流。以此威聲，臨九派，[6]斷彭蠡，[7]傳檄江南，風之靡草，不足比也，政小引日月耳。江陵本憚襄陽人，[8]加脣亡齒寒，必不孤立，寧得不闇見同邪。挾荆、雍之兵，埽定東夏，[9]韓、白重出，[10]不能爲計，况以無筭之昏主，役御刀應敕之徒哉。"[11]及山陽至巴陵，[12]帝復令天武齎書與穎胄兄弟。[13]去後，帝謂張弘策曰："用兵之道，攻心爲上，攻城次之；心戰爲上，兵戰次之，[14]今日是也。近遣天武往州府，人皆有書，今叚止有兩封，與行事兄弟，云'一二天武口具'。及問天武，口無所説。天武是行事心膂，彼聞必謂行事與天武共隱其事，[15]則人人生疑。山陽惑於衆口，判相嫌貳，則行事進退無以自明，是馳兩空函定一州矣。"山陽至江安，[16]聞之，呆疑不上。[17]柳忱勸斬天武，[18]送首山陽，穎胄乃謂天武曰："天下之事，縣之在卿，今就卿借頭，以詐山陽；昔樊於期亦以頭借荆軻。"[19]於是斬之，送首山陽，山陽信之，馳入城，將踰閫，[20]縣門發，折其車轅，投車而走，中兵參軍陳秀拔戟逐之，[21]斬于門外，傳首于帝。

仍以南康王尊號之議來告，[22]且曰："時有未利，[23]當須來年二月。遽便進兵，恐非廟筭。"[24]帝答曰："今坐甲十萬，糧用自竭，若頓兵十旬，必生悔吝。且太白出西方，杖義而動，天時人謀，有何不利？昔武王伐紂，行逆太歲，[25]復須待年月乎？"竟陵太守曹景宗遣杜思沖勸帝迎南康，[26]都襄陽，時正尊號，[27]帝不從。王茂又私于張弘策曰："今以南康置人手中，彼挾天子以令諸侯，節下前去爲人所使，[28]此豈歲寒之計。"[29]弘策言之於帝，帝曰："若前途大事不捷，故自蘭艾同焚；[30]若功業克建，誰敢不從？豈是碌碌受人處分！"於沔南立新野郡，[31]以集新附。

[1]劉山陽：齊明帝時爲輔國將軍。明帝永泰元年（498），率軍討平王敬則，以功封湘陰縣男。事見本書卷五《齊明帝紀》、《南齊書》卷二六《王敬則傳》。　巴西太守：按，《南齊書》卷八《和帝紀》云其爲"巴西梓潼二郡太守"。巴西，郡名。西晋懷帝永嘉後僑置。治涪縣，在今四川綿陽市東。

[2]荆州：州名。治江陵縣，在今湖北荆州市荆州區。　蕭穎胄：字雲長。本書卷四一、《南齊書》卷三八有附傳。

[3]王天武：《南齊書》《梁書》俱作"王天虎"。本書避唐高祖李淵祖父李虎諱改。

[4]徧與州府人書：州指荆州官屬，府指西中郎府官屬。見《資治通鑑》卷一四三《齊紀九》東昏侯永元二年"徧與州府書"胡三省注。

[5]今日天武坐收天下矣：此句言語頗費解。中華本校勘記云："疑句有訛脱。"

[6]九派：長江在今湖北、江西一帶，江流分支衆多，古代因

以九派稱之。亦爲潯陽（今江西九江市）的别稱。時爲江州刺史治所。《文選》郭璞《江賦》:“流九派乎潯陽。”李善注:“水别流爲派。”

［7］彭蠡：古澤藪名。又稱彭蠡澤。本指長江北岸今鄂東、皖西一帶的濱江諸湖區。西漢以後，江北彭蠡逐漸萎縮，彭蠡之名逐漸南移至長江以南。兩晋、南朝時彭蠡澤已包括今江西北境的鄱陽湖大部。

［8］江陵本憚襄陽人：《梁書》卷一《武帝紀上》作“荆州本畏襄陽人”；《資治通鑑·齊紀九》東昏侯永元二年作“荆州素畏襄陽人”，胡三省注:“襄陽被邊，人皆習兵，故荆州人畏之。”今有學者認爲，這“是由於南朝時以江陵爲中心的荆州與以襄陽爲中心的雍州政治地位升降造成的”(參見何德章《釋“荆州本畏襄陽人”》，載《魏晋南北朝史研究》，湖北人民出版社1996年版)。

［9］東夏：泛指中國東部。

［10］韓、白：韓信、白起。並古代名將，皆以善用兵著稱。韓信，秦末漢初淮陰人；白起，戰國時秦國郿人。《史記》卷九三、卷七三分别有傳。

［11］御刀應敕：簡稱刀敕。借指恃寵弄權的佞臣。

［12］巴陵：郡名。南朝宋置。治巴陵縣，在今湖南岳陽市。

［13］齎（jī）：帶着，攜帶。

［14］“用兵之道”至“兵戰次之”：此處借用蜀後主建興三年（225）蜀相諸葛亮征南中時參軍馬謖之言。詳《三國志》卷三九《蜀書·馬謖傳》裴松之注引《襄陽記》。

［15］彼聞：《梁書·武帝紀上》同。中華本校勘記云:“‘彼聞’《通鑑》《通志》作‘彼間’，疑是。”

［16］江安：縣名。治所在今湖北公安縣西北。

［17］呆疑不上：大德本、汲古閣本、殿本作“果疑不上”。底本誤，應據諸本改。

［18］柳忱：字文若，河東解（今山西臨猗縣）人。本書卷三

八、《梁書》卷一二有附傳。

[19]昔樊於期亦以頭借荆軻：事見《史記》卷八六《刺客列傳》。

[20]閾：門檻。

[21]中兵參軍陳秀：《南齊書》卷三八《蕭穎冑傳》云“前建威將軍陳秀”。

[22]南康王：蕭寶融。即齊和帝。齊明帝第八子。初封隨郡王。東昏即位，改封南康王，爲持節，督荆、雍等七州軍事，西中郎將，荆州刺史。本書卷五、《南齊書》卷八有紀。南康，郡名。治贛縣，在今江西贛州市東北。　尊號：指即帝位。

[23]時有：《梁書・武帝紀上》作“時月”。

[24]廟筭：廟堂的策劃，指克敵制勝的謀略。

[25]太歲：星名。古天文學中假設的與木星運行相反的歲星，以每年太歲所在的黄道部分來紀年。數術家認爲，凡太歲所在方位及與之相反方位，均不可興造、移徙和嫁娶、遠行，犯者必凶。

[26]竟陵：郡名。治萇壽縣，在今湖北鍾祥市。　曹景宗：字子震，新野（今河南新野縣）人。本書卷五五、《梁書》卷九有傳。

[27]時正尊號：中華本校勘記云：“‘待’各本作‘時’。李慈銘《南史札記》‘《梁書》作“待正尊號。”其下有“然後進軍”四字，此疑脱誤。’今改正。”是，應據改。

[28]節下：對將領及使臣或地方疆吏的敬稱。

[29]歲寒：一年中最寒冷的時節。以喻事情的終極。

[30]蘭艾同焚：比喻良莠美惡、貴賤賢愚同歸於盡。

[31]新野郡：南齊東昏侯永元二年（500）蕭衍置，屬雍州。治所在今湖北宜城市。西魏改威寧郡。

三年二月，[1]南康王爲相國，[2]以帝爲征東將軍。[3]戊申，[4]帝發襄陽。自冬積霰，至是開霽，士卒咸悦。

帝遂留弟偉守襄陽城，謂曰："當置心於襄陽人腹中，推誠信之，勿有疑也。天下一家，乃當相見。"遂移檄建鄴，[5]闡揚威武。及至竟陵，命長史王茂與太守曹景宗爲前軍，中兵參軍張法安守竟陵城。茂、景宗帥衆濟岸，進頓九里。[6]其日，郢州刺史張沖迎戰，[7]茂等大破之。荆州遣冠軍將軍鄧元起、軍主王世興、田安等會大軍於夏口。[8]帝築漢口城以守魯山，命水軍主張惠紹、朱思遠等游遏中江，[9]絶郢、魯二城信使。[10]時張沖死，其衆推軍王薛元嗣及沖長史程茂爲主。[11]

[1]三年二月：《南齊書》卷八《和帝紀》載，東昏侯永元三年（501）正月乙巳，南康王受命爲相國，蕭衍進號征東將軍。《資治通鑑》卷一四四《齊紀十》和帝中興元年亦作永元三年正月乙巳；其後"戊申，蕭衍發襄陽"胡三省注："《考異》曰：《梁高祖紀》云'二月戊申，發襄陽'。按戊申，正月十三日，《梁紀》誤也。"此"三年二月"應改作"三年正月"。

[2]相國：官名。魏晋南北朝不常置，位尊於丞相，職權品秩略同，非尋常人臣之職。

[3]征東將軍：官名。與征南、征西、征北將軍合稱四征將軍。掌征伐及監臨軍事、守衛地方。晋、宋三品。梁二十三班。陳擬二品，比秩中二千石。

[4]戊申：正月十三日。按，東昏侯永元三年歲次辛巳，正月丙申朔，戊申爲正月十三日。見前"三年二月"注及中華本校勘記。

[5]移檄：發布文告以曉示或聲討。按，文載《梁書》卷一《武帝紀上》。

[6]九里：地名。在今湖北武漢市武昌區東北。《資治通鑑·

齊紀十》和帝中興元年胡三省注："其地去郢城九里，因以爲名。"

[7]郢州：州名。宋孝武帝分荆、湘、江、豫四州置。治夏口城，在今湖北武漢市武昌區。　張沖：字思約，吴郡吴（今江蘇蘇州市）人。本書卷三二有附傳，《南齊書》卷四九有傳。

[8]鄧元起：字仲居，南郡當陽（今湖北當陽市）人。本書卷五五、《梁書》卷一〇有傳。　夏口：城名。在今湖北武漢市武昌區。

[9]漢口城：一名梁城。在今湖北武漢市漢口。　魯山：山名。即今湖北武漢市漢陽龜山。　張惠紹：字德繼，義陽（今河南信陽市）人。本書卷五五、《梁書》卷一八有傳。

[10]郢、魯二城：郢城、魯城。郢城即夏口城，爲郢州刺史治所，故名。魯城，又稱魯山城，以城在魯山得名。

[11]軍王：大德本、汲古閣本、殿本作"軍主"。底本誤，應據諸本改。

三月乙巳，南康王即帝位於江陵。[1]遥廢東昏爲涪陵王，[2]以帝爲尚書左僕射，[3]加征東將軍、都督征討諸軍，[4]假黄鉞。[5]西臺又遣冠軍將軍蕭穎達領兵來會。[6]四月，帝出沔，命王茂、蕭穎達等逼郢城。五月己酉，帝移屯漢南。[7]是日，有紫雲如蓋，蔭于壘幕。甲寅，東昏遣寧朔將軍吴子陽、光子衿等十三軍救郢州，進據巴口。[8]七月，帝命王茂帥軍主曹仲宗、康絢、武會超等潛師襲加湖，[9]將逼子陽。水涸不通艦，子衿喜。其夜流星墜其城，四更中無雨而水暴長，衆軍乘流齊進，鼓譟攻之，俄而大潰，子陽等竄走，衆盡溺于江，王茂虜其餘而旋。郢、魯二城相視奪氣。

［1］南康王即帝位：是爲齊和帝。在位二年（501—502）。

［2］涪陵：郡名。治漢平縣，在今重慶市涪陵區東南。

［3］尚書左僕射：官名。尚書省次官，居右僕射上。輔助長官尚書令執行政務，參議大政等。南朝尚書令爲宰相之任，位尊權重，不親庶務，尚書省日常政務常由僕射或左僕射主持，諸曹奏事由左、右僕射審議聯署。晋、宋三品。梁十五班。陳二品，秩中二千石。

［4］征東將軍：《梁書》卷一《武帝紀上》作“征東大將軍”。中華本據《梁書》補“大”字。按，《南齊書·百官志》:“凡諸將軍加‘大’字，位從公。”應據《梁書》補作“征東大將軍”。

［5］假黄鉞：位高權重大臣出征時所加的稱號。黄鉞，飾以黄金的長柄斧子，爲天子儀仗之一。假黄鉞即代表皇帝親征，有誅戮持節將軍的權力。參錢大昕《廿二史考異》卷三五。

［6］西臺：指齊和帝官署。因江陵在建康以西，故稱。　蕭穎達：南蘭陵蘭陵（今江蘇常州市西北）人，蕭穎胄之弟。歷仕齊、梁，官至江州刺史。本書卷四一有附傳，《梁書》卷一〇有傳。

［7］漢南：地域名。指今湖北漢水下游南側，包括孝感市、漢川市南部和武漢市蔡甸區、漢南區。

［8］巴口：地名。在今湖北黄岡市東南巴河入長江處。

［9］康絢：字長明，華山藍田（今湖北襄陽市）人。本書卷五五、《梁書》卷一八有傳。　加湖：湖名。又作茄湖。在今湖北武漢市黄陂區東南。

先是，東昏遣冠軍將軍陳伯之鎮江州，［1］爲子陽等聲援。帝謂諸將曰:“夫征討未必須實力，所聽威聲耳。今加湖之敗，誰不讋服。陳武牙即伯之之子，［2］狼狽奔歸，彼間人情，理當兇懼。［3］我謂九江傳檄可定也。”［4］因命搜所獲俘囚，得伯之幢主蘇隆之，［5］厚加賞賜，使致命焉。

[1]陳伯之：濟陰睢陵（今江蘇睢寧縣）人。本書卷六一、《梁書》卷二〇有傳。　江州：州名。治柴桑縣，在今江西九江市西南。

[2]陳武牙：大德本、汲古閣本同，殿本、《梁書》卷一《武帝紀上》作"陳虎牙"。此避唐高祖李淵祖父李虎諱改。事見本書、《梁書》其父傳。

[3]兇：大德本、汲古閣本同，殿本作"恟"。

[4]九江：地域名。指今湖北武穴市、黄梅縣至江西九江市一帶。此處代指江州。

[5]幢主：官名。南北朝至隋皆置，爲軍事編制幢之主將，所領人數約五百。南朝及北魏官品不詳。北齊從九品。北周正三命。隋從九品下。

戊午，魯山城主孫樂祖降。己未夜，郢城有數百毛人踰堞且泣，因投黄鵠磯，[1]蓋城之精也。及旦，其城主程茂、薛元嗣遣參軍朱曉求降。帝謂曰："城中自可不識天命，何意恒罵？"曉曰："明公未之思耳，桀犬何嘗不吠堯。"初，郢城之閉，將佐文武男女口十餘萬人，疾疫流腫死者十七八。及城開，帝並加隱卹，其死者命給棺槥。[2]

[1]黄鵠磯：地名。又名黄鶴磯。在今湖北武漢市武昌區。

[2]棺槥：粗陋的小棺材。

東昏聞郢城没，乃爲城守計，[1]簡二尚方二冶囚徒以配軍。[2]其不可遣者，[3]於朱雀門内日斬百餘人。[4]尚書令王亮苦諫，[5]不從。陳伯之遣蘇隆之反命，求未便進軍。帝曰："伯之此言，意懷首鼠，可及其猶豫逼之。"乃命鄧元起即日沿流。八月，天子遣兼黄門郎蘇回勞軍。帝登舟，命諸軍以次進路，留上庸太守韋叡守郢城，[6]行州事。鄧元起將至尋陽，[7]陳伯之猶懼，乃收兵退保湖口，[8]留其子武牙守盆城。[9]及帝至，乃束甲請罪。[10]

[1]城：指都城建康。

[2]尚方：官署名。亦作上方。隸少府。掌製作、儲藏宫廷所用刀劍等兵器及玩好器物。多以役囚徒服勞作，因以爲繫罪囚之所。東晋置一署。宋沿置，以本署爲右尚方，又改原相府作部爲左尚方，仍隸少府。齊因之。梁、陳又增中尚方。　冶：官署名。隸少府。掌領工徒鼓鑄鍛冶。因工徒多冶士（刑徒），故亦爲繫囚徒之所。宋、齊置東冶、南冶，梁、陳改置東冶、西冶。《通典》卷二七《職官典九》原注："東冶重，西冶輕，其西冶即宋、齊之南冶。"大德本、汲古閣本、殿本作"治"，誤。

[3]遣：大德本、汲古閣本、殿本作"活"。

[4]朱雀門：又稱大航門。京都建康的南面城門。在今江蘇南京市中華門内秦淮河北岸。

[5]王亮：字奉叔，琅邪臨沂（今山東臨沂市）人。本書卷二三有附傳，《梁書》卷一六有傳。

[6]韋叡：字懷文，京兆杜陵（今陝西西安市長安區東北）人。本書卷五八、《梁書》卷一二有傳。

[7]尋陽：郡名。治柴桑縣，在今江西九江市西南。

[8]湖口：地名。即湖口戍。南朝宋置，在今江西湖口縣南。

當鄱陽湖入長江之口，瀕臨長江，爲軍事戍守要地。

[9]盆城：地名。即湓口城。又名湓口關。在今江西九江市，以地當湓水入江口得名。《晋書·地理志下》武昌郡，柴桑"有湓口關"。

[10]束甲：收起甲衣。表示歸順。

九月，天子詔帝平定東夏，以便宜從事。前軍之次蕪湖，[1]南豫州刺史申胄棄姑熟走，[2]至是大軍進據之。自發雍州，帝所乘艦恒有兩龍導引，[3]左右莫不見者。緣道奉迎百姓，皆如挾纊。仍遣曹景宗、蕭穎達領馬步進頓江寧。[4]東昏遣征虜將軍李居士迎戰，景宗擊走之。於是王茂、鄧元起、吕僧珍進據赤鼻邏，[5]曹景宗、陳伯之爲游兵。是日，新亭城主江道林率兵出戰，[6]衆軍禽之於陣。大軍次新林，[7]建康士庶傾都而至，送欵或以血爲書。命王茂進據越城，[8]曹景宗據皁莢橋，[9]鄧元起據道士墩，[10]陳伯之據籬門。[11]道林餘衆退屯航南，[12]迫之，因復散走，退保朱雀，[13]憑淮自固。[14]時李居士猶據新亭壘，請東昏燒南岸邑屋，以開戰場。自大航以西，新亭以北，蕩然矣。

[1]蕪湖：地名。東晋末南朝爲襄垣僑縣治，在今安徽蕪湖市雞毛山附近。

[2]南豫州：州名。齊武帝永明二年（484）割揚州宣城、淮南，豫州歷陽、譙、廬江、臨江六郡置。治于湖縣，在今安徽當塗縣。　姑熟：地名。又作姑孰、南州（南洲）。在今安徽當塗縣。

[3]恒有：大德本、汲古閣本同，殿本作"常有"。

[4]江寧：縣名。治所在今江蘇南京市江寧區江寧街道。

［5］赤鼻邏：地名。在今江蘇南京市西南。

［6］新亭：亭名。又名中興亭。在今江蘇南京市西南。地近江濱，依山爲城壘，六朝時爲軍事及交通重地。

［7］新林：地名。在今江蘇南京市西南西善橋鎮。

［8］越城：城名。在今江蘇南京市中華門外。

［9］皁莢橋：在今江蘇南京市西南。

［10］道士墩：在今江蘇南京市城區南。

［11］籬門：建康外城城門。又稱郊門。《讀史方輿紀要》卷二〇《南直二·應天府》引《宫苑記》："東晋以後，建康城之外城惟設竹籬，而有六門。齊高帝建元二年，命改築都墻，俗仍謂爲籬門。"按，《資治通鑑》卷一四四《齊紀十》和帝中興元年胡三省注："陳伯之蓋據西籬門。"

［12］航：即朱雀橋，又名大航等。

［13］朱雀：即朱雀門。《梁書》卷一《武帝紀上》作"朱爵"。

［14］淮：水名。即今秦淮河。

十月，東昏石頭軍主朱僧勇歸降。東昏又遣征虜將軍王珍國列陣於航南大路，[1]悉配精手利器，尚十餘萬，閹人王倀子持白武幡督諸軍，[2]王茂、曹景宗等掎角奔之，珍國之衆，一時土崩。衆軍退至宣陽門，[3]李居士以新亭壘，徐元瑜以東府城降，[4]石頭、白下諸軍並宵潰。[5]壬午，帝鎮石頭，命衆軍圍六門。[6]東昏悉焚門内，驅逼營署官府並入城，有衆二十萬。青州刺史桓和紿東昏出戰，[7]因降。先是，俗語謂密相欺變者爲"和欺"。於是虫兒、法珍等曰：[8]"今日敗於桓和，可謂和欺矣。"帝命諸軍築長圍。[9]

[1]王珍國：字德重，沛郡相（今安徽濉溪縣）人。本書卷四六有附傳，《梁書》卷一七有傳。

[2]白武幡：即白虎幡。本書避唐高祖李淵祖父李虎諱改。有白虎圖像的旗幟，用作傳布朝廷政令及軍令。大德本、汲古閣本、殿本作“白虎幡”。

[3]衆軍退至宣陽門：《梁書》卷一《武帝紀上》作“義軍追至宣陽門”，中華本據《梁書》改“退”作“追”。按，此處“衆軍”與上文“衆軍禽之於陣”、下文“命衆軍圍六門”皆指王茂、曹景宗等軍。《梁書·武帝紀上》作“義軍追至宣陽門”亦可爲證。應依中華本據《梁書》改。宣陽門，又稱白門。六朝時都城建康南面正門。約在今江蘇南京市中山東路以南淮海路一帶。

[4]東府城：城名。簡稱東府、東城。在今江蘇南京市通濟門附近，南臨秦淮河。爲東晋、南朝宰相兼揚州刺史的府第所在地。

[5]白下：城名。即白石壘。在今江蘇南京市金川門外，幕府山南麓。齊、梁時爲南琅邪郡治。

[6]六門：建康臺城六門。即大司馬門、萬春門、東華門、西華門、太陽門、承明門。

[7]桓和：一作“桓和之”。梁時歷任青冀州刺史、土州刺史。事見本書卷六三《羊鴉仁傳》、《梁書》卷三九《羊鴉仁傳》。　紿(dài)：同“詒”。欺騙，欺詐。

[8]虵：大德本、殿本作“虫”，汲古閣本作“蟲”。三字同。“虵”爲“虫”的異體，“虫”爲“蟲”的俗體。

[9]長圍：環繞合圍的較長工事，用於圍攻或固守。

初，衆軍既逼，東昏遣軍主左僧慶鎮京口，[1]常僧景鎮廣陵，[2]李叔獻屯瓜步。[3]及申冑自姑熟奔歸，又使屯破墩，[4]以爲東北聲援。至是帝遣曉喻，並降。帝乃遣弟輔國將軍秀鎮京口，[5]輔國將軍恢屯破墩，[6]從弟寧朔將軍景鎮廣陵。[7]吴郡太守蔡夤棄郡赴降。

[1]京口：城名。在今江蘇鎮江市。東漢末三國吴時稱爲京城。

[2]廣陵：縣名。治所在今江蘇揚州市西北蜀岡上。

[3]瓜步：地名。又作瓜埠。在今江蘇南京市六合區東南瓜步山下，瀕臨滁河東岸。

[4]破墩：地名。在今江蘇句容市東南。一説在今江蘇丹陽市境。

[5]秀：蕭秀。字彦達，南蘭陵（今江蘇常州市武進區）中都里人，梁武帝弟。梁國建立，封安成郡王。本書卷五二、《梁書》卷二二有傳。

[6]恢：蕭恢。字弘達，梁武帝弟。梁國建立，封鄱陽郡王。本書卷五二、《梁書》卷二二有傳。

[7]景：蕭景。字子昭，梁武帝從弟。本書卷五一、《梁書》卷二四有傳。按，蕭景本名蕭昺，唐人修史避唐高祖李淵父李昞諱，改"昺"爲"景"。《南齊書》卷八《和帝紀》作"蕭昺"。又《弘明集》有衛尉卿蕭昺《答釋法雲書》，難范縝《神滅論》。可證。

十二月景寅，[1]兼衛尉張稷、北徐州刺史王珍國斬東昏，[2]其夜以黄油裹首送軍。帝命吕僧珍、張彌勒兵封府庫及圖籍。帝乃入，收嬖妾潘妃誅之，[3]及兇黨王咺之以下四十八人屬吏，[4]以宫女二千人，分賚將士。宣德皇后令追廢涪陵王爲東昏侯，[5]授帝中書監、大司馬、録尚書、驃騎大將軍、都督、揚州刺史，[6]封建安郡公，[7]食邑萬户，給班劍四十人，[8]黄鉞、侍中、征討諸軍事並如故。依晋武陵王遵承制故事，[9]百僚致敬。

己卯，帝入屯閲武堂，[10]下令大赦。[11]景戌，入鎮殿内。是日，鳳皇集建鄴。又下令："凡昏制謬賦、淫刑濫役，[12]外可詳檢前源，悉皆除蕩。其主守散失，諸所損耗，精立科條，咸從原例。"丁亥，遣豫州刺史李元履以兵五千慰勞東方十二郡。[13]

[1]十二月：大德本、殿本同，汲古閣本作"十一月"《梁書》卷一《武帝紀上》亦作"十二月"。汲古閣本誤。　景寅：大德本、汲古閣本、殿本作"丙寅"。本書避唐高祖李淵父李昞諱改"丙"爲"景"。下文同，不另注。

[2]張稷：字公喬，吴郡吴（今江蘇蘇州市）人。本書卷三一有附傳，《梁書》卷一六有傳。

[3]潘妃：齊東昏侯貴妃潘玉兒。本王敬則伎俞尼子。或云東昏聞宋文帝有潘妃，在位三十年，遂改姓名。寵冠後宫，極盡奢華。蕭衍平建康，收而縊之。事見本書卷五五《王茂傳》、卷七七《茹法珍傳》。

[4]四十八人：《建康實録》卷一七同。按，《梁書·武帝紀上》作"四十一人"。本書《茹法珍傳》載，蕭衍平建康所誅"佐成昏亂者"及"奄官"，合計亦四十一人。

[5]宣德皇后：齊文惠太子蕭長懋妃王寶明。琅邪臨沂（今山東臨沂市）人。本書卷一一、《南齊書》卷二〇有傳。

[6]中書監：官名。中書省長官之一。南朝時多用作重臣加官，以示禮遇。宋三品。梁十五班。陳二品，秩中二千石。　大司馬：官名。掌全國軍政。位在三公上，不常授。晋、宋一品。梁十八班。陳一品，秩萬石。　録尚書：官名。即録尚書事。初爲職銜名。魏晋後多以公卿權重者居之，總領尚書省政務，位在三公上。齊時始成正式官號，爲尚書省長官。　驃騎大將軍：官名。多加於權臣元老，以示尊崇。晋、宋一品。梁二十四班。陳一品。　都

督：《梁書·武帝紀上》作“都督揚南徐二州諸軍事”。

［7］建安：郡名。治建安縣，在今福建建甌市。　郡公：封爵名。晋始置。稱開國郡公，制如小國王，大者食萬户。見《晋書·職官志》。

［8］班劍：亦作斑劍。本指飾有花紋或飾以虎皮之劍，或指持班劍之武士。晋以後成爲隨從侍衛的代稱，且成爲皇帝對王侯功臣的恩賜，可隨身進入宫殿，亦作爲喪禮時的儀仗。所賜人數自百二十人至十人不等。

［9］晋武陵王遵：司馬遵。字茂遠，襲父晞爵爲武陵王。《晋書》卷六四有附傳。　承制：秉承皇帝旨意而便宜行事。兩晋南北朝時權臣多藉此名義，自行處置政務、任免官吏。

［10］閲武堂：堂名。在都城建康臺城（今江蘇南京市雞籠山南、乾河沿北）中。

［11］大赦：對雜犯死罪以下加以赦免，有時還赦免常赦不予寬減的犯人，本定死罪者亦得以減罪。但凡“十惡”之罪，則不在赦免之列。

［12］昏制：指齊東昏侯時頒行的制度。按，此令文亦見載唐許敬宗等輯《文館詞林》卷六九五，題名“爲梁武帝除東昏制令”，沈約撰。

［13］李元履：蘭陵承（今山東棗莊市）人。本書卷四六有附傳。　東方：指建康以東之地。

二年正月辛卯，下令：“通檢尚書衆曹東昏時諸諍訟失理及主者淹停不時施行者，精加訊辯，[1]依事議奏。其義師臨陣致命，疾病死亡者，並加葬斂，收恤遺孤。”甲午，天子遣兼侍中席闡文、兼黄門侍郎樂法才慰勞都下。[2]追贈皇祖散騎常侍、左光禄大夫，皇考侍中、丞相。乙未，下令：“朱雀之捷，逆徒送死者，特許家人殯葬；若無親屬，或有貧苦，二縣長尉即爲埋掩。[3]建康城内不達天命，自取淪滅，亦同此科。”又下令減損浮費，自非奉粢盛，[4]脩紱冕，[5]習禮樂之容，繕甲兵之備，此外一皆禁絶。御府中署，量宜罷省，命外詳爲條格。

[1]訊辯：《資治通鑑》卷一四四《齊紀十》和帝中興元年同，《梁書》卷一《武帝紀上》作“訊辨”。按，“辯”“辨”古通用。

[2]席闡文：安定臨涇（今甘肅鎮原縣）人。本書卷五五、《梁書》卷一二有傳。　樂法才：字元備，南陽淯陽（今河南南陽市）人。本書卷五六、《梁書》卷一九有附傳。

[3]二縣：建康縣和秣陵縣。　長尉：縣令（長）、縣尉。

[4]粢盛：盛在祭器内以供祭祀的穀物。

[5]紱冕：繫官印的絲帶及大夫以上的禮冠。引申爲官服、禮服。

戊戌，宣德皇后臨朝，入居内殿，拜帝大司馬，解承制，百僚致敬如前。丁亥，[1]詔進帝都督中外諸軍事，[2]劍履上殿，入朝不趨，贊拜不名，[3]加前後部羽葆、鼓吹，[4]置左右長史、司馬、從事中郎、掾、屬各四人，[5]并依舊辟士，餘並如故。甲寅，齊帝進帝位相國，總百揆，[6]封十郡爲梁公，備九錫之禮，[7]加遠游冠，[8]緑綟綬，[9]位在諸王上。策曰：

[1]丁亥：各本俱同，《資治通鑑》卷一四五《梁紀一》武帝天監元年作“壬寅”。按，齊和帝中興二年（502）歲次壬午，正月庚寅朔，無丁亥，壬寅爲十三日。應依中華本據《資治通

鑑》改。

［2］都督中外諸軍事：官名。全國最高軍事統帥。總統禁衛軍、地方軍等内外諸軍，權力極大。多以他官兼任，不常置。

［3］劍履上殿，入朝不趨，贊拜不名：經帝王特許，重臣得以佩劍著履上殿，入朝不急步而行，司儀唱導行禮不呼其名，以示殊榮。

［4］羽葆：官員的儀仗。以鳥羽爲飾的華蓋。南北朝時，諸王及大臣有功則賜，大臣喪亦或賜，以示尊崇。　鼓吹：演奏鼓吹樂的樂隊。南北朝時，作爲皇帝賜予臣下的禮遇，唯賜大臣及有功者。

［5］從事中郎：官名。諸公府屬官。其職依時依府而異，或主吏、或分掌諸曹等。宋六品。梁九班至八班不等。陳五品至六品不等，秩六百石。　掾、屬：並官名。公府及郡縣官府屬吏，掌管一曹事務，正曰掾、副曰屬，品秩不等。

［6］百揆：百官。

［7］九錫：九種器物。即車馬、衣服、樂器、朱户、納陛、虎賁、鈇鉞、弓矢、秬鬯（見《漢書》卷六《武帝紀》顔師古注）。爲帝王賜予大臣的最高禮遇。魏晋南北朝權臣篡位，建立新王朝前，亦例加九錫。

［8］遠游冠：古代冠名。《續漢書·輿服志下》："遠遊冠……諸王所服也。"

［9］緑綟綬：用綟草染成黑黄而近緑色的絲帶。爲古代三公以上繫官印的綬帶。《續漢書·輿服志下》"諸國貴人、相國皆緑綬"劉昭注："徐廣曰：'金印緑綟綬。'綟音戾，草名也。以染似緑，又云似紫。"

上天不造，難鍾皇室，世祖以休明早崩，[1]世宗以仁德不嗣。[2]高宗襲統，[3]宸居弗永，[4]雖夙夜劬勞，而隆平不洽。嗣君昏暴，[5]書契弗睹，朝權國柄，委之群孽，剿戮忠賢，誅殘台輔，含冤抱痛，噍類靡餘。[6]公藉昏明之期，因兆庶之願，[7]爰率群后，[8]翊成中興，宗社之危已固，[9]天人之望允塞，此實公紐我絶綱，[10]大造皇家者也。

[1]世祖：齊武帝廟號。

[2]世宗：齊文惠太子廟號。文惠太子未即位死，其子鬱林王即位，追尊其爲世宗文皇帝。

[3]高宗：齊明帝廟號。

[4]宸居：此處指帝位。

[5]嗣君：齊東昏侯。

[6]噍類：原謂能吃東西的動物，特指活着的人。

[7]兆庶：天子之民。泛指民衆，百姓。

[8]爰：引，援引。《梁書》卷一《武帝紀上》作“援”。　群后：四方諸侯。泛指公卿。

[9]宗社：宗廟和社稷的合稱。借指國家。

[10]紐：繫，結。指可解的結。

永明季年，[1]邊隙大啓，荆河連率，[2]招引戎荒。公受言本朝，輕兵赴襲，排危冒險，剛柔遞用，坦然一方，還成藩服，[3]此又公之功也。在昔隆昌，洪基已謝，[4]高宗慮深社稷，將行權道。[5]公定策帷帳，激揚大節，廢帝立王，謀猷深著，此又公之功也。建武闡業，厥猶雖遠，[6]戎狄内侵，憑陵關塞，司部危逼，[7]淪陷指期。公總兵外討，[8]卷甲長騖，焚廬毁帳，胡哭言歸，[9]此又公之功也。

樊、漢阽切，[10]羽書續至。[11]公星言鞠旅，[12]禀命徂征，[13]拯我邊危，重獲安堵，[14]此又公之功也。漢南迴弱，[15]咫尺勍寇。[16]公作藩爰始，因資靡託，練兵訓卒，蒐狩有序，[17]俾我危城，[18]翻爲强鎮，此又公之功也。永元紀號，瞻烏已及，[19]雖廢昏有典，而伊、霍難行。公首建大策，[20]爰立明聖，義踰邑綸，[21]勳高代入，[22]此又公之功也。文王之風，雖被江、漢，京邑蠢蠢，[23]湮爲洪流。公投袂萬里，事唯拯溺，義聲所覃，無思不韙，此又公之功也。魯城、夏汭，[24]梗據中流，乘山置壘，縈川自固。公御此烏集，[25]陵兹地險，費無遺矢，[26]戰未窮兵，[27]踐華之固，[28]相望俱拔，此又公之功也。惟此群凶，同惡相濟，緣江負險，蟻聚淮湖。[29]桴旝一臨，[30]應時褫潰，[31]此又公之功也。姦孽震皇，復懷舉斧，[32]畜兵九派，用擬勤王。公棱威直指，勢踰風電，旌旆小臨，[33]全州稽服，[34]此又公之功也。姑熟衝要，密邇京畿，兇徒熾聚，斷塞津路。公兵威所震，望旗自駭，此又公之功也。群豎猖狂，志在借一，[35]豕突淮涘，[36]武騎如雲。公爰命英勇，因機騁鋭，[37]氣冠阪泉，[38]勢踰洹水，[39]此又公之功也。琅邪、石首，[40]襟帶岨固，[41]新壘、東墉，[42]金湯是埒，憑險作守，兵食兼資，風激電駭，莫不震疊，[43]城復于隍，[44]於是乎在，此又公之功也。獨夫昏很，[45]憑城靡懼，鼓鍾鞺鞳，[46]慠若有餘，狎是邪孽，忌斯冠冕，[47]凶狡因之，將逞琴戮。[48]公奇謨密運，[49]威略潛回，[50]忠勇之徒，得申厥效，白旗宣室，[51]未之或比，此又公之功也。公有拯億兆之勳，重之以明德。[52]爰初厲志，服道儒門，濯纓來仕，[53]清猷映世。[54]時運艱難，宗社危殆，崐岡已燎，[55]玉石同焚，驅率貔貅，抑揚霆電，義等南巢，[56]功齊牧野。[57]若夫禹功寂寞，[58]微管誰嗣，[59]拯其將魚，[60]駐其衵髪，解兹亂網，[61]理此棼絲，[62]復禮衽席，[63]反樂河海。永平故事，[64]聞之者歎息，司隸舊章，[65]見之者隕涕，請我人命，還之斗極，[66]憫憫搢紳，[67]重荷戴天之慶，哀哀黔首，復蒙履地之恩，德踰於嵩、岱，[68]功鄰於造物，[69]超哉邈矣，越無得而言焉。[70]

[1]永明：南朝齊武帝蕭賾年號（483—493）。

[2]荆河：《禹貢》："荆河惟豫州。" 此處代指豫州。　連率：王莽新朝官名，相當於太守。此處指豫州刺史崔慧景。

[3]藩服：古代王畿以外之地分爲九服，距離王畿最遠的地區稱"藩服"。

[4]洪基：宏大基業。此處指帝業。

[5]權道：變通之道。指廢鬱林王，立海陵王。

[6]厥猶：大德本同，汲古閣本、殿本作"厥猷"，《梁書》卷一《武帝紀上》亦作"厥猷"。

[7]司部：司州。

[8]總兵：《梁書·武帝紀上》作"治兵"。此避唐高宗李治諱改。

[9]胡哭：《梁書·武帝紀上》作"號哭"。

[10]樊、漢：樊城、漢水。代指雍州。　阽切：危險急迫。

[11]羽書：猶羽檄。即上插鳥羽以示緊急的軍事文書。

[12]星言：謂披着星星。泛言及早，急速。　鞠旅：誓師。

[13]徂征：前往征討，出征。

[14]安堵：安居，不受騷擾。

[15]漢南：漢水以南。此處指雍州治所襄陽。　迴弱：大德本、汲古閣本、殿本及《梁書·武帝紀上》皆作“迴弱”。

[16]勍寇：强敵。

[17]蒐狩：即狩獵。春獵爲蒐，冬獵爲狩。此處指訓練軍隊。

[18]俾：使，把。

[19]瞻烏：富人屋上的烏。本指烏鴉聚集於在位的小人之屋，人民當求明君而歸服。此處比喻因亂世而無所歸依的人民。

[20]大策：重大謀略、決策。此處指廢東昏侯，立和帝。

[21]邑綸：相傳澆殺夏后相，相子少康逃奔有虞而邑諸綸，終於滅澆，復禹之績。事見《左傳》哀公元年。綸，邑名。在今河南虞城縣東北。

[22]代入：漢高后吕雉崩，陳平、周勃等誅諸吕，廢少帝，迎立代王劉恒爲帝，是爲漢文帝。事見《史記》卷九《吕太后本紀》。

[23]蠢蠢：《梁書·武帝紀上》作“蠢動”。

[24]夏汭：地名。指夏口，在今湖北武漢市武昌區。

[25]烏集：猶烏合。

[26]遺矢：指戰爭中細微的耗損。

[27]窮兵：濫用武力。

[28]踐華之固：語出賈誼《過秦論下》：“然後踐華爲城，因河爲池，據億丈之城，臨不測之谿以爲固。”見《史記》卷四八《陳涉世家》。華，指華山。

[29]淮湖：《梁書·武帝紀上》作“加湖”。中華本據《梁書》改。是，應據改。

[30]桴（fú）旝（kuài）：作戰時指揮用的鼓槌和令旗。即旝

動而鼓。見《左傳》桓公五年杜預注。

[31]褫（chǐ）：褫氣。謂懾於聲威，喪失膽氣。大德本、殿本同，汲古閣本作“遞”。

[32]舉斧：對抗，反叛。

[33]旌旆：旗幟。此處借指軍旅。

[34]稽服：稽首拜服。

[35]借一：即背城借一的省略語。指與敵人做最後的決戰。參《左傳》成公二年。

[36]豕突：像野猪一樣奔突竄擾。　淮涘：淮，指秦淮河；涘，水邊，岸邊。

[37]騁鋭：顯示威力。

[38]阪泉：地名。《左傳》僖公二十五年杜預注：“黄帝與神農之後姜氏戰于阪泉之野，勝之。”其地所在，説法不一。一説在今河北涿鹿縣東南，一説在今山西運城市南鹽池，一説在山西陽曲縣東北。

[39]洹水：水名。即安陽河，在今河南北部。《戰國策・趙策二》：蘇秦説趙王，“令天下之將相，相與會於洹水之上，通質刑白馬以盟之”。即此。

[40]琅邪：即白下城，時爲南琅邪郡治所。　石首：即石頭城。

[41]岨固：大德本、汲古閣本、殿本及《梁書・武帝紀上》皆作“岨固”。底本誤，應據諸本改。岨固，險要堅固。

[42]新壘：即新亭壘。　東墉：城名。即東府城。在今江蘇南京市通濟門附近，南臨秦淮河。爲東晉、南朝宰相兼揚州刺史的府第所在地。

[43]震疊：震驚，恐懼。

[44]城復于隍：語出《易・泰卦》，謂泰極而否之象。指事物發展到極端，就會向其相反方面轉化。

[45]佷：兇狠，殘忍。《梁書・武帝紀上》作“很”。按，“佷”

古同“很”。

[46]鞺鞳：鐘鼓聲。

[47]冠冕：仕宦的代稱。亦指士大夫。

[48]孥戮：誅及子孫。一説或没爲奴婢，或加殺戮。

[49]奇謨：大德本、汲古閣本、殿本作“奇謀”。《梁書·武帝紀上》亦作“奇謨”。

[50]威略潛回：《梁書·武帝紀上》作“威略潛通”。

[51]白旗：相傳周武王伐紂還朝，燎柴祭天，“武王在祀，太師負商王紂縣首白旗，妻二首赤旗，乃以先馘，入燎於周廟”。見《逸周書·世俘解》。　宣室：宫殿名。《淮南子·本經訓》：“武王甲卒三千，破紂牧野，殺之于宣室。”後泛指帝王所居宫殿正室。

[52]明德：美德。

[53]濯纓：洗濯冠纓。語出《孟子·離婁上》。比喻超脱世俗，操守高潔。

[54]清猷：高明的謀劃。　映世：按，“世”字應爲唐諱，非李延壽用字，當後人擅自回改者。《梁書·武帝紀上》作“映代”。

[55]崐崘：昆侖山。

[56]南巢：地名。在今安徽巢湖市西南。相傳爲商湯放逐夏桀之地。詳《尚書·仲虺之誥》。

[57]牧野：地名。在今河南淇縣西南。相傳周武王伐紂，渡盟津，大敗商軍於此。詳《尚書·牧誓》。

[58]禹功：夏禹治水的功績。《左傳》昭公元年：“美哉禹功，明德遠矣。微禹，吾其魚乎！”　寂寞：稀少。

[59]微管：本指春秋時管仲相齊桓公，霸諸侯，一匡天下。後遂用爲頌揚功勳卓著的大臣的典故。語出《論語·憲問》：“孔子曰：微管仲，吾其被髮左衽矣。”微，無、非。　嗣：接續，繼承。

[60]拯其將魚：汲古閣本、殿本同，大德本、百衲本“拯”作“極”。張元濟《南史校勘記》：“殿是，見《梁書》。”

[61]駐其衵髮，解兹亂網：大德本、汲古閣本、百衲本“網”

作“綱”，殿本、北監本及《梁書·武帝紀上》並作“驅其祖髮，解兹亂綱”。張元濟《南史校勘記》:“殿‘驅’‘綱’是。”應改“駐”作“驅”。

[62]棼絲：亂絲。此處比喻世事紛亂。

[63]衽席：宴席、座席。語出《禮記·坊記》:“衽席之上，讓而坐下，民猶犯貴。”

[64]永平故事：漢章帝即位之初,“承永平故事，吏政尚嚴切，尚書决事率近於重”。尚書陳寵以爲宜改前世苛俗，乃上疏。帝納其言，務於寬厚。“是後人俗和平，屢有嘉瑞”。詳《後漢書》卷四六《陳寵傳》。永平，東漢明帝劉莊年號（58—75）。

[65]司隸舊章：司隸即司隸校尉。新朝末，更始（劉玄）以劉秀行司隸校尉。秀“於是置僚屬，作文移，從事司察，一如舊章”。三輔吏士見之，皆喜不自勝,“由是識者皆屬心焉”。詳《後漢書》卷一《光武帝紀》。

[66]斗極：北斗星和北極星。此處喻指爲天下所敬仰的人。

[67]搢紳：亦作縉紳。大德本、汲古閣本、殿本作“縉紳”。

[68]嵩、岱：嵩山、泰山。

[69]造物：即造物者。《莊子·大宗師》:“偉哉，夫造物者將以予爲此拘拘也。”

[70]越：(助詞）發語辭，無實義。

朕又聞之：疇庸命德,[1]建侯作屏,[2]咸用克固四維,[3]永隆萬葉。[4]是以二南流化,[5]九伯斯征,[6]王導淳洽,[7]刑厝罔用。[8]惟公經綸天地，寧濟區夏,[9]道冠乎伊、稷,[10]賞薄於桓、文,[11]豈所以憲章齊、魯,[12]長轡宇宙。[13]敬惟前烈，朕甚懼焉。今進授相國，改揚州刺史爲牧,[14]以豫州之梁郡歷陽、南徐州之義興、揚州之淮南宣城吴吴興會稽新安東陽十郡,[15]封公爲梁公，錫兹白土,[16]苴以白茅,[17]爰定爾邦,[18]用建冢社。[19]在昔旦、奭,[20]入居保佑，逮于畢、毛,[21]亦作卿士，任兼内外，禮寔宜之。今命使持節、兼太尉王亮授相國揚州牧印綬、梁公璽紱；使持節、兼司空王志授梁公茅土,[22]金武符第一至第五左，竹使符第一至第十左。[23]相國位冠群后，任總百司，恒典彝數,[24]宜與事革。其以相國總百揆，去録尚書之號，上所假節、侍中貂蟬、中書監印、中外都督大司馬印綬、建安公印策,[25]驃騎大將軍如故。

[1]疇庸：酬謝功勞。

[2]建侯：封建諸侯。

[3]四維：謂東南、西南、東北、西北四隅。亦指四方邊境。

[4]萬葉：萬世，萬代。

[5]二南：《詩·國風》中《周南》《召南》的合稱。亦代指周公、召公。《文選》任昉《齊竟陵文宣王行狀》:“諒以齊徽二南，同規往哲。”吕向注:“二南謂周公、邵公也。”

[6]九伯：又稱九牧。上古九州之長。伯，方伯，一方諸侯之長。

[7]王導：大德本同，汲古閣本、殿本作“王道”。

[8]刑厝：亦作刑錯、刑措。謂置刑法而不用。

[9]區夏：諸夏之地，指華夏、中國。《尚書·康誥》:“用肇造我區夏。”孔傳:“始爲政於我區域諸夏。”

[10]伊、稷：伊尹、后稷。

[11]桓、文：春秋五霸中的齊桓公、晋文公。

[12]齊、魯：周初分封的齊國、魯國。常用以比喻文教興盛的

地方。

［13］轡：駕馭牲口的嚼子和韁繩。借指駕馭。

［14］牧：官名。指州牧。一州最高軍政長官。與刺史並置時，位高於刺史。南朝宋以後僅揚、豫等數州設牧，爲榮譽稱號，授與丞相等權臣。

［15］梁郡：郡名。南朝齊改南梁郡置。治睢陽縣，在今安徽壽縣。　歷陽：郡名。治歷陽縣，在今安徽和縣。　義興：郡名。治陽羨縣，在今江蘇宜興市。　淮南：郡名。東晋成帝咸和初僑置，治所在今安徽蕪湖市西北。　宣城：郡名。治宛陵縣，在今安徽宣城市宣州區。　吴：郡名。治吴縣，在今江蘇蘇州市。　吴興：郡名。治烏程縣，在今浙江湖州市。　新安：郡名。治始新縣，在今浙江淳安縣西北。　東陽：郡名。治長山縣，在今浙江金華市。

［16］白土：象徵西方的色土。《史記》卷六〇《三王世家》："封於西方者取白土。"按，古代天子封建諸侯，各割其方色土與之，使立社。

［17］苴以白茅：用白茅包裹色土，授予受封者，作爲分封土地的象徵。白茅，一種多年生草本植物，花穗上密生白色柔毛，故名。

［18］爰：連接詞。於是。

［19］冢社：又稱冢土。即大社，古代天子、諸侯祭神之所。

［20］旦、奭：周公旦、召公奭。周武王崩，二公分陝而治，夾輔成王。

［21］畢、毛：畢公高、毛公伯明。並周文王之子。成王死，遺命共輔康王。

［22］王志：字次道，琅邪臨沂（今山東臨沂市）人。本書卷二二有附傳，《梁書》卷二一有傳。

［23］金武符：即金虎符。本書避唐高祖李淵祖父李虎諱改。黄金鑄成的虎符。爲帝王授予臣下兵權和調發軍隊的信物。虎形，背有銘文，分兩半，右半留中，左半授予統兵將帥。調發軍隊時由使

臣持符驗合，始能發兵。大德本、汲古閣本、殿本作“金虎符”。竹使符：省稱竹使。調發軍隊的憑信。竹製，鐫刻篆書，分兩半，右半留中，左半授予將帥或郡守。與虎符專用以發兵征戰不同，竹使符則用於一般調發。《後漢書》卷三一《杜詩傳》：“舊制：發兵，皆以虎符；其餘徵調，竹使而已。符第合會，取爲大信，所以明著國命，斂持威重也。”

[24]恒典彜數：舊典常法。

[25]貂蟬：以貂尾、蟬羽爲飾的冠。《續漢書·輿服志下》：“侍中、中常侍加黄金璫，附蟬爲文，貂尾爲飾。”

又加公九錫，其敬聽後命：

以公禮律兼脩，刑德備舉，哀矜折獄，[1]罔不用情。是用錫公大輅、戎輅各一，[2]玄牡二駟。[3]公勞心稼穡，念在人天，[4]丕崇務本，惟穀是寶。是用錫公衮冕之服，[5]赤舄副焉。[6]公鎔鈞所被，[7]變《風》以《雅》，易俗陶人，載和邦國。是用錫公軒縣之樂，[8]六佾之儛。[9]公文德廣覃，義聲遠洽，椎髻鞮首，[10]夷歌請吏。[11]是用錫公朱户以居。[12]公揚清抑濁，官方有序，多士聿興，《棫樸》流詠。[13]是用錫公納陛以登。[14]公正色御下，以身範物，[15]式遏不虞，[16]折衝惟遠。[17]是用錫公武賁之士三百人。[18]公威同夏日，[19]志清姦宄，[20]放命圮族，[21]刑兹罔赦。是用錫公鈇鉞各一。[22]公跨躡嵩溟，[23]陵厲區宇，[24]譬諸日月，容光必至。[25]是用錫公彤弓十、彤矢百，[26]盧弓百、盧矢千。[27]公永言惟孝，至感通神，恭嚴祀典，祭有餘敬。是用錫公秬鬯一卣，[28]圭瓚副焉。[29]梁國置丞相以下，一遵舊式。欽哉，其敬循往策，祗服大禮，[30]對揚天眷，[31]用膺多福，以弘我太祖之休命。[32]

[1]折獄：斷獄，判決案件。

[2]大輅：玉輅。古時天子所乘之車。　戎輅：兵車。

[3]玄牡：黑色公牛或黑色公馬。　駟：馬四匹曰駟。《漢書》卷九《元帝紀》："賜宗室有屬籍者馬一匹至二駟。"顔師古注："二駟，八匹"。

[4]人天：指糧食。《新唐書》卷八四《李密傳》："人，國本；食，人天。"按，"人天"即"民天"，此避唐太宗李世民諱改。

[5]衮冕：衮衣和冠冕。古代帝王及上公的禮服和禮帽。按，中華本作"兖冕"。

[6]赤舄：古代天子、諸侯所穿赤色重底的禮鞋。

[7]鎔鈞：熔鑄金屬的模具和製作陶器所用的轉輪。借指規範、準則。語見《漢書》卷五六《董仲舒傳》："夫上之化下，下之從上，猶泥之在鈞，唯甄者之所爲；猶金之在鎔，唯冶者之所鑄。"

[8]軒縣：亦作軒懸。周代規制，諸侯陳列樂器，去其南面，東、西、北三面懸挂。參《周禮·春官·小胥》及鄭玄注。縣，古"懸"字。

[9]六佾：周代規制，諸侯所用樂舞，舞者六列，每列六人，共三十六人。一説，每列八人，共四十八人。參《左傳》隱公五年及杜預注、孔穎達疏。

[10]椎髻髽首：本謂古代邊遠少數民族的不同髮式。椎髻，亦作"椎結"，一撮之髻，其形如椎；髽首，以麻束髮。借指邊遠少數民族。

[11]夷歌請吏：漢明帝時，西南夷白狼等部舉族奉貢，稱爲臣僕，並獻《遠夷樂德歌》等頌詩三章，詔賜白狼王金印紫綬。詳

《後漢書》卷八六《西南夷傳》。後多指邊遠少數民族主動請求内屬歸化，以喻世道升平。

［12］朱户：九錫之一。一扇朱紅色的大門。《韓詩外傳》卷八："諸侯之有德，天子錫之。一錫車馬……五錫納陛，六錫朱户。"

［13］《棫樸》：《詩·大雅》篇名。該篇詩序云其詠"文王能官人也"。後比喻人才衆多。

［14］納陛：九錫之一。鑿殿基爲登升的陛級，納之於簷下，不使露而升，故名。

［15］範物：示範於人。即表率。範，《梁書》卷一《武帝紀上》作"軌"。

［16］式遏：遏制；制止。

［17］折衝：使敵人戰車後退。意爲制服敵人取得勝利。衝，一種戰車。

［18］武賁之士：即虎賁之士。勇士。大德本、汲古閣本、殿本"武"作"虎"。

［19］夏日：夏日之日的省稱。比喻嚴厲、威嚴。語出《左傳》文公七年："趙盾，夏日之日也。"杜預注："夏日可畏。"

［20］姦宄：亦作姦軌。違法作亂之事。

［21］放命：逆命，違命。　圮族：毀其族類。

［22］鈇鉞：斫刀和大斧。本是腰斬和砍頭的刑具。代指帝王賜予重臣的專征專殺之權。

［23］嵩溟：嵩山和北溟。泛指高山與大海。

［24］區宇：疆域，天下。

［25］容光必至：大德本、汲古閣本同，殿本、北監本作"容光必照"。張元濟《南史校勘記》："殿誤。見《梁書·紀一》。"容光，僅能透過光綫，指微小的縫隙。《孟子·盡心上》："日月有明，容光必照焉。"趙岐注："容光，小郤也。言大明照幽微。"郤，同"隙"。

［26］彤弓：紅色弓。諸侯有大功，天子賜予弓矢，使專征伐。

彤弓即其一。見《尚書·文侯之命》及孔傳。按，彤弓十，大德本、汲古閣本、百衲本同，殿本及《梁書·武帝紀上》作“彤弓一”。張元濟《南史校勘記》:“按《左傳》，‘一’是。”

[27]盧弓：黑色弓。按，盧弓百，大德本、汲古閣本、百衲本同，殿本及《梁書·武帝紀上》作“盧弓十”。應從殿本及《梁書》改。

[28]秬鬯：用黑黍和香草釀造的酒。供祭祀降神及賞賜有功諸侯之用。　卣：青銅製中型盛酒器。橢圓口，大腹，圈足，有蓋和提梁。多用作禮器，盛行於商代和西周。

[29]圭瓚：玉製酒器。形狀如勺，以圭爲柄，用於祭祀。見《尚書·文侯之命》及孔傳。

[30]祗服：敬謹奉行。

[31]對揚：古代常語。多用於臣受君賜之時。《尚書·説命下》:“敢對揚天子之休命。”孔傳:“對，答也。答受美命而稱揚之。”　天眷：上天的眷顧。語本《尚書·大禹謨》:“皇天眷命。”亦指天子對臣下的恩寵。

[32]太祖：齊高帝蕭道成廟號。　休命：美善的命令。多指天子或神明的旨意。

帝固辭，府僚勸進，不許。

二月辛酉，府僚重請曰:[1]“近以朝命藴策，[2]冒奏丹誠，奉被還令，未蒙虚受，[3]搢紳顒顒，[4]深所未達。蓋聞受金於府，[5]通人之弘致，[6]高蹈海隅，[7]疋夫之小節，是以履乘石而周公不以爲疑，[8]贈玉璜而太公不以爲讓。[9]况世哲繼軌，先德在人，[10]經綸草昧，[11]歎深微管，加以朱方之役，[12]荆河是依，[13]班師振旅，大造王室，[14]雖復累繭救宋，[15]重胝存楚，[16]居今觀古，曾何足云。而惑甚盜鍾，[17]功疑不賞，皇天后土，[18]不勝其酷。是以玉馬駿奔，[19]表微子之去，[20]金板出地，[21]告龍逢之冤。[22]明公據鞍號哭，[23]厲三軍之志，獨居掩涕，[24]激義士之心，故能使海若登祇，[25]罄圖效祉，[26]山戎、孤竹，[27]束馬景從，伐罪弔人，[28]一匡靜亂，[29]匪叨天功，[30]寔勤濡足。[31]龜玉不毁，[32]誰之功歟，獨爲君子，將使伊、周何地。"[33]於是始受相國、梁公之命。命焚東昏淫奢異服六十二種於都街。齊帝追贈梁公夫人爲梁國妃。[34]

[1]府僚重請曰：後蕭統編集《文選》，將此重請之文收録其中，題名《百辟勸進今上箋》，作者任彦昇，即任昉。見《文選》卷四〇及李善注引劉璠《梁典》。

[2]蘊：崇。尊崇，推崇。　策：册。册命，册封。

[3]虚受：無德才而接受官位。《三國志》卷一九《魏書·陳思王植傳》曹植上疏求自試表云："虚受謂之尸禄。"

[4]顒顒：期待盼望的樣子。

[5]受金於府：指合法的酬金應當接受。《吕氏春秋·先識覽·察微》："魯國之法，魯人爲人臣妾於諸侯，有能贖之者，取其金於府。子貢贖魯人於諸侯，來而讓不取其金。孔子曰：'賜（即子貢）失之矣。自今以往，魯人不贖人矣。取其金則無損於行，不取其金則不復贖人矣。"高誘注引《淮南記》曰："子貢讓而止善，此之謂也。"府，官署。

[6]通人：指學識淵博通曉古今之人。王充《論衡·超奇》："博覽古今者爲通人。"　弘致：大義。

[7]高蹈海隅：因不領受好處而遠避荒僻之地。《莊子·外物·讓王》："舜以天下讓其友石户之農，石户之農曰：'捲捲乎后之

爲人，葆力之士也！’以舜之德爲未至也，於是夫負妻戴，攜子以入於海，終身不反也。”高蹈，遠行、隱居。海隅，海角、海邊。

[8]履乘石：《淮南子·齊俗訓》：“周公踐東宫，履乘石，攝天子之位……七年而致政成王。”乘石，天子登車用的墊脚石。

[9]贈玉璜：玉璜，半圓形的璧。《初學記·武部·漁》引《尚書大傳》：“周文王至磻溪，見吕望，文王拜之尚父。望釣得玉璜，刻曰‘周受命，吕佐檢，德合于今昌來提’。”後因以“玉璜”借指吕尚佐周文王事。按，贈，《文選》任彦昇《百辟勸進今上箋》作“增”。　太公：即齊太公吕尚。一説名望，又稱太公望。

[10]先德在人：人，《文選》任彦昇《百辟勸進今上箋》、《梁書》卷一《武帝紀上》俱作“民”。此避唐太宗李世民諱改。

[11]經綸：籌劃治理國家大事。　草昧：形容時世混亂。

[12]朱方之役：指齊東昏侯永元二年（500），平西將軍崔慧景奉江夏王蕭寶玄反，集衆京口，進攻建康之事。見本書卷四五《崔慧景傳》。朱方，南朝時京口或南徐州的别稱。

[13]荆河是依：指蕭衍長兄豫州刺史蕭懿奉召平定崔慧景之事。見本書卷五一《長沙宣武王懿傳》。荆河，代指豫州。此處借指豫州刺史蕭懿。

[14]大造：大功勞；大恩德。

[15]累繭救宋：春秋時，公輸般爲楚設機械，將以攻宋。墨翟聞之，兼程趕往楚國，終於説服公輸般與楚王放棄攻宋的圖謀。詳《戰國策·宋衛策》。累繭，亦作“累趼”，謂因久行而足底磨出重重老繭。

[16]重胝存楚：春秋時，吴軍攻破楚都郢，申包胥跋涉至秦國，在秦庭痛哭七日夜，秦師乃出，擊退吴軍，使楚國得以存續。見《左傳》定公四年。重胝，指手脚上的層層厚繭。

[17]盗鍾：即盗鐘掩耳。語出《吕氏春秋·不苟論·自知》。比喻自欺欺人。

[18]皇天后土：對天和地的尊稱。多用於祝告宣誓。

［19］玉馬駿奔：《文選》任彦昇《百辟勸進今上箋》李善注："《論語比考讖》曰：'殷惑妲己，玉馬走。'宋均曰：'女妲己有美色也。玉馬，喻賢臣；奔，去也。'"

［20］微子：名啓。商紂王庶兄。紂暴虐失政，數諫不聽，遂出走。周武王滅商，面縛銜璧請降。後周公旦誅武庚，被封於商丘，國號宋。詳《史記》卷三八《宋微子世家》。

［21］金板出地：傳説夏桀殺關龍逢後，有鏤刻"臣族虐王禽"的金版書出現在地庭之中。參《文選》任彦昇《百辟勸進今上箋》李善注。按，《文選》"金板"作"金版"。

［22］龍逢：即關龍逢。夏桀時賢臣。桀爲酒池糟丘，作長夜之飲。龍逢極諫，立而不去朝，桀因囚拘而殺之。參《韓詩外傳》卷四、劉向《新序·節士》。

［23］據鞍號哭：《梁書·武帝紀上》作"據鞍輟哭"。中華本據《梁書》改。是。應據改。孫策遇害，其弟孫權中止哀戚上馬，陳兵而出，部衆由是知有所歸。見《三國志》卷五二《吴書·張昭傳》。

［24］獨居掩涕：漢光武帝劉秀自兄劉縯之死，不敢顯其悲戚，每獨居，輒不進酒肉，枕席有涕泣處。見《後漢書》卷一七《馮異傳》。

［25］海若：傳説中的海神。　登祇：登山之神。

［26］罄圖：罄其謀劃。　效祉：呈現福祉。

［27］山戎：北方古族名。又稱無終。春秋時，與燕、齊、晋等國有往來，其冬葱、戎菽移植於齊。　孤竹：古國名。在今河北盧龍縣南。

［28］伐罪弔人：討伐有罪的君主，撫慰受難的百姓。按，"人"當作"民"，此避唐太宗李世民諱改。

［29］一匡：使得到匡正。《論語·憲問》："管仲相桓公，霸諸侯，一匡天下。"　静亂："静"《文選》任彦昇《百辟勸進今上箋》作"靖"。當是。

［30］匪叨:“匪”假借爲“非”，表示否定。叨，“饕”的俗字，即貪、貪婪。

［31］濡足：沾濕了脚。指被沾汙。《韓詩外傳》卷一:“吾聞聖人仁士之於天地之間也，民之父母也。今爲濡足之故，不救溺人，可乎?”

［32］龜玉：龜甲和寶玉。古代認爲是國家的重器。此處代指國家。

［33］伊、周：伊尹、周公。兩人都曾攝政，後常並稱。亦指執掌朝政的大臣。

［34］梁公夫人：蕭衍已故夫人郗徽。高平金鄉（今山東嘉祥縣）人。本書卷一二、《梁書》卷七有傳。按，《梁書·武帝紀上》作“梁公故夫人”。

乙丑，南兖州隊主陳文興於宣武城内鑿井，[1]得玉鏤騏驎、金鏤玉璧、水精環各二。又鳳凰見建康縣桐下里。[2]宣德皇后稱美符瑞，歸于相國府。景寅，詔梁國依舊選諸要職，悉依天朝之制。[3]帝上表，以“前代選官，皆立選簿，[4]請自今選曹，[5]精加隱括，[6]依舊立簿，使冠履無爽，[7]名實不違，庶人識涯涘，[8]造請自息。[9]且聞中間立格，[10]甲族以二十登仕，[11]後門以過立試吏，[12]豈所以弘獎風流，希向後進。[13]此實巨蠹，尤宜刊革”。詔依表施行。景戌，詔進梁公爵爲王，以豫州之南譙廬江、江州之尋陽、郢州之武昌西陽、南徐州之南琅邪南東海晋陵、揚州之臨海永嘉十郡益梁國，[14]并前爲二十郡。其相國、揚州牧、驃騎大將軍如故。帝固辭，有詔斷表。相國左長史王瑩等率百僚敦請。[15]

[1]宣武城：亦稱武帳岡。在今江蘇南京市西北幕府山側。按，《梁書》卷一《武帝紀上》作"桓城"。

[2]建康：縣名。治所在今江蘇南京市秦淮河以北。

[3]天朝：指朝廷。以區别於分封及臣服之藩國。

[4]選簿：銓選官吏的簿籍。

[5]選曹：泛指掌管選拔任命官吏的官署。

[6]隱括：審度，查覈。

[7]無爽：没有差失。

[8]涯涘：邊際，界限。

[9]造請：登門晋見。

[10]立格：定立標準、法規。

[11]甲族：指世家大族。即士族高門。

[12]後門：寒微門第。多指低級士族。　過立：超過而立之年。即三十歲以上。　試吏：官制術語。即試用補吏。《漢書》卷一上《高帝紀上》："及壯，試吏，爲泗上亭長。"顔師古注引應劭曰："試用補吏。"後亦指出任官吏。

[13]希向：使向慕，汲引。

[14]南譙：郡名。東晋孝武帝太元中僑置。治山桑縣，在今安徽巢湖市東南。南朝梁移治蘄縣，在今安徽巢湖市。　廬江：郡名。治舒縣，在今安徽舒城縣。　武昌：郡名。治武昌縣，在今湖北鄂州市。　西陽：郡名。治西陽縣，在今湖北黄岡市東。　南琅邪：郡名。南朝宋改琅邪郡置，治金城，在今江蘇句容市西北。齊武帝永明元年（483）移治白下城，在今江蘇南京市北金川門外幕府山南麓。　南東海：郡名。寄治京口城，在今江蘇鎮江市。　晋陵：郡名。治晋陵縣，在今江蘇常州市。　臨海：郡名。治章安縣，在今浙江台州市椒江區章安街道。　永嘉：郡名。治永寧縣，在今浙江温州市。

[15]王瑩：字奉光，琅邪臨沂（今山東臨沂市）人。本書卷二三有附傳，《梁書》卷一六有傳。

三月癸巳，受梁王之命。下令赦國内殊死以下，[1]鰥寡孤獨不能自存者，賜穀五斛，府州所統亦同蠲蕩。[2]景午，齊帝命帝冕十有二旒，[3]建天子旌旗，出警入蹕，[4]乘金根車，[5]駕六馬，[6]備五時副車，[7]置旄頭雲罕，[8]樂儛八佾，[9]設鍾虡宫縣，[10]王妃、王子、王女爵命之號，一依舊儀。[11]景辰，齊帝下詔禪位，即安姑熟。[12]

[1]殊死：指殊死刑。即斬首的死刑。

[2]蠲蕩：免除，廢除。

[3]十有二旒：《禮記·禮器》："天子之冕，朱緑藻，十有二旒。"旒，古代帝王禮帽前後懸垂的玉串。

[4]出警入蹕：即警蹕。古代帝王出入，左右侍衛謂"警"，清道止行謂"蹕"。

[5]金根車：古代帝王所乘以黄金爲飾的車。

[6]六馬：秦以後，皇帝車駕用六馬。參《史記》卷六《秦始皇本紀》。

[7]五時副車：古代隨從帝王車駕的青、赤、黄、白、黑五色副車。漢蔡邕《獨斷》卷下："上所乘曰金根車，駕六馬。有五色安車、五色立車各一，皆駕四馬，是謂五時副車。"參《晋書·輿服志》。

[8]旄頭：天子儀仗中擔任先驅的騎兵。　雲罕（hǎn）：天子儀仗中作爲前導的旌旗。

[9]八佾：古代天子用的一種樂舞。舞者排列縱横都是八人，共六十四人。佾，舞列。

[10]鍾虡：一種飾有猛獸的懸挂編鐘的格架。　宫縣：古代天子懸挂樂器的形制。即四面陳設樂架懸挂鐘磬等樂器，以象徵宫室四面有墻。詳《周禮·春官·小胥》。

[11]一依舊儀：大德本、汲古閣本、殿本作"一如舊儀"。

[12]即安姑熟：據本書卷五《齊和帝紀》及《南齊書》卷八《和帝紀》，齊和帝已於三月庚戌，車駕東歸至姑熟。

四月辛酉，宣德皇后令曰："西詔至，[1]帝憲章前代，敬禪神器于梁，[2]明可臨軒，[3]遣使恭授璽紱，未亡人便歸于別宮。"[4]壬戌，策曰：

[1]西詔：即齊和帝中興二年（502）三月丙辰日的禪位詔書。本書卷五《齊和帝紀》及《南齊書》卷八《和帝紀》稱"禪詔"。其文載《梁書》卷一《武帝紀上》。

[2]神器：指帝位、政權。

[3]臨軒：指天子不坐正殿而御臨殿前的平臺。

[4]未亡人：寡婦的自稱。

咨爾梁王，惟昔遂古之載，[1]肇有生靈，[2]皇雄、大庭之辟，[3]赫胥、尊盧之后，[4]斯並龍圖鳥迹以前，[5]慌惚杳冥之世，[6]固無得而詳焉。洎乎農、軒、炎、皞之代，[7]放勛、重華之主，[8]莫不以大道君萬姓，[9]公器御八紘，[10]居之如執朽索，[11]去之若釋重負，一駕汾陽，便有窅然之志，暫適箕嶺，即動讓王之心。[12]故知戴黄屋、服玉璽，[13]非所以示貴稱尊，乘大輅、建旂旗，[14]蓋欲令歸趣有地。[15]是故忘己而字兆庶，[16]徇物而君四海。[17]及於菁華内竭，[18]畚橇外勞，[19]則撫兹歸運，[20]惟能是與。[21]四百告終，[22]有漢所以高揖，[23]黄德既謝，[24]魏氏所以樂推。[25]爰及晋、宋，亦弘斯典。我太祖《握河》受歷，[26]應符啓運，二葉重光，[27]三聖係軌。[28]嗣君喪德，[29]昏棄紀度，[30]毀紊天綱，彫絶地紐。是以谷滿川枯，[31]山飛鬼哭，七廟已危，[32]人神無主。惟王體兹上哲，明聖在躬，端冕而協邕熙，[33]推鋒而拯塗炭，武功與日車並運，[34]文教與鵬翼齊舉。[35]固以幽顯宅心，[36]謳訟斯屬；[37]豈徒桴鼓播地，[38]卿雲叢天而已哉。[39]至於晝睹争明，[40]夜飛枉矢，[41]除舊之徵必顯，更姓之符允集。今便仰祇乾象，[42]俯從人願，[43]敬禪神器，授帝位于爾躬。大祚告窮，天禄永終。[44]於戲，[45]王允執其中，式遵前典，以副昊天之望，[46]禋上帝而臨億兆，[47]格文祖而膺大業，[48]以傳無疆之祚，[49]豈不盛與。并命璽書，[50]遣兼太保、中書監、兼尚書令王亮，兼太尉、中書令王志奉皇帝璽紱，受終之禮，一依唐、虞故事。

[1]遂古：大德本同，汲古閣本、北監本、殿本作“邃”。作“邃”是。張元濟《南史校勘記》:“修。”

[2]生靈：《梁書》卷一《武帝紀上》作“生民”。此避唐太宗李世民諱改。

[3]皇雄：伏羲氏别稱皇雄氏。與大庭、赫胥、尊盧，並爲傳説中的上古帝王。見《莊子·胠篋》及成玄英疏。　辟：指天子、君主、諸侯或指就君王之位。

[4]后：君主、帝王及列國諸侯的通稱。

[5]龍圖鳥迹：此處指八卦和書契的出現。龍圖，河圖。《宋

書·符瑞志上》:"燧人氏没,宓犧(即伏羲)代之,受《龍圖》,畫八卦,所謂'河出《圖》'者也。" 鳥迹,鳥篆。許慎《説文解字》序:"黄帝史官倉頡,見鳥獸蹄迒之迹,知分理之可相别異也,初造書契。"

[6]慌惚杳冥:模糊不清,渺茫難測。

[7]農、軒、炎、皞:即古帝王神農、軒轅、炎帝、少皞。

[8]放勛、重華:唐堯、虞舜。堯名放勳,舜名重華。

[9]大道:正道;常理。指最理想的治世法則。《禮記·禮運》:"大道之行也,天下爲公。"

[10]公器:此喻法和法制。《資治通鑑》卷一四《漢紀六》臣光曰:"法者,天下之公器。惟善持法者,親疏如一,無所不行,則人莫敢有所恃而犯之也。" 按,大德本、汲古閣本、北監本、殿本並同,百衲本則於"器"字上空一格,無'公'字。張元濟《南史校勘記》:"《梁書》(作)'公'。"　八紘:泛指天下。

[11]執朽索:比喻時存戒懼之心。語出《尚書·五子之歌》:"予臨兆民,懔乎若朽索之馭六馬。" 朽索,朽腐的繩索。

[12]"一駕汾陽"至"即動讓王之心":前句謂相傳堯於汾水之陽,往見四位隱世高人,悵然而失其爲天下之尊的感覺。見《莊子·逍遥遊》。汾陽,汾水之北。窅然,猶悵然。後句謂相傳堯聞許由賢,欲讓天下於由,由乃退隱於箕山之下。見《史記》卷六一《伯夷列傳》張守節正義引皇甫謐《高士傳》。箕嶺,箕山。讓王,辭讓王位。

[13]黄屋:帝王專用的黄繒車蓋。亦代稱帝王。　玉璽:專指皇帝的玉印。亦借指帝王權位。

[14]旂旗:中華本校勘記云:"'旗'《梁書》作'旌',疑是。" 旂,指在竿頭懸有鈴鐺的旗子。

[15]歸趣:指歸,意向。

[16]字:治理,管理。

[17]徇物:以身從物,曲從世俗。徇,《梁書·武帝紀上》作

"殉"。

［18］菁華：精華。菁，大德本、汲古閣本、北監本、殿本及《梁書·武帝紀上》並作"精"。

［19］畚橇：指勞作工具。畚，用蒲草或竹篾編織的盛物器具。橇，在泥路上行走所乘之具。

［20］歸運：應時而至的天運。

［21］與：通"舉"。推舉，選舉。

［22］四百：兩漢自高祖劉邦稱帝至獻帝劉協禪魏，歷時約四百年。

［23］高揖：古代辭别時的禮節。即雙手抱拳高舉過頭作揖。此處指禪讓。

［24］黄德：五行中的土德。據五德終始説，曹魏以土德王，土色黄，故又稱黄德。

［25］樂推：樂意推舉、擁戴。

［26］太祖：齊高帝蕭道成。　《握河》：即《尚書中候握河紀》的省稱。見《初學記·帝王部》引晉皇甫謐《帝王世紀》。亦因指帝王祭祀河神。　歷：歷數。古代迷信説法，認爲帝位相承次序與天象運行次序相應。

［27］二葉：兩世。

［28］三聖：三位聖人。指齊高帝蕭道成、武帝蕭賾、明帝蕭鸞。

［29］嗣君：繼位的國君。指齊東昏侯蕭寶卷。

［30］紀度：人倫法則。

［31］谷滿川枯：山谷填滿，川流枯竭。形容死人極多。

［32］七廟：帝王供奉祖先的宗廟。《禮記·王制》："天子七廟，三昭三穆，與太祖之廟而七。"此處代指南齊王朝。

［33］端冕：玄衣和大冠。古代朝服。　邕熙：和洽興盛。

［34］日車：太陽。

［35］鵬翼：大鵬的翅膀。語出《莊子·逍遥遊》"其翼若垂天

之雲”。

［36］宅心：心悦誠服而歸附。

［37］謳訟：指謳歌者與訟獄者。

［38］桴鼓播地：相傳舜在位十四年，奏樂未罷，天雨疾風，桴鼓播地。舜乃薦禹於天，使行天子事。見《竹書紀年·帝舜有虞氏》《宋書·符瑞志上》。桴鼓，鼓槌與鼓。

［39］卿雲叢天：相傳禹行天子事，八風循通，慶雲叢集於天。舜乃依唐、虞故事，禪位於禹。見《竹書紀年·帝舜有虞氏》《宋書·符瑞志上》。卿雲，又作“慶雲”。即一種彩雲，古代視之爲祥瑞。

［40］争明：日月同現於天空。

［41］枉矢：星名。《史記·天官書》：“枉矢，類大流星，虵行而倉黑，望之如有毛羽然。”

［42］乾象：天象。

［43］從：依順，順從。《梁書·武帝紀上》作“藉”。

［44］天禄：天賜的福禄。常指帝位。

［45］於戲：感嘆詞。同“嗚呼”。

［46］昊天：蒼天。

［47］禋：燒柴升烟以祭天。

［48］格：感通。　文祖：祖先。　大業：帝業。

［49］無疆：無窮，永遠。

［50］璽書：皇帝的詔書。

帝抗表陳讓，表不獲通。於是齊百官豫章王元琳等八百一十九人，［1］梁臺侍中范雲等一百一十七人，［2］並上表勸進，帝謙讓不受。是日，太史令蔣道秀陳天文符讖六十四條，［3］事並明著，群臣重表固請，乃從之。

[1]豫章王元琳：蕭元琳。梁降封新淦縣侯。本書卷四二、《南齊書》卷二二有附傳。

[2]梁臺：大德本、汲古閣本、殿本及《梁書》卷一《武帝紀上》前有“及”字。

[3]太史令：官名。掌三辰時日祥瑞妖灾，歲終奏新曆。宋七品。梁一班。　符讖：符命及讖緯。泛指各種預言未來的神秘文書。

天監元年夏四月景寅，皇帝即位于南郊，[1]設壇柴燎告天曰：[2]

[1]南郊：即南郊壇。六朝帝王在建康城南郊外築圜丘以祭祀上天的場所。故址在今江蘇南京市西南。參《宋書·禮志一》。

[2]柴燎告天：燔柴祭告上天。

皇帝臣衍，敢用玄牡，[1]昭告于皇皇后帝。[2]

[1]玄牡：黑色的公牛或公馬。牡，雄性鳥獸。

[2]皇皇后帝：天，天帝。《梁書》卷二《武帝紀中》作“皇天后帝”。

齊氏以歷運斯既，[1]否終則亨，[2]欽若天應，[3]以命于衍。夫任是司牧，[4]惟能是授，天命不于常，帝王非一族，唐謝虞受，[5]漢替魏升，[6]爰及晉、宋，憲章在昔，[7]咸以君德馭四海，[8]元功子萬姓，[9]故能大庇甿黎，[10]光宅區宇。[11]齊代云季，世主昏凶，狡焉群慝，[12]是崇是長，[13]肆厥姦回暴亂，[14]以播虐于我有邦，俾九服八荒之内，[15]連率岳牧之君，[16]蹶角頓顙，[17]匡救無術。[18]衍投袂星言，[19]推鋒萬里，厲其挂冠之情，[20]用拯兆庶之切，遂因時來，宰司邦國，濟物康世，[21]寔有厥勞。而晷緯呈祥，[22]川岳效祉，[23]代終之符既顯，革運之期已萃，殊俗百蠻，重譯獻款，[24]人神遠邇，罔不和會。於是群公卿士，咸致厥誠，並以皇乾降命，[25]難以謙拒。衍自惟匪德，[26]辭不獲遂，仰迫上玄之眷，[27]俯惟億兆之心，宸極不可久曠，[28]人神不可乏主，遂藉樂推，膺此嘉祚。[29]以兹寡薄，臨馭萬方，顧求夙志，永言祇惕。[30]敬簡元辰，[31]恭兹大禮，[32]升壇受禪，告類上帝，克播休祉，[33]以弘盛烈，式傳厥後，用永保于我有梁，惟明靈是饗。[34]

[1]歷運：天象運行所顯示的一個王朝的氣數、命運。

[2]否終則亨：阻塞到極點便轉化爲通達。即否極泰來之意。否，閉塞，阻隔不通。亨，通達，順利。

[3]天應：上天的感應，顯應。

[4]司牧：管理，統治。《左傳》襄公十四年："天生民而立之君，使司牧之，勿使失性。"

[5]謝：凋謝，衰落。　受：接受，承繼。

[6]替：廢棄，滅亡。　升：登上，登位。

[7]憲章：效法。此處指慣例。

[8]君德：君主的德行或恩德。

[9]元功：大功，首功。

[10]甿黎：黎民百姓。

［11］光宅：廣有，光大所居。　區宇：境域，天下。

［12］慝：惡人。

［13］是崇是長：即崇長。猶寵幸，信用。

［14］肆：放縱。

［15］九服八荒：指全國各地或普天之下。九服，指王畿以外的侯服、甸服、男服等九大區域。八荒，指四方四隅的荒忽極遠之地。

［16］連率岳牧：封疆大吏的泛稱。連率，又稱方伯連率，爲古代一方或十國諸侯之長。岳牧，即傳説中堯舜之時的四岳十二牧。

［17］蹶角頓顙：匍匐以額角觸地。表示請罪。

［18］匡救：匡正補救。

［19］投袂：甩袖。形容激動奮發。

［20］挂冠：比喻辭官、棄官。

［21］濟物：猶濟民。　康世：治理天下。

［22］晷緯：晷，日；緯，星。指天文星象。

［23］效祉：呈現福祉。

［24］重譯：輾轉翻譯。　獻款：歸順，投誠。

［25］皇乾：皇天。

［26］惟：思，思量。　匪：同“非”。不，無。

［27］上玄：上天。

［28］宸極：即北極星。比喻帝位。

［29］嘉祚：王業之福。

［30］祗惕：恭敬謹慎。

［31］簡：選擇，選用。　元辰：良辰，吉辰。

［32］大禮：莊嚴隆重的典禮。

［33］休祉：福祉。

［34］饗：通“享”。神靈享用祭品。

禮畢，有詔放觀。

乃備法駕還建康宫，[1]臨太極前殿，[2]大赦，改元，[3]賜人爵二級，文武位二等；鰥寡孤獨不能自存者，人穀五斛；逋布、口錢、宿責勿復收；[4]其犯鄉論清議、贓汙淫盜，[5]一皆蕩滌，洗除前注，[6]與之更始。[7]封齊帝爲巴陵王，[8]全食一郡，載天子旌旗，乘五時副車，行齊正朔，[9]郊祀天地，禮樂制度，皆用齊典。以齊宣德皇后爲齊文帝妃，[10]齊帝后王氏爲巴陵王妃，[11]齊代王侯封爵，悉皆降省，[12]其效著艱難者，别有後命。惟宋汝陰王不在除例。[13]劫賊餘口没在臺府者，悉皆蠲放。諸流徙之家，並聽還本。[14]以兼尚書令王亮爲尚書令，兼尚書右僕射沈約爲尚書僕射。[15]封皇弟中護軍宏爲臨川王，[16]南徐州刺史秀爲安成王，[17]雍州刺史偉爲建安王，[18]右衛將軍恢爲鄱陽王，[19]荆州刺史憺爲始興王。[20]自郡王以下，列爵爲縣六等。皇弟、皇子封郡王，二千户；王之庶子爲縣侯，五百户，謂之諸侯；功臣爵邑無定科。鳳凰集南蘭陵。

[1]法駕：天子車駕的一種。即乘金根車，駕六馬，備有五時副車等。　建康宫：宫殿名。亦名顯陽宫。在今江蘇南京市。一説即臺城。見張敦頤《六朝事迹編類》卷上《總叙門·建康宫》。

[2]太極前殿：建康宫正殿，有前殿、後殿。

[3]改元：王朝、君主改换年號紀年。年號以一爲元，故稱。《梁書》卷二《武帝紀中》："改齊中興二年爲天監元年。"

[4]逋布：欠繳的賦税。布，錢幣。　口錢：又稱口賦。一種以未成年人爲徵收對象的人口税。　宿責：宿債，舊債。責，同

"債"。

［5］鄉論清議：古代考評士人德行，推舉選拔人才的重要依據。《晋書》卷三六《衛瓘傳》："鄉邑清議，不拘爵位，褒貶所加，足爲勸勵，猶有鄉論餘風。"鄉論，即鄉里父老對士人的品評。清議，指對時政及政治人物的議論，或指社會輿論。

［6］前注：先前的簿籍記注。顧炎武《日知録》卷一三《清議》原注："齊、梁、陳詔並云'洗除先注'，當日鄉論清議必有記注之目。"

［7］更始：重新開始。

［8］封齊帝爲巴陵王：按，《南齊書》卷八《和帝紀》云"丁卯，梁王奉帝爲巴陵王"，較此記後一日。

［9］正朔：帝王頒行的曆法。正謂年始，朔謂月初。《史記·曆書》："王者易姓受命，必慎始初，改正朔，易服色，推本天元，順承厥意。"參《禮記·大傳》"改正朔，易服色"孔穎達疏。

［10］齊文帝：南朝齊文惠太子蕭長懋。鬱林王即位，追尊爲文帝。本書卷四四、《南齊書》卷一有傳。

［11］齊帝后王氏：王蕣華。本書卷一一、《南齊書》卷二〇有傳。

［12］降省：降低其爵位，省除其封邑。

［13］宋汝陰王：宋帝後嗣的封爵號。行宋正朔，郊用宋典，以奉宋祀。汝陰，郡名。治汝陰縣，在今安徽阜陽市。

［14］本：本土。按，大德本、汲古閣本、殿本"本"下"衍'土'字"。張元濟《南史校勘記》："見《梁書·紀二》。"

［15］以兼尚書令王亮爲尚書令，兼尚書右僕射沈約爲尚書僕射：按，《梁書·武帝紀中》記王亮爲尚書令、沈約爲尚書僕射在丁卯，較本書記後一日。

［16］宏：蕭宏。字宣達，梁武帝第六弟。本書卷五一、《梁書》卷二二有傳。　臨川：郡名。治南城縣，在今江西南城縣東南。

[17]秀：蕭秀。字彦達，梁武帝第七弟。本書卷五二、《梁書》卷二二有傳。　安成：郡名。治平都縣，在今江西安福縣東南。

[18]偉：蕭偉。字文達，梁武帝第八弟。本書卷五二、《梁書》卷二二有傳。

[19]右衛將軍：《梁書·武帝紀中》作“左衛將軍”，中華本據《梁書》改。按，據《梁書》卷二二《鄱陽王恢傳》，“建康平，還爲冠軍將軍、右衛將軍。天監元年，爲侍中……封鄱陽郡王”，纔知蕭恢任右衛將軍。　恢：蕭恢。字弘達，梁武帝第九弟。本書卷五二、《梁書》卷二二有傳。　鄱陽：郡名。治鄱陽縣，在今江西鄱陽縣。

[20]憺：蕭憺。字僧達，梁武帝第十一弟。本書卷五二、《梁書》卷二二有傳。　始興：郡名。治曲江縣，在今廣東韶關市南武水西岸。

丁卯，詔凡後宫、樂府、西解、暴室諸如此例被幽逼者，[1]一皆放遣。若衰老不能自存者，官給廩食。[2]戊辰，遣巴陵王錢二百萬，絹布各千疋，綿二千斤。車騎將軍高麗王高雲進號車騎大將軍，[3]鎮東大將軍百濟王餘太進號征東大將軍，[4]鎮東大將軍倭王武進號征東將軍。[5]己巳，[6]巴陵王殂于姑熟，追謚爲齊和帝，終禮一依故事。

[1]樂府：泛指掌管音樂的衙署。　暴室：又稱薄室。掖庭主織作染練之署。亦宫中婦人有病及后妃有罪者所居之處。

[2]廩食：指官府供給的口糧。

[3]高麗：古族名和古國名。即高句麗。本書卷七九、《梁書》

卷五四有傳。

［4］百濟：古國名。在今朝鮮半島西南部。本書卷七九、《梁書》卷五四有傳。

［5］倭：古國名。本書卷七九、《梁書》卷五四有傳。　征東將軍：本書卷七九《倭國傳》作“征東大將軍”，中華本據補。是，應補“大”字。

［6］己巳：按，本書卷五《齊和帝紀》及《南齊書》卷八《和帝紀》、《梁書》卷二《武帝紀中》皆稱巴陵王薨於“戊辰”，較此記前一日，疑“己巳”當改作“戊辰”爲是。

庚午，詔分遣内侍，[1]周省四方，觀政聽謡，訪賢舉滯。其有有田野不闢，[2]獄訟無章，忘公徇私，侵漁是務者，悉隨事以聞。若懷寳迷邦，[3]藴奇待價，[4]蓄響藏真，[5]不求聞達，[6]各依名騰奏，[7]罔或遺隱。[8]又詔曰：“金作贖刑，[9]有聞自昔，[10]入縑以免，[11]施於中代。[12]永言叔季，[13]偷薄成風，[14]嬰愆入罪，[15]厥塗匪一。死者不可復生，刑者無因自反，[16]由此而望滋實，[17]庸可致乎。可依周、漢舊典，有罪入贖，外詳爲條格，[18]以時奏聞。”

［1］内侍：指在宫廷内侍奉的官員。

［2］有有：大德本、汲古閣本、殿本作“有”，底本衍一“有”字。

［3］懷寳迷邦：比喻有才而不爲國用。

［4］藴奇待價：比喻正懷才等待賞識者。

［5］蓄響藏真：比喻有才幹却不顯露。

［6］聞達：聲望，顯達。

[7]騰奏：上奏。

[8]罔：無，没有。

[9]金作贖刑：語出《尚書·舜典》。贖刑，用錢物來贖罪刑。

[10]自昔：往昔，從前。

[11]入縑以免：即繳縑以減免罪刑。《後漢書》卷二《明帝紀》："天下亡命殊死以下，聽得贖論：死罪入縑二十匹。"縑，由雙絲合在一起織成的淡黄色細絹。

[12]中代：猶中古。此指漢代。按，《梁書》卷二《武帝紀中》作"中世"，此避唐太宗李世民諱改。

[13]叔季：指衰亂將亡之時，末世。按，"叔季"《梁書·武帝紀中》作"叔世"，此避唐諱改。

[14]偷薄：澆薄，不敦厚，苟且浮薄。

[15]入罪：獲罪；裁定罪名，判決刑罰。

[16]自反：自行回返。反，通"返"。

[17]滋實：意爲培育淳樸的社會風氣。滋，培植。實，樸實。

[18]條格：條例，法規。

辛未，以新除謝沐公蕭寶義爲巴陵王，[1]以奉齊祀。復南蘭陵武進縣，[2]依前代之科。[3]徵新除相國軍諮祭酒謝朏爲侍中、左光禄大夫、開府儀同三司。[4]改南東海爲蘭陵郡，土斷南徐州諸僑郡縣。[5]癸酉，詔"於公車府謗木、肺石傍各置一函。[6]若肉食莫言，[7]山阿欲有横議，[8]投謗木函。若從我江、漢，[9]功在河策，[10]犀兕徒弊，[11]龍蛇方縣；[12]次身才高妙，擯壓莫通，[13]懷傅、吕之術，[14]抱屈、賈之歎，[15]其理有皦然，[16]受困包匭；[17]夫大政侵小，豪門陵賤，百姓已窮，[18]九重莫達，[19]若欲自申，並可投肺石函"。甲戌，詔斷遠近上慶禮。

［1］謝沐：縣名。治所在今湖南江永縣西南。　蕭寶義：字智勇，齊明帝長子。本書卷四四、《南齊書》卷五〇有傳。

［2］復：免除徭役或賦税。　武進縣：縣名。治所在今江蘇丹陽市東。

［3］依前代之科：指依照齊高帝登基後免除鄉梓徭役和賦税的條科，即本書卷四《齊高帝紀》所載建元元年（479）七月“丁巳，詔南蘭陵桑梓本鄉，長蠲租布；武進王業所基，給復十年”。

［4］謝朏：字敬沖，陳郡陽夏（今河南太康縣）人。本書卷二〇有附傳，《梁書》卷一五有傳。　開府儀同三司：官名。爲大臣加號，意謂官非三公而儀制、待遇同於三公，允許開設府署，自辟僚屬。晋、宋一品。梁遜諸公一班。陳一品，秩萬石。

［5］土斷：東晋、南朝廢除僑置郡縣，使僑寓户口編入所在郡縣的重要措施。自西晋末以降，北方戰亂頻仍，中原士民大規模遷居江南，東晋政府則在移民較爲集中之地用原來郡籍僑置郡縣，予以安置，允許僑民“挾注本郡”，另立户籍（即白籍）。晋成帝始行土斷，令“王公已下皆正土斷白籍”。至晋哀帝時，桓温主持土斷，裁併僑置郡縣，“令西北士民僑寓東南者，所在以土著爲斷”，無論僑舊，統一户籍（即黄籍），服役納賦，史稱“庚戌土斷”。後晋安帝義熙中及南朝各代亦曾多次實行土斷。詳萬繩楠《魏晋南北朝史論稿》（安徽教育出版社1983年版）。　南徐州：州名。東晋成帝咸和四年（329）僑置徐州於淮南，南朝宋武帝永初二年（421）改爲南徐州，文帝元嘉八年（431）以江南爲南徐州，割揚州之晋陵郡及南兖州之九郡僑在江南者屬之。治郯縣（即京口），在今江蘇鎮江市。

［6］公車：官署名。長官爲公車令，掌接待吏民上書及被徵召入朝者。　謗木：即誹謗木。相傳堯舜立木柱於交通要道，政有得

失，民得書之於上，稱“謗木”。見《史記》卷一〇《孝文本紀》。肺石：相傳古時設於朝廷門外的赤石。以石形如肺，故名。民有不平，得擊石鳴冤。《周禮·秋官·大司寇》：“以肺石達窮民。”

[7]肉食：指在位官吏。

[8]山阿：指山野之人。　橫議：恣意議論朝政得失。

[9]江、漢：長江、漢江。此處代指江陵、襄陽。

[10]河策：百衲本同，大德本、汲古閣本、殿本及《梁書》卷二《武帝紀中》作“可策”。應從各本及《梁書》改。策，即君主對臣下拜官授爵的賜命之書。

[11]犀兕徒弊：比喻徒有軍功。犀兕，指以犀兕皮製的甲或盾。

[12]龍蛇方縣：春秋時，介子推追隨晋公子重耳流亡在外多年。及重耳即位，賞賜其追隨者，介子推未受封賞。遂有同情者懸書宫門曰：“龍欲上天，五蛇爲輔。龍已升雲，四蛇各入其宇，一蛇獨怨，終不見處所。”詳《史記》卷三九《晋世家》。後因以謂有功而未獲封賞。

[13]擯壓：擯棄壓抑。

[14]傅、吕：即商周名相傅説、吕尚。

[15]屈、賈：戰國後期楚國大夫屈原、漢文帝時梁懷王太傅賈誼。

[16]皦然：清楚明白。

[17]包匭：裹束而置於匣中。語出《尚書·禹貢》：“包匭菁茅。”蔡沈集傳：“既包而匣之，所以示敬也。”此處代稱貢獻之物。

[18]百姓：《梁書·武帝紀中》作“四民”，此避唐諱改。

[19]九重：指宫禁、朝廷。

閏月丁酉，以行宕昌王梁彌邕爲安西將軍、河涼二州刺史，[1]正封宕昌王。壬寅，詔以憲綱日弛，[2]漸以爲俗，令端右以風聞奏事，[3]依元熙舊制。[4]有司奏，追尊皇考爲文皇帝，廟號太祖，皇妣張氏爲獻皇后，陵曰建陵，[5]郗氏爲德皇后，[6]陵曰脩陵。[7]

[1]宕昌：古族名和古國名。西羌的一支。主要分布於今甘肅南部白龍江中上游一帶。本書卷七九、《梁書》卷五四有傳。

[2]憲綱：法度、法紀。

[3]令：《梁書》卷二《武帝紀中》作"今"。　端右：指宰輔重臣。亦特指尚書令、僕。　風聞奏事：根據傳聞進諫或彈劾、檢舉官吏。

[4]元熙舊制：指宋武帝劉裕，就"内臺舊體，不得用風聲舉彈"，令曰："端右肅正風軌，誠副所期，豈拘常儀？自今爲永制。"見《宋書》卷四二《王弘傳》，參周一良《梁書札記·風聞奏事》(第273—275頁)。元熙，東晋恭帝司馬德文年號（419—420）。

[5]建陵：陵墓名。在今江蘇丹陽市東北東城村。

[6]郗氏：指郗徽。

[7]脩陵：陵墓名。在今江蘇丹陽市東皇業寺前。

五月乙亥夜，盜入南、北掖，[1]燒神武門、總章觀，[2]害衛尉卿張弘策。戊子，[3]江州刺史陳伯之舉兵反。以領軍將軍王茂爲征南將軍、江州刺史，率衆討之。

[1]南、北掖：即南掖門、北掖門。掖，宫殿正門兩旁之門。

[2]神武門：即神虎門。本書避唐高祖李淵祖父李虎諱改。建康臺城第二重宫墻西面門。一説即太陽門。　總章觀：在建康臺城内。

［3］戊子：中華本校勘記云："按天監元年五月戊午朔，無戊子。六月丁亥朔，初二日戊子。下有六月庚戌，庚戌爲六月二十四日。是'六月'二字，當移至'戊子'上。"

六月庚戌，封北秦州刺史楊紹先爲武都王。[1]是月陳伯之奔魏，江州平。前益州刺史劉季連據成都反。[2]

［1］楊紹先：略陽清水（今甘肅清水縣）氐人。南北朝時武興國主。見本書卷七九《武興傳》、《北史》卷九六《氐傳》。

［2］劉季連：字惠續，彭城（今江蘇徐州市）人。本書卷一三有附傳，《梁書》卷二〇有傳。　成都：縣名。治所在今四川成都市。兩晋南北朝時爲益州及蜀郡治。

秋七月丁巳朔，日有蝕之。

八月戊戌，置建康三官。[1]癸卯，鸞鳥見樂游苑。[2]乙巳，平北將軍、西涼州刺史象舒彭進號安西將軍，[3]封鄧至王。[4]丁未，命中書監王瑩等八人參定律令。[5]詔尚書郎依昔奏事。[6]交州獻能歌鸚鵡，[7]詔不納。林邑、于陁利國各遣使朝貢。[8]

［1］建康三官：即建康正、建康平、建康監。職掌與廷尉三官略同。《隋書·百官志上》："建康舊置獄丞一人。天監元年，詔依廷尉之官，置正、平、監，革選士流，務使任職。又令三官更直一日，分受罪繫，事無大小、悉與令籌。若有大事，共詳，三人具辨。脱有同異，各立議以聞。"

［2］鸞鳥：傳説中的神鳥。《山海經·西山經》：女牀之山"有鳥焉，其狀如翟而五采文，名曰鸞鳥，見則天下安寧"。　樂游苑：

苑囿名。南朝宋置，在今江蘇南京市玄武湖南岸九華山南。

[3]安西將軍：本書卷七九《鄧至傳》作“安北將軍”。按，據上文，是年閏四月丁酉已以宕昌王梁彌邕爲安西將軍，至此時並無變動，不可能再有安西將軍，故當以“安北將軍”爲是。

[4]鄧至：古族名和古國名。西羌的一支。因居於白水流域，又稱白水羌。主要分布於今四川西北部及甘肅東南部一帶。本書卷七九、《梁書》卷五四有傳。

[5]命：《資治通鑑》卷一四五《梁紀一》武帝天監元年同，《梁書》卷二《武帝紀中》作“詔”。　中書監王瑩：《梁書·武帝紀中》同。《隋書·刑法志》及《資治通鑑》並作“侍中王瑩”。　八人：《梁書·武帝紀中》同。《隋書·刑法志》及《資治通鑑》並作“九人”。據《隋書·刑法志》，是爲“尚書令王亮、侍中王瑩、尚書僕射沈約、吏部尚書范雲、長兼侍中柳惲、給事黃門侍郎傅昭、通直散騎常侍孔藹、御史中丞樂藹、太常丞許懋等”九人。其中領銜者王亮，於次年正月以“大不敬”罪被“削爵，廢爲庶人”，實際未預其事。參本書卷二三《王亮傳》

[6]詔尚書郎依昔奏事：事詳《隋書·百官志上》。按，“郎”《梁書·武帝紀中》、《隋書·百官志上》並作“曹郎”。

[7]交州：州名。治龍編縣，在今越南北寧省仙游縣東。

[8]林邑：古國名。本漢代象林縣，其地在今越南中南部。見本書卷七八、《梁書》卷五四有傳。　于阤利：汲古閣本同，大德本、殿本作“干阤利”。按，作“干阤利”是。干阤利古國名。亦作斤阤利、干陀利等。其地在今印度尼西亞蘇門答臘島。一説在馬來半島。本書卷七八、《梁書》卷五四有傳。

冬十一月己未，立小廟。[1]甲子，立皇子統爲皇太子，[2]賜天下爲父後者爵一級。

［1］小廟：庶出帝王的生母之廟。《隋書·禮儀志二》："又有小廟，太祖（梁武帝父蕭順之）太夫人廟也。非嫡，故别立廟。"

［2］統：蕭統。字德施，小字維摩，梁武帝長子。本書卷五三、《梁書》卷八有傳。

十二月，大雪，深三尺。

是歲大旱，米斗五千，人多餓死。

二年春正月乙卯，以尚書僕射沈約爲左僕射，吏部尚書范雲爲右僕射。辛酉，祀南郊，降死罪以下囚。庚辰，以仇池公楊靈珍爲北梁州刺史，[1]封仇池王。

［1］仇池：山名。以山上有仇池得名。在今甘肅西和縣西南洛峪鎮。又，古國名。西晋至南北朝時略陽清水氐楊氏所建政權。本書卷七九、《宋書》卷九八、《魏書》卷一〇一等南北朝諸史有傳。楊靈珍：略陽清水（今甘肅清水縣）氐人。始爲北魏南梁州刺史，齊明帝建武四年（497）舉城歸附齊，齊授以征虜將軍、北梁州刺史，封仇池公、武都王。後爲北魏所殺。見《南齊書》卷五九《氐傳》。按，楊靈珍爲北梁州刺史、封仇池王，中華本校勘記引張森楷《梁書校勘記》："諸夷傳謂《夷貊·西戎武興傳》以此爲楊紹先事。據《南齊書·氐傳》言靈珍爲魏所殺；《夏侯道遷傳》亦言殺楊靈珍事，疑當以傳爲是，紀文失之。"

夏四月癸卯，尚書删定郎蔡法度上《梁律》二十卷，《令》三十卷，《科》四十卷。[1]

［1］尚書删定郎：官名。南朝尚書省删定曹長官。宋文帝元嘉十八年（441）置。職掌修撰條制、刊定律令。宋六品。梁五班。

陳四品，秩六百石。　蔡法度：濟陽（今河南蘭考縣）人。家傳律學，少好律書，明曉法令。梁武帝命與王瑩、沈約、范雲等損益舊本，以爲《梁律》。及新律成，帝以法度守廷尉卿。後歷官義興太守。見沈約《授蔡法度廷尉制》及《隋書·刑法志》《經籍志二》。《梁律》二十卷：篇名依次爲：刑名，法例，盜劫，賊叛，詐僞，受賕，告劾，討捕，繫訊，斷獄，雜律，户律，擅興，毁亡，衛宫，水火，倉庫，厩律，關市，違制。“大凡定罪二千五百二十九條”。見《隋書·刑法志》及《唐六典·尚書刑部》注。《令》三十卷：依次爲：户，學，貢士贈官，官品，吏員，服制，祠，户調，公田公用儀迎，醫藥疾病，復除，關市，劫賊水火，捕亡，獄官，鞭杖，喪葬，雜上，雜中，雜下，宫衛，門下散騎中書，尚書，三臺秘書，王公侯，選吏，選將，選雜士，軍吏，軍賞。見《唐六典·尚書刑部》注。　《科》四十卷：《梁書》卷二《武帝紀中》同，《隋書·刑法志》作“《科》三十卷”。《唐六典·尚書刑部》注:“晋賈充等撰律、令，兼删定當時制、詔之條，爲《故事》三十卷，與《律》《令》並行。梁易《故事》爲《梁科》三十卷，蔡法度所删定。陳依梁。”

五月，尚書右僕射范雲卒。乙巳，[1]益州刺史鄧元起剋成都，曲赦益州。[2]

[1]乙巳：大德本、汲古閣本同，殿本、《梁書》卷二《武帝紀中》作“乙丑”。按，是年五月壬子朔，無乙巳日，當作“乙丑”。

[2]曲赦：猶特赦。

六月丁亥，以新除左光禄大夫謝朏爲司徒、尚書令。甲午，以中書監王瑩爲尚書右僕射。是夏，多癘疫。

秋七月，扶南、龜兹、中天竺國各遣使朝貢。[1]

［1］扶南：古國名。在今柬埔寨及越南南部、老撾南部和泰國東南部一帶。本書卷七八、《梁書》卷五四有傳。　龜兹：古國名。漢代西域三十六國之一。在今新疆阿克蘇地區。本書卷七九、《梁書》卷五四有傳。　中天竺：古國名。在今印度恒河流域。本書卷七八、《梁書》卷五四有傳。

冬十月，皇子綱生，[1]降都下死罪以下囚。

［1］綱：蕭綱。即簡文帝。字世纘，小字六通，梁武帝第三子，昭明太子母弟。本書卷八、《梁書》卷四有紀。

十一月乙卯，雷電，大雨，晦。

三年春正月癸丑，以尚書右僕射王瑩爲左僕射，太子詹事柳惔爲右僕射。[1]

［1］柳惔：字文通，河東解（今山西臨猗縣）人。本書卷三八有附傳，《梁書》卷一二有傳。

二月，魏剋梁州。[1]

［1］魏剋梁州：《資治通鑑》繫此事於次年正月。詳《資治通鑑》卷一四六《梁紀二》武帝天監四年胡三省注。梁州，州名。治南鄭縣，在今陝西漢中市東。

三月，隕霜殺草。

夏五月丁巳，以扶南王憍陳如闍耶跋摩爲安南將軍。

六月景子，詔分遣使巡察州部，視人冤酷。癸未，大赦。

秋七月甲子，立皇子綜爲豫章王。[1]

[1]綜：蕭綜。字世謙，梁武帝第二子。本書卷五三、《梁書》卷五五有傳。《魏書》卷五九有附傳，作“蕭贊”。

八月，魏剋司州。[1]

[1]魏剋司州：《梁書》卷二《武帝紀中》於此後記有“詔以南義陽置司州”。

九月壬子，以河南王世子伏連籌爲鎮西將軍、西秦河二州刺史，[1]封河南王。北天竺國遣使朝貢。[2]

[1]河南：古國名。即兩晋南北朝、隋唐時期鮮卑族所建吐谷渾國。因其地在今青海黄河以南而得名。本書卷七九、《梁書》卷五四及南北朝、隋唐諸史有傳。　伏連籌：南北朝時期吐谷渾國主。北魏孝文帝時立。受魏封爵，國勢日盛，宕昌等國爲其附國。事見《魏書》卷一〇一《吐谷渾傳》

[2]北天竺國：古國名。在今印度北部。《文獻通考》卷三三八《四裔考一五・天竺》：“北天竺距雪山，四周有山爲壁，南面一谷，通爲國門。”

冬十一月甲子，詔除贖罪科。

是歲，魏正始元年。[1]

[1]正始：北魏宣武帝元恪年號（504—508）。

四年春正月癸卯，詔“自今九流常選，[1]年未三十，不通一經，不得解褐；[2]若有才同甘、顏，[3]勿限年次”。置《五經》博士各一人。[4]有司奏：吴令唐傭鑄盤龍火鑪、翔鳳硯蓋。[5]詔禁錮終身。景午，省《鳳凰銜書伎》。[6]戊申，詔“往代多命宫人帷宫觀禋郊之禮，[7]非所以仰虔蒼昊，[8]自今停上”。[9]辛亥，祀南郊，大赦。

[1]九流：指由中正評定士人的九種品第。　常選：定期選舉官吏的制度。

[2]解褐：即脱去布衣，步入仕途。

[3]甘、顏：戰國秦之甘羅、春秋魯之顏回。並少年英才。事分見《史記》卷七一《樗里子甘茂列傳》、卷六七《仲尼弟子列傳》。

[4]《五經》博士：官名。專司經學教授。位在國子博士下，太學博士上。梁六班。陳六品，秩六百石。《五經》，儒家經典《詩》《書》《易》《禮》《春秋》的合稱。

[5]吴：縣名。治所在今江蘇蘇州市。

[6]《鳳凰銜書伎》：散樂名。簡稱《鳳書伎》。南朝宋、齊元會演奏歌曲。歌辭載於《南齊書·樂志》。參《隋書·音樂志上》。

[7]帷宫：以帷幕布置成的行宫。　禋郊：郊祀天神。

[8]蒼昊：蒼天。

[9]停上：大德本、汲古閣本、殿本作“停止”。底本誤，

"上""止"形近而譌。應據諸本改。

二月，初置胄子律博士。[1]壬午，遣衛尉卿楊公則率宿衛兵塞洛口。[2]壬辰，交州刺史李凱據州反，長史李畟討平之，曲赦交州。是月立建興苑於秣陵建興里。[3]

[1]胄子律博士：官名。南朝梁置，隸廷尉卿，位視員外郎，三班。陳沿置，八品，秩六百石。參《隋書·百官志上》。

[2]楊公則：字君翼，天水西縣（今甘肅天水市）人。本書卷五五、《梁書》卷一〇有傳。　洛口：地名。即今安徽淮南市東北青洛河與高塘湖北入淮河之口。

[3]建興苑：苑囿名。在今江蘇南京市西南秦淮河南岸。

夏四月丁巳，以行宕昌王梁彌博爲安西將軍、河涼二州刺史，[1]正封宕昌王。

[1]涼：大德本、殿本同，汲古閣本作"梁"。《梁書》卷二《武帝紀中》亦作"涼"。

六月庚戌，立孔子廟。

冬十月，使中軍將軍、楊州刺史臨川王宏都督北討諸軍事侵魏。以興師費用，王公以下各上國租及田穀以助軍資。[1]

[1]國租：指封地的田賦。

是歲大穰，[1]米斛三十。

[1]大穰：大豐收。

五年春正月丁卯朔，詔“凡諸郡國舊族邦内無在朝位者，選官搜括，使郡有一人”。乙亥，起前司徒謝朏爲中書監、司徒。甲申，立皇子綱爲晋安王。

三月景寅朔，日有蝕之。

夏四月甲寅，初立詔獄。[1]詔建康縣置三官，與廷尉三官分掌獄事，[2]號建康爲南獄，廷尉爲北獄。

[1]詔獄：指關押欽犯的牢獄，亦指奉旨辦理案件。此處當爲後者。

[2]廷尉三官：即廷尉正、廷尉監、廷尉平的合稱。三官聯署公牘，相互制約。宋、齊爲廷尉屬官，皆六品。梁、陳爲廷尉卿屬官。梁六班。陳七品，秩六百石。

五月，置集雅館以招遠學。[1]

[1]集雅館：在今江蘇南京市，具體地點不詳。或謂爲“建康以處外國使人”的六館之一，主要接待“百濟使”。參清宫夢仁《讀書紀數略·地部·宫室類》“金陵六館”條。

秋七月乙丑，鄧至國遣使朝貢。

八月辛酉，作東宫。[1]

[1]作東宫：修築於臺城東宋、齊東宫故址，“盛加結構”。詳見《建康實録》卷二〇注引《輿地志》。

九月，臨川王宏軍至洛口，大潰，所亡萬計，宏單騎而歸。

冬十一月甲子，都下地震，生白毛。乙丑，以師出淹時，大赦。魏人乘勝攻鍾離。[1]

[1]鍾離：郡名。治燕縣，在今安徽鳳陽縣臨淮關鎮。

十二月癸卯，司徒謝朏薨。

六年春三月庚申，隕霜殺草。是月，有三象入建鄴。

夏四月壬辰，置左右驍騎、左右游擊將軍官。[1]癸巳，曹景宗、韋叡等破魏師於邵陽洲，[2]斬獲萬計。己酉，以江州刺史王茂爲尚書右僕射。丁巳，以揚州刺史臨川王宏爲驃騎大將軍、開府儀同三司，以右光禄大夫沈約爲尚書左僕射。

[1]左右驍騎、左右游擊將軍：並官名。多由侍中、散騎常侍等文職清官兼領，位視太子左、右衛率。左、右驍騎掌管宿衛事務，領朱衣直閣，並給儀從；左、右游擊充當侍衛之任，有時亦率軍出征。梁十一班。陳沿置，四品，秩二千石。

[2]邵陽洲：地名。在今安徽鳳陽縣東北淮河中。

五月己巳，置中衛、中權將軍，[1]改驍騎爲雲騎，游擊爲游騎。[2]

[1]中衛、中權將軍：並官名。與中軍、中撫將軍合稱四中將軍，地位顯要。專授予在京師任職的官員，作爲優禮大臣的虚號。梁武帝天監七年（508）定爲武職第二十三班，與四征將軍同班。大通三年（529）改制後，爲武職第三十三班。陳沿置，擬二品，比秩中二千石。

[2]雲騎、游騎：並官名。即雲騎將軍、游騎將軍。低左右驍騎、左右游擊將軍一階。梁武帝天監七年定爲十班。陳沿置，四品，秩千石。

秋八月戊子，赦。戊戌，都下大水。

九月乙亥，改閲武堂爲德陽堂，聽訟堂爲儀賢堂。

冬閏十月乙丑，以開府臨川王宏爲司徒，以行太子太傅；尚書左僕射沈約爲尚書令，以行太子少傅；吏部尚書袁昂爲兼尚書右僕射。[1]甲申，以左光禄大夫夏侯詳爲左僕射。[2]

[1]袁昂：字千里，陳郡陽夏（今河南太康縣）人。本書卷二六有附傳，《梁書》卷三一有傳。

[2]夏侯詳：字叔業，譙郡譙（今安徽亳州市）人。本書卷五五、《梁書》卷一〇有傳。

十二月景辰，左僕射夏侯詳卒。

七年春正月戊子，以元樹爲恒、朔二州都督，[1]封魏郡王。戊戌，詔作神龍、仁獸闕於端門、大司馬門外。[2]

[1]元樹：字秀和，一字君立，北魏獻文帝之孫。仕魏位宗正卿，至此降梁。武帝中大通四年（532）都督諸軍伐魏，攻拔譙城。會魏援軍至，城陷被執。卒於魏。《梁書》卷三九有傳，《魏書》卷二一、《北史》卷一九有附傳。

[2]神龍、仁獸闕：並建康宫城南闕名。《文選》陸佐公《石闕銘》李善注引劉璠《梁典》："天監七年正月戊戌，詔曰：'昔晋氏青蓋南移，日不暇給。而兩觀莫築，懸法無所。今禮盛化光，役務簡便，可營建象闕，以表舊章。'于是選匠量功，鐫石爲闕。窮極壯麗，冠絶古今；奇禽異羽，莫不畢備。"按，仁獸，《梁書》卷二《武帝紀中》作"仁虎"，此避唐高祖李淵祖父李虎諱改。　端門：城門名。臺城正南門之中門。　大司馬門：城門名。建康宫城南門。與萬春門、東華門、西華門、太陽門、承明門並稱臺城六門。參《資治通鑑》卷一六四《梁紀二十》簡文帝承聖元年胡三省注。

二月乙卯，新作國門于越城南。乙丑，增置鎮衛將軍以下爲十品，[1]以法日數；[2]凡二十四班，[3]以法氣序；[4]不登十品，别有八班，以象八風；[5]又置施外國將軍二十四班，合一百九號。庚午，詔於州郡縣置州望、郡宗、鄉豪各一人，[6]專掌搜薦。乙亥，以車騎大將軍高麗王高雲爲撫東大將軍、開府儀同三司。[7]

[1]鎮衛將軍：官名。十六國後趙石虎建武中置，位在車騎將軍之上。梁於本年復置，定爲武職二十四班之首，在驃騎、車騎將軍之上。陳沿置，擬一品，比秩中二千石。

[2]以法日數：《隋書·百官志上》云："其制品十，取其盈數。"

[3]二十四班：以班多爲貴。

[4]氣序：節氣。

[5]八風：八方之風。

[6]州望、郡宗、鄉豪：並官名。掌搜求州、郡、縣内人才舉薦於上。

[7]撫東大將軍：官名。即施於外國之撫東將軍名號加“大”者。按，撫東將軍，四撫將軍（東南西北）之一。二十三班。將軍名號加“大”者，進一階。

夏四月乙卯，以皇太子納妃故，赦大辟以下，[1]頒賜朝臣及近侍各有差。

[1]大辟：死刑。《尚書·吕刑》:“大辟疑赦，其罰千鍰。”孔穎達疏:“《釋詁》云：辟，罪也。死是罪之大者，故謂死刑爲大辟。”

五月，都下大水。戊子，詔蘭陵縣脩、建二陵周回五里内居人賜復終身。[1]己亥，詔復置宗正、大僕、大匠、鴻臚，[2]又增太府、太舟，[3]仍先爲十二卿，[4]及置朱衣直閤將軍官。[5]

[1]脩、建二陵：大德本、汲古閣本同，殿本、中華本作“建、脩二陵”。　居人:《梁書》卷二《武帝紀中》作“居民”，兹避唐太宗李世民諱改。按,《梁書·武帝紀中》“復建、修二陵周回五里内居民”之事繫於“六月辛酉”下，且無“詔蘭陵縣”“賜”“終身”等字。

[2]宗正：官名。即宗正卿。掌皇室、外戚之籍，以宗室充任。梁十三班。陳三品，秩中二千石。　大僕：官名。即太僕卿。掌畜

牧事務，轄南馬牧、左右牧、龍厩、内外厩等。梁十班。陳三品，秩中二千石。大德本、汲古閣本、殿本作“太僕”。應據諸本作“太僕”。　大匠：官名。即大匠卿。掌宫室、宗廟、陵園等土木工程事務。梁十班。陳三品，秩中二千石。　鴻臚：官名。即鴻臚卿。掌導護贊拜禮儀。梁九班。陳三品，秩中二千石。

[3]太府：官名。即太府卿。掌金帛府帑等，轄左右藏、上庫、太倉、南北市諸令丞及各地關津。梁十三班。陳三品，秩中二千石。　太舟：官名。即太舟卿。梁改都水使者置，掌舟船航運、修堤開渠等，位九班，居十二卿之末。陳沿置，與其餘列卿皆位三品，秩中二千石。大德本、殿本同，汲古閣本作“大舟”。應改作“大舟”。

[4]十二卿：十二官名合稱。梁置。梁武帝於本年“以署爲寺，以官爲卿”，分春、夏、秋、冬各三卿，合爲十二卿。即以太常、宗正、司農爲春卿，以太府、少府、太僕爲夏卿，以衛尉、廷尉、大匠爲秋卿，以光禄、鴻臚、大舟爲冬卿。“凡十二卿，皆置丞及功曹、主簿”。見《隋書·百官志上》。

[5]朱衣直閤將軍：官名。梁始置，定爲第十班。屬中領軍（領軍將軍），分司禁衛，隨侍皇帝左右。陳沿置，掌宿衛，四品，秩千石。

六月辛酉，改陵監爲令。[1]

[1]改陵監爲令：《隋書·百官志上》：“詔以爲陵監之名，不出前誥，且宗廟憲章，既備典禮，園寢職司，理不容異，諸正陵先立監者改爲令。於是陵置令矣。”陵令，帝陵長官，掌守陵園，案行掃除。梁二班。陳五品，秩六百石。

秋八月丁巳，皇子繹生，[1]赦大辟以下未結正者。[2]

[1]繹：蕭繹。即梁元帝。字世誠，梁武帝第七子。本書卷八、《梁書》卷五有紀。

[2]結正：結案判決。

九月壬辰，置童子奉車郎。[1]癸巳，立皇子績爲南康王。[2]

[1]童子奉車郎：侍從官名。授未成年者。《梁書》卷二七《陸倕傳》：陸“纘，早慧，十歲通經，爲童子奉車郎”。

[2]績：蕭績。字世謹，小字四果，梁武帝第四子。本書卷五三、《梁書》卷二九有傳。

冬十月景寅，以吴興太守張稷爲尚書左僕射。[1]景子，詔大舉北侵。丁丑，魏縣瓠鎮主白皁生、豫州刺史胡遜以城内屬。[2]

[1]張稷：字公喬，吴郡吴（今江蘇蘇州市）人。本書卷三一有附傳，《梁書》卷一六有傳。

[2]縣瓠：城名。亦作懸瓠，在今河南汝南縣。東晋、南北朝時爲南北軍事要地。縣，古同“懸”。　白皁生：北魏懸瓠城人。及降梁，以爲鎮北將軍、司州刺史。同年十二月，魏軍攻克懸瓠，被斬。參《梁書》卷二《武帝紀中》、《魏書》卷八《世宗紀》。按，本書卷二六《馬仙琕傳》及《魏書》等並作“白早生”。　豫州：州名。北魏改司州置。治懸瓠城，在今河南汝南縣。　胡遜：北魏懸瓠城人。及降梁，以爲平北將軍、豫州刺史。其後史傳無記載。

是歲，魏永平元年。[1]

[1]永平：北魏宣武帝元恪年號（508—512）。

八年春正月辛巳，祀南郊，大赦。壬辰，魏鎮東參軍成景儁以宿豫城内屬。[1]

[1]成景儁：字超，范陽（今河北涿州市）人。本書卷七四有傳。　宿豫：城名。亦作宿預。在今江蘇宿遷市東南。城臨泗水，南近淮水，南北朝時爲重鎮。北魏孝文帝太和中，爲南徐州治所。及屬梁，改爲東徐州治所。

夏四月戊申，以司徒臨川王宏爲司空、揚州刺史，以車騎將軍、領太子詹事王茂即本號開府儀同三司。

秋七月癸巳，巴陵王蕭寶義薨。

冬十一月壬寅，立皇子續爲廬陵王。[1]

[1]續：蕭續。字世訢，梁武帝第五子。本書卷五三、《梁書》卷二九有傳。

九年春正月乙亥，以左光禄大夫王瑩爲尚書令。[1]庚寅，新作緣淮塘。[2]

[1]左光禄大夫：《梁書》卷二《武帝紀中》作“右光禄大夫”，中華本校勘記云：“按下天監十五年，王瑩始進爲左光禄，據《梁書》改。”應從改。

[2]緣淮塘：在今江蘇南京市秦淮河兩岸。淮，指秦淮河。

《梁書・武帝紀中》:“新作緣淮塘，北岸起石頭迄東冶，南岸起後渚籬門迄三橋。”

三月己丑，幸國子學，[1]親臨講肆，[2]賜祭酒以下各有差。[3]乙未，詔皇太子及王侯之子，年在從師者，皆入學。

[1]國子學：官學名。西晋初置，東晋、南朝沿置。梁隸太常卿，兼領太學。以儒學經典教授生徒，爲貴族子弟肄業之所。

[2]講肆：大德本、汲古閣本、殿本作“講肄”。肆，通“肄”。

[3]祭酒：官名。即國子祭酒。國子學長官。梁隸太常卿，總領國子學、太學，十三班。陳沿置，三品，秩中二千石。

夏四月丁巳，選尚書五都令史，[1]革用士流。[2]

[1]尚書五都令史：官名。尚書省屬官殿中、吏部、金部、左民、中兵五都令史的合稱。佐尚書左、右丞總知尚書臺内部事務，監督諸曹尚書、尚書郎。晋、宋八品。梁二班。

[2]革用士流：《隋書・百官志上》:“又有五都令史，與左、右丞共知所司。舊用人常輕，九年詔曰:‘尚書五都，職參政要，非但總領衆局，亦乃方軌二丞。頃雖求才，未臻妙簡，可革用士流，每盡時彦，庶同持領，秉此群目。’於是以都令史視奉朝請。”士流，指出身士族之人。

六月癸丑，盜殺宣城太守朱僧勇。[1]

[1]盗殺宣城太守：盗指宣城郡吏吴承伯。事見本書卷二九《蔡撙傳》。

閏六月己丑，宣城盗轉寇吴興，太守蔡撙討平之。[1]

[1]蔡撙：字景節，濟陽考城（今河南民權縣）人。本書卷二九有附傳，《梁書》卷二一有傳。

冬十二月癸未，幸國子學，策試胄子，賜訓授之司各有差。

是歲，于闐、林邑國並遣使朝貢。[1]

[1]于闐：古國名。漢代西域三十六國之一。在今新疆和田地區。本書卷七九、《梁書》卷五四有傳。

十年春正月辛丑，祀南郊，大赦。戊子，荆州言騶虞見。[1]

[1]騶虞：傳説中的義獸名。《詩·召南·騶虞》“于嗟乎騶虞”句毛傳云：“騶虞，義獸也。白虎，黑文，不食生物，有至信之德則應之。”

三月，盗殺東莞、琅邪二郡太守劉晰，[1]以朐山引魏徐州刺史盧昶。[2]

[1]盗：指梁琅邪郡民王萬壽等。事見《魏書》卷四七《盧昶傳》。　東莞、琅邪：雙頭郡名。南朝齊僑置。合治朐山城，在今江蘇連雲港市海州區。　二郡太守：官名。即雙頭郡太守。東晉、南北朝時期地方行政區劃的特殊現象之一。指兩郡合治一地，且爲同一太守。　劉晰：大德本同，汲古閣本、殿本作"劉晣"。

[2]徐州：州名。治彭城縣，在今江蘇徐州市。　盧昶：字叔達，范陽涿（今河北涿州市）人。《魏書》卷四七、《北史》卷三〇有附傳。

夏六月，以國子祭酒張充爲尚書右僕射。[1]

[1]張充：字延符，吴郡吴（今江蘇蘇州市）人。本書卷三一有附傳，《梁書》卷二一有傳。　尚書右僕射：《梁書》卷二《武帝紀中》作"尚書僕左射"，本書及《梁書》本傳並作"尚書僕射"。

冬十二月，山車見臨城縣。[1]振遠將軍馬仙琕大破魏軍，[2]斬馘十餘萬，[3]復朐山城。

[1]山車：古人附會的一種祥瑞之物。傳説帝王有德，天下太平，則山車出現。《太平御覽》卷七七三引《孝經援神契》："虞舜德盛於山陵，故山車出。山車，自然之物也，山藏之精，與象車相似。舜德盛，山車有垂綏。"　臨城縣：縣名。治所在今安徽青陽縣南。

[2]馬仙琕：字靈馥，扶風郿（今陝西眉縣）人。本書卷二六有附傳，《梁書》卷一七有傳。

[3]斬馘：斬敵首割下左耳計功。此處指戰場殺敵。　十餘萬：《資治通鑑》卷一四七《梁紀三》武帝天監十年胡三省注云："蓋梁

史爲誇大耳。”

是歲，初作宫城門三重樓及開二道。宕昌國遣使朝貢，婆利國貢金席。[1]

[1]婆利國：古國名。一作婆黎。在今印度尼西亞巴厘島，或以爲在今加里曼丹島。本書卷七八、《梁書》卷五四有傳。

十一年春正月壬辰，詔“自今捕讁之家，[1]及罪應質作，[2]若年有老小，可停將送”。加鎮南將軍、江州刺史建安王偉開府儀同三司，司空、揚州刺史臨川王宏進位太尉，以驃騎將軍王茂爲司空。

[1]捕讁：大德本、汲古閣本同，殿本作“捕謫”。《梁書》卷二《武帝紀中》作“逋讁”。張元濟《南史校勘記》：“殿誤，見《梁書·紀二》。”

[2]質作：以其人作抵押並役使之。

二月戊辰，新昌、濟陽二郡野蠶成繭。[1]

[1]新昌：郡名。南朝宋後廢帝元徽元年（473）置。治頓丘縣，在今安徽滁州市。　濟陽：郡名。東晋明帝時僑置於毗陵郡武進縣，在今江蘇常州市武進區西北。

三月丁巳，爲旱故，曲赦揚、徐二州。庚申，高麗國遣使朝貢。

夏四月，百濟、扶南、林邑等國各遣使朝貢。

秋九月，宕昌國遣使朝貢。

冬十月乙未，[1]以吴郡太守袁昂爲兼尚書右僕射。己酉，降太尉、揚州刺史臨川王宏爲驃騎將軍、開府同三司之儀。癸丑，齊宣德太妃王氏薨。

[1]十月乙未：中華本改“十月”爲“十一月”，其校勘記云：“‘十一月’各本作‘十月’。按十月戊午朔，無乙未，據《梁書》改。”應從改。

是歲，魏延昌元年。[1]

[1]延昌：北魏宣武帝元恪年號（512—515）。

十二年春正月辛卯，祀南郊，赦大辟罪以下。

辛酉，[1]兼尚書右僕射袁昂即正。景寅，詔“明下遠近，若委骸不葬，或蒢衣莫改，[2]量給棺具收斂”。辛巳，新作太極殿，[3]改爲十三間，以從閏數。

[1]辛酉：中華本作“二月辛酉”，其校勘記云：“‘二月’二字各本並脱。按是年正月丙戌朔，無‘辛酉’，二月丙辰朔，有辛酉及下之‘丙寅’‘辛巳’諸日辰，據《梁書》補。”應從補。

[2]蒢（chú）衣：裹尸的粗席。蒢，用葦或竹編的粗席。

[3]太極殿：《景定建康志》卷二一引舊志：“太極殿，建康宫内正殿也。晋初造，以十二間象十二月。至梁武帝改製十三間，象閏焉。高八丈，長二十七丈，廣十丈，内外並以錦石爲砌。次東有太極東堂七間，次西有太極西堂七間，亦以錦石爲砌。更有東、西

二上閣，在堂殿之間，方庭濶六十畝。”按《梁書》卷二《武帝紀中》，是年六月“庚子，太極殿成”。

閏月乙丑，[1]特進、中軍將軍沈約卒。

[1]閏月：大德本、汲古閣本、殿本作“閏三月”。《梁書》卷二《武帝紀中》亦作“閏月”。

夏四月，都下大水。

六月癸巳，新作太廟，[1]增基九尺。

[1]太廟：帝王的祖廟。

秋九月，加揚州刺史臨川王宏位司空，以司空王茂爲驃騎將軍、開府同三司之儀，位江州刺史。[1]

[1]位江州刺史：各本同，《梁書》卷二《武帝紀中》無“位”字。疑“位”字衍。

冬十月丁亥，詔曰：“明堂地居卑濕，[1]可量就埤起，[2]以盡誠敬。”

[1]明堂：帝王宣明政教的地方。凡朝會、祭祀、慶賞、選士、養老、教學等大典，都在此舉行。　地居：《梁書》卷二《武帝紀中》作“地勢”。

[2]埤：增益。

十三年春二月庚辰朔，震于西南，天如裂。丁亥，耕藉田，[1]大赦，賜孝悌力田爵一級。[2]

[1]耕藉田：古代天子、諸侯於每年春耕前舉行的躬耕藉田之儀式，以示對農業的重視。《隋書·禮儀志二》："古典有天子東耕儀。江左未暇，至宋始有其典。梁初藉田，依宋、齊，以正月用事，不齋不祭。天監十二年，武帝以爲：'啓蟄而耕，則在二月節内。《書》云："以殷仲春。"藉田理在建卯。'於是改用二月。"藉田，又作"籍田"，即天子、諸侯徵用民力耕種的田。

[2]孝悌力田：漢代選拔官吏的科目之一。始於西漢惠帝時，名義上是獎勵有孝父母、敬兄長德行之人和能努力耕作者。至文帝時，詔以孝悌、力田與"三老"同爲郡縣中掌教化的鄉官。參《漢書》卷二《惠帝紀》、卷三《高后紀》、卷四《文帝紀》及顔師古注。

夏六月，都下訛言有棖棖，[1]取人肝肺及血，以飴天狗。百姓大懼，二旬而止。

[1]棖（chéng）棖（chéng）：傳説中的惡鬼。謂其身衣狗皮、鐵爪，每於暗中取人心肝，以祭天狗。見《新唐書·五行志二》。

秋七月乙亥，立皇子綸爲邵陵王、繹爲東湘王、紀爲武陵王。[1]

[1]綸：蕭綸。字世調，小字六真，梁武帝第六子。本書卷五三、《梁書》卷二九有傳。　東湘王：大德本、汲古閣本、北監本、

百衲本同，殿本作“湘東王”。張元濟《南史校勘記》:“衲誤，見《梁書·紀二》《紀五》。”應據殿本改。湘東，郡名。治臨烝縣，在今湖南衡陽市。　紀：蕭紀。字世詢，梁武帝第八子。本書卷五三、《梁書》卷五五有傳。

是歲，林邑、扶南、于闐國各遣使朝貢。作浮山堰。[1]

[1]浮山堰：又名淮堰。在今安徽五河縣東淮河上，南岸起浮山，北岸抵巉石山。本年冬，發軍民二十萬人，從兩岸起築。至十五年夏竣工。堰長九里，下闊一百四十丈，上廣四十五丈，高二十丈。同年冬，淮水暴漲，堰被沖決。參本書卷五五《康絢傳》。

十四年春正月乙巳朔，皇太子冠，[1]大赦，賜爲父後者爵一級，王公以下班賚各有差。停遠近上慶禮。辛亥，祀南郊，詔班下遠近，博採英異。[2]又前以墨刑用代重辟者，[3]除其條。景寅，[4]汝陰王劉胤薨。丁巳，魏宣武皇帝崩。

[1]冠（guàn）：即冠禮。古代表示男子成人而舉行的加冠儀式。一般在二十歲，天子、諸侯可提前至十二歲。《禮記·曲禮上》:“男子二十冠而字。”鄭玄注:“成人矣，敬其名。”

[2]博採英異：《梁書》卷二《武帝紀中》載其詔曰:“可班下遠近，博採英異。若有確然鄉黨，獨行州閭，肥遁丘園，不求聞達，藏器待時，未加收採；或賢良、方正，孝悌、力田，並即騰奏，具以名上。當擢彼周行，試以邦邑，庶百司咸事，兆民無隱。”

[3]墨刑：古代五刑之一。即刺字於被刑者的面額上，染以黑

色，作爲處罰的標志。按，《梁書·武帝紀中》作“劓墨”。劓，割掉罪犯鼻子的刑罰。在五刑中，重於“墨”而輕於“剕”（刖）。　重辟：死刑。

[4]景寅：大德本、汲古閣本、北監本、百衲本並作“丙寅”，殿本作“丙辰”。《梁書·武帝紀中》亦作“丙寅”。按，是月乙巳朔，上文有辛亥，下文有丁巳，則其間不得有丙寅。丙辰爲丁巳前一日，是。應據殿本改。參張元濟《南史校勘記》。

夏四月丁丑，驃騎將軍、開府同三司之儀、江州刺史王茂薨。

冬十月，浮山堰壞。

是歲，蠕蠕、狼牙脩國各遣使來朝貢。[1]

[1]蠕蠕：古族名。即柔然。或稱芮芮、茹茹。本書卷七九、《梁書》卷五四、《魏書》卷一〇三等有傳。　狼牙脩國：古國名。約在今泰國南部馬來半島北大年一帶。本書卷七八、《梁書》卷五四有傳。

十五年春三月戊辰朔，日有蝕之，既。

夏四月，高麗國遣使朝貢。

六月庚子，以尚書令王瑩爲左光禄大夫、開府儀同三司，尚書右僕射袁昂爲左僕射，吏部尚書王暕爲右僕射。[1]

[1]王暕：字思晦，琅邪臨沂（今山東臨沂市）人。本書卷二二有附傳，《梁書》卷二一有傳。

秋八月，蠕蠕、河南國各遣使朝貢。

九月辛巳，左光禄大夫、開府儀同三司王瑩薨。壬辰，大赦。

冬十一月，交州刺史李畟斬反者阮宗孝，傳首建鄴。曲赦交州。

是歲，魏孝明皇帝熙平元年。[1]

[1]熙平：北魏孝明帝元詡年號（516—518）。

十六年春正月辛未，祀南郊。詔尤貧家勿收今年三調，[1]無田業者，所在量宜賦給；及優蠲産子之家，恤理冤獄，并振孤老鰥寡不能自存者。[2]

[1]三調：南朝三種主要賦役的合稱。即調粟，徵收糧食；調帛，徵交絹帛；雜調，攤派勞役。

[2]振：大德本、汲古閣本、殿本作“賑”。二字通。

二月辛亥，耕藉田。甲寅，赦罪人。

三月景子，敕太醫不得以生類爲藥；[1]公家織官紋錦飾，並斷仙人鳥獸之形，以爲褻衣，裁翦有乖仁恕。於是祈告天地宗廟，以去殺之理，欲被之含識。[2]郊廟牲牷，[3]皆代以麪，其山川諸祀則否。時以宗廟去牲，則爲不復血食，[4]雖公卿異議，朝野喧囂，竟不從。

[1]生類：指有生命之物。

[2]含識：佛教用語。謂有意識、有感情的生物，即衆生。

[3]牲牷：祭祀用的純色全牲。牲謂牛、羊、豕，牷即純色。

[4]血食：謂受享祭品。古代殺牲取血以祭，故稱。

冬十月，宗廟薦羞，[1]始用蔬果。

[1]薦羞：進獻美味食品。《周禮·天官·籩人》:“凡祭祀，共其籩薦羞之實。”鄭玄注:“薦羞皆進也，未食未飲曰薦，既食既飲曰羞。”

是歲，河南、扶南、婆利等國各遣使朝貢。

十七年春二月癸巳，雍州刺史安成王秀薨。甲辰，大赦。

三月景申，[1]改封建安郡王偉爲南平王。

[1]景申：中華本校勘記:“‘丙寅’各本作‘丙申’。按是月丙辰朔，十一日丙寅，無丙申，據《建康實録》改。”應從改。

夏六月乙酉，中軍將軍、中書監臨川王宏以本號行司徒。

秋八月壬寅，詔“兵騶奴婢，男年六十六，女年六十，[1]免爲編户”。[2]

[1]男年六十六，女年六十：《梁書》卷二《武帝紀中》作“男年登六十，女年登五十”。

[2]免爲編户：《梁書·武帝紀中》作“免爲平民”。編户，亦作“編户齊民”，即編入國家户籍之平民。

閏八月，干陁利國遣使朝貢。

冬十月乙亥，以行司徒臨川王宏即正。

十一月辛亥，以南平王偉爲左光禄大夫、開府儀同三司。

是歲，魏神龜元年。[1]

[1]神龜：北魏孝明帝元詡年號（518—520）。

十八年春正月甲申，以領軍將軍鄱陽王恢爲征西將軍、荆州刺史，以荆州刺史始興王憺爲中撫將軍，並開府儀同三司。以尚書左僕射袁昂爲尚書令，以右僕射王暕爲左僕射，以太子詹事徐勉爲右僕射。[1]辛卯，祀南郊，孝悌力田賜爵一級。

[1]徐勉：字脩仁，東海郯（今山東郯城縣）人。本書卷六〇、《梁書》卷二五有傳。

夏四月丁巳，帝於無导殿受佛戒，[1]赦罪人。

[1]無导殿：大德本同，汲古閣本、殿本作“無碍殿”。 受佛戒：指佛教信徒出家爲僧尼接受戒律之儀式。《隋書·經籍志四》：“魏黄初中，中國人始依佛戒，剃髮爲僧。”

秋七月，于闐、扶南國各遣使朝貢。

南史　卷七

梁本紀中第七

普通元年春正月乙亥朔，大赦，改元。[1]景子，[2]日有蝕之。己卯，以司徒臨川王宏爲太尉、楊州刺史，[3]以金紫光禄大夫王份爲尚書左僕射。[4]庚子，扶南、高麗等國並遣使朝貢。[5]

[1]普通：南朝梁武帝蕭衍年號（520—527）。　改元：帝王改用新年號紀年。因年號以“一”爲“元”，故稱。

[2]景子：大德本、汲古閣本、殿本作“丙子”，爲後人回改。此避唐高祖李淵祖父李昞諱改。下文同，不另注。

[3]宏：蕭宏。字宣達，梁武帝第六弟。本書卷五一、《梁書》卷二二有傳。

[4]王份：字季文，琅邪臨沂（今山東臨沂市）人。本書卷二三有附傳，《梁書》卷二一有傳。

[5]扶南：古國名。在今柬埔寨及越南南部、老撾南部和泰國東南部一帶。本書卷七八、《梁書》卷五四有傳。　高麗：古族名和古國名。即高句麗。本書卷七九、《梁書》卷五四有傳。

二月癸丑，以高麗王嗣子安爲寧東將軍、高麗王。[1]

[1]嗣子安：高安。高麗王雲之子。詳本書卷七九《東夷傳》、《梁書》卷五四《東夷傳》。嗣子，《梁書》卷三《武帝紀下》作“世子”，此避唐太宗李世民諱改。

三月，滑國遣使朝貢。[1]

[1]滑國：古族名和古國名。即嚈噠。東羅馬史家稱之爲“白匈奴”。在今新疆西北至中亞阿姆河以南一帶。本書卷七九、《梁書》卷五四有傳。

夏四月，河南國遣使朝貢。[1]

[1]河南國：古國名。即兩晋南北朝、隋唐時期鮮卑族所建吐谷渾國。因其地在今青海黄河以南而得名。本書卷七九、《梁書》卷五四及南北朝、隋唐諸史有傳。

秋七月己卯，江、淮、海並溢。

九月乙亥，有星晨見東方，光爛如火。

是歲，魏正光元年。[1]

[1]正光：北魏孝明帝元詡年號（520—525）。

二年春正月辛巳，祀南郊，[1]詔置孤獨園以恤孤幼。[2]戊子，大赦。

[1]南郊：天子在都城南面郊外築圜丘以祭天的地方。此處指祭天的典禮。

[2]孤獨園:《資治通鑑》卷一四九《梁紀五》武帝普通二年:春正月,“置孤獨園於建康,以收養窮民”。胡三省注:“古者鰥寡孤獨廢疾者有養。帝非能法古也,祖釋氏須達多長者之爲耳。”須達多,梵語音譯,意爲“善與”“善給”“善授”等。

二月辛丑,祀明堂。[1]

[1]明堂:帝王宣明政教的地方。凡朝會、祭祀、慶賞、選士、養老、教學等大典,都在此舉行。

三月庚寅,[1]大雪,平地三尺。

[1]三月:殿本同,大德本、汲古閣本、百衲本訛作“三日”。

夏四月乙卯,改作南北郊。[1]景辰,詔曰:“平秩東作,[2]義不在南,前代因襲,有乖禮制。可於震方,[3]具兹千畝。”[4]於是徙藉田於東郊外十五里。

[1]南北郊:南郊、北郊。分别爲古代帝王祭天與祭地之處。

[2]平秩東作:語出《尚書·堯典》,孔傳:“平均次序東作之事,以務農也。”平秩,謂分辨次序。東作,指春耕,亦泛指農事。

[3]震方:東方。

[4]千畝:即藉田。古代天子、諸侯行藉田禮的土地。相傳周制,天子耕藉田千畝。參《詩·周頌·載芟序》毛傳。

五月癸卯,[1]琬琰殿火,延燒後宫屋三千間。

[1]五月癸卯：《梁書》卷三《武帝紀下》及文淵閣四庫全書本《建康實録》卷一七並同，中華本據《建康實録》改作“五月己卯”。按，是年五月戊辰朔，無癸卯；閏五月戊戌朔，癸卯爲六日。故疑“五月”上或脱“閏”字。

閏月丁巳，詔自今可停賀瑞。[1]

[1]賀瑞：指慶賀祥瑞之事。

六月丁卯，義州刺史文僧明以州歸魏。[1]

[1]義州：州名。治苞信縣，在今河南商城縣西。一説治木蘭縣，在今湖北武漢市黄陂區北。　文僧明：南北朝時豫州蠻酋。初附梁，授信威將軍、義州刺史。及擁所部舉州降魏，魏拜以平南將軍、西豫州刺史，封開封侯。見《魏書》卷一〇一《蠻傳》。

秋七月丁酉，假大匠卿裴邃節，[1]督衆軍侵魏。甲寅，魏荆州刺史桓叔興帥衆降。[2]

[1]假節：假以節杖。古代大臣出行持朝廷所授節杖以爲憑證，並示威權。南北朝時已實際演變爲一種官號。凡假節，有軍事時得殺犯軍令者。　大匠卿：官名。梁武帝以將作大匠改名，爲十二卿之一，掌宫室、宗廟、陵園等土木工程事務。梁十班。陳沿置，三品，秩中二千石。　裴邃：字淵明，本書避唐高祖李淵諱作“深明”，河東聞喜（今山西聞喜縣）人，世居壽陽（今安徽壽縣）。本書卷五八、《梁書》卷二八有傳。

[2]荆州：《魏書》卷九《肅宗紀》作“南荆州”。南荆州，北

魏宣武帝延昌元年（512）置。治安昌城，在今湖北棗陽市南。　桓叔興：桓玄之孫。南北朝時大陽蠻酋。初屬魏，拜南荆州刺史，居安昌，數破梁軍。至是年率部衆附於梁。詳《魏書》卷一〇一《蠻傳》。

八月丁亥，始平郡石鼓村地自開成井，[1]方六尺六寸，深三十二丈。

[1]始平郡：郡名。治武當縣，在今湖北丹江口市西北。

冬十一月，百濟、新羅國各遣使朝貢。[1]

[1]百濟：古國名。在今朝鮮半島西南部。本書卷七九、《梁書》卷五四有傳。　新羅：古國名。在今朝鮮半島東南部。本書卷七九、《梁書》卷五四有傳。

十二月戊辰，以鎮東大將軍百濟王餘隆爲寧東大將軍。[1]

[1]餘隆：事詳本書卷七九、《梁書》卷五四之《東夷傳》。

三年春正月庚子，以吴郡太守王暕爲尚書左僕射。[1]庚戌，都下地震。

[1]王暕：字思晦，琅邪臨沂（今山東臨沂市）人。本書卷二二有附傳，《梁書》卷二一有傳。

三月乙卯，巴陵王蕭屏薨。[1]

[1]巴陵王：梁封齊帝後裔的爵位名號。使行齊正朔，以供奉祭祀齊帝。詳本書卷六《梁武帝紀上》、《梁書》卷二《武帝紀中》。巴陵，郡名。治巴陵縣，在今湖南岳陽市。

夏四月丁卯，汝陰王劉端薨。[1]

[1]汝陰王：齊封宋帝後裔的爵位名號。使行宋正朔，以供奉祭祀宋帝。詳本書卷四《齊高帝紀》、《南齊書》卷二《高帝紀下》。汝陰，郡名。治汝陰縣，在今安徽阜陽市。

五月壬辰朔，日有蝕之，既。[1]癸巳，大赦。詔公卿百僚各上封事，[2]連率郡國舉賢良、方正、直言之士。[3]

[1]既：食盡。指日全食或月全食。

[2]封事：亦稱封章。密封的章奏。漢制，臣下上書奏事，防有泄漏，以皂囊封緘，謂之封事。

[3]連率：官名。王莽改郡太守曰連率。後亦泛稱地方長官。

秋八月甲子，婆利、白題國各遣使朝貢。[1]

[1]婆利：古國名。一作婆黎。在今印度尼西亞巴厘島；或以爲在今加里曼丹島。本書卷七八、《梁書》卷五四有傳。　白題國：古國名。位於滑國以東。《梁書》卷三〇《裴子野傳》云："是時西北徼外有白題及滑國，遣使由岷山道入貢。此二國歷代弗賓，莫知

所出。”本書卷七九、《梁書》卷五四有傳。

冬十一月甲申，[1]開府儀同三司始興王憺薨。

[1]甲申：《梁書》卷三《武帝紀下》作“甲午”。中華本校勘記：“‘甲午’各本作‘甲申’。按是月己丑朔，初六日甲午，無甲申，據《梁書》改。”應從改。

四年春正月辛卯，祀南郊，大赦。辛亥，祀明堂。

二月乙亥，耕藉田，[1]孝悌力田賜爵一級，[2]豫耕之司，[3]剋日勞酒。

[1]耕藉田：古代天子、諸侯於每年春耕前所舉行的躬耕藉田之儀式，以示對農業的重視。《隋書·禮儀志二》：“古典有天子東耕儀。江左未暇，至宋始有其典。梁初藉田，依宋、齊，以正月用事，不齋不祭。天監十二年，武帝以爲：‘啓蟄而耕，則在二月節內。《書》云：“以殷仲春。”藉田理在建卯。’於是改用二月。”藉田，又作“籍田”，即天子、諸侯徵用民力耕種的田。

[2]孝悌力田：漢代選拔官吏的科目之一。始於西漢惠帝時，名義上是獎勵有孝父母、敬兄長德行之人和能努力耕作者。至文帝時，詔以孝悌、力田與“三老”同爲郡縣中掌教化的鄉官。參《漢書》卷二《惠帝紀》、卷三《高后紀》、卷四《文帝紀》及顔師古注。大德本、汲古閣本、殿本“悌”作“弟”。二字通。

[3]豫：大德本同，汲古閣本、殿本作“預”。

冬十月庚午，以中衛將軍袁昂爲尚書令，[1]即本號開府儀同三司。

[1]袁昂：字千里，陳郡陽夏（今河南太康縣）人。本書卷二六有附傳，《梁書》卷三一有傳。

十一月癸未朔，日有蝕之。甲辰，尚書左僕射王暕卒。

十二月戊午，用給事中王子雲議，[1]始鑄鐵錢。[2]狼牙脩國遣使朝貢。[3]

[1]王子雲：太原（今山西太原市）人。本書卷七二有附傳。

[2]始鑄鐵錢：梁初，百姓私下或用古錢進行交易，朝廷屢禁不止。"至普通中，乃議盡罷銅錢，更鑄鐵錢"。詳《隋書·食貨志》，並參何兹全《讀史集·東晋南朝的錢幣使用與錢幣問題》（上海人民出版社 1982 年版）。

[3]狼牙脩國：古國名。約在今泰國南部馬來半島北大年一帶。本書卷七八、《梁書》卷五四有傳。

五年夏六月乙酉，龍鬭于曲阿王陂，[1]因西行至建陵城，[2]所經樹木倒折，開數十丈。[3]庚子，以員外散騎常侍元樹爲平北將軍、北青兗二州刺史，[4]率衆侵魏。

[1]龍鬭：傳説兩龍相鬭。《左傳》昭公十九年："鄭大水，龍鬭于時門之外洧淵。"一説當即龍捲風。　曲阿：縣名。治所在今江蘇丹陽市。

[2]建陵城：城名。在今江蘇丹陽市境内。

[3]開數十丈：《梁書》卷三《武帝紀下》作"開地數十丈"，中華本據《梁書》補"地"字。應據補。

[4]元樹：字秀和，一字君立，北魏獻文帝之孫。仕魏位宗正

卿。梁武帝天監八年（509）降梁。中大通四年（532）都督諸軍伐魏，攻拔譙城。會魏援軍至，城陷被執。卒於魏。《梁書》卷三九有傳，《魏書》卷二一、《北史》卷一九有附傳。

六年春正月辛亥，祀南郊，大赦。庚申，魏徐州刺史元法僧以彭城來降。[1]自去歲以來，北侵諸軍，所在剋獲。甲戌，以元法僧爲司空，封始安郡王。

[1]元法僧：北魏宗室。《梁書》卷三九有傳，《魏書》卷一六、《北史》卷一六有附傳。　彭城：縣名。治所在今江蘇徐州市。北魏時爲徐州、彭城郡治。

二月辛巳，改封法僧爲宋王。

三月景午，賜新附人長復除，[1]詿誤罪失，一無所問。

[1]復除：免除賦役。

夏五月己酉，脩宿豫堰，[1]又脩曹公堰於濟陰。[2]壬子，遣中護軍夏侯亶督壽陽諸軍侵魏。[3]

[1]宿豫堰：堰名。在今江蘇宿遷市境内。

[2]曹公堰：堰名。在今安徽宿州市與江蘇睢寧縣一帶。　濟陰：郡名。治頓丘縣，在今安徽宿州市北。

[3]夏侯亶：字世龍，譙郡譙（今安徽亳州市）人。本書卷五五有附傳，《梁書》卷二八有傳。　壽陽：地名。即壽春。在今安徽壽縣。

六月庚辰，豫章王綜奔魏，[1]魏復據彭城。

[1]綜：蕭綜。字世謙，梁武帝第二子。本書卷五三、《梁書》卷五五有傳。《魏書》卷五九有附傳，作“蕭贊”。

秋七月壬戌，大赦。

冬十二月壬辰，都下地震。

是歲，魏孝昌元年。[1]

[1]孝昌：北魏孝明帝元詡年號（525—527）。

七年春正月辛丑朔，赦死罪以下。

夏四月乙酉，太尉臨川王宏薨。南州津改置校尉，[1]增加奉秩。詔在位群臣，[2]各舉所知，凡是清吏，咸使薦聞。

[1]南州津：關津名。又稱南津。在今安徽馬鞍山市西南采石。東晉、南朝置津主於此，以徵收什一關税、檢查禁物及亡叛者。見本書卷七〇《郭祖深傳》，並参《陳書》卷五《宣帝紀》太建四年閏十一月辛未詔。　校尉：官名。即南津校尉。

[2]群：大德本、殿本同，汲古閣本作“郡”。《梁書》卷三《武帝紀下》亦作“群”。

秋九月己酉，荆州刺史鄱陽王恢薨。[1]

[1]恢：蕭恢。字弘達，梁武帝弟，封鄱陽郡王。本書卷五二、《梁書》卷二二有傳。

冬十一月庚辰，丁貴嬪薨，[1]大赦。

[1]丁貴嬪：梁武帝貴嬪丁令光。本書卷一二、《梁書》卷七有傳。

是歲，河南、高麗、林邑、滑國並遣使朝貢。[1]

[1]林邑：古國名。本漢代象林縣，其地在今越南中南部。本書卷七八、《梁書》卷五四有傳。

大通元年春正月乙丑，以尚書右僕射徐勉爲尚書左僕射。[1]詔百官奉禄，自今可長給見錢。[2]辛未，祀南郊。詔流亡者聽復宅業，蠲役五年，尤貧家勿收今年三調，[3]孝悌力田賜爵一級。是月，司州刺史夏侯夔進軍三關，[4]所至皆剋。初，帝創同泰寺，[5]至是開大通門以對寺之南門，取反語以協同泰。[6]自是晨夕講義，多由此門。

[1]大通：南朝梁武帝蕭衍年號（527—529）。　徐勉：字脩仁，東海郯（今山東郯城縣）人。本書卷六〇、《梁書》卷二五有傳。　尚書左僕射：中華本改作“尚書僕射”，其校勘記云：“‘尚書僕射’各本作‘尚書左僕射’。張森楷《南史校勘記》：‘據本傳及上紀文證之，‘左’字不當有，誤衍文。’據《梁書》刪。”應從刪。

[2]見錢：現錢。

[3]三調：南朝三種主要賦役的合稱。即調粟，徵收糧食；調帛，徵交絹帛；雜調，攤派勞役。

[4]司州：州名。南朝宋僑置於平陽縣，在今河南信陽市，漸成實土。梁武帝大通二年改爲北司州，東魏改爲南司州，北周滅北齊改爲申州。　夏侯夔：字季龍，譙郡譙（今安徽亳州市）人。本書卷五五、《梁書》卷二八有附傳。　三關：又稱義陽三關。即黄峴、武陽（一作“武勝”）、平靖三關的合稱。在今河南信陽市南豫、鄂兩省交界處。爲南北交通要道及兵争要地。《南齊書·州郡志》司州條下云：宋“泰始中，立州於義陽郡，有三關之隘”，即此。

[5]同泰寺：佛寺名。在建康臺城北掖門外路西，當今江蘇南京市内雞鳴寺及迤西北極閣一帶。參《建康實録》卷一七注引《輿地志》。

[6]取反語以協同泰：《資治通鑑》卷一五一《梁紀七》武帝大通元年三月：“初，上作同泰寺，又開大通門以對之，取其反語相協。”胡三省注：“同泰反爲大，大通反爲同，是反語相協也。”

三月辛未，幸寺捨身。[1]甲戌還宫，大赦，改元大通，以符寺及門名。

[1]捨身：指佛教徒爲宣揚佛法或布施寺院而自作苦行。

夏五月景寅，成景儁剋魏臨潼、竹邑。[1]

[1]成景儁：字超，范陽（今河北涿州市）人。本書卷七四有傳。大德本、汲古閣本、殿本作“成景儁”。　臨潼：郡名。北魏置。治臨潼城，在今安徽靈璧縣東北。　竹邑：城名。北魏南濟陰郡、竹邑縣治所，在今安徽宿州市北。

冬十月庚戌，魏東豫州刺史元慶和以渦陽内屬。[1]甲寅，曲赦東豫州。

[1]東豫州：州名。北魏置。治廣陵城，在今河南息縣。　元慶和：鮮卑族，北魏宗室。《魏書》卷一九上、《北史》卷一七有附傳。　渦陽：縣名。北魏置。治所在今安徽蒙城縣。按，"元慶和以渦陽内屬"一語與史實不符。據《魏書》卷九《肅宗紀》"東豫州刺史元慶和以城南叛"及同書卷一九上《元慶和傳》"慶和，東豫州刺史。爲蕭衍將所攻，舉城降之"，均未提到渦陽，可見元慶和所舉之城應該是指東豫州治所廣陵城。又東豫州轄境約當今河南息縣、淮濱縣等地，而渦陽爲南兗州治所，且去廣陵城甚遠，元慶和也不可能"以渦陽内屬"。另據《梁書》卷二八及本書卷五五《夏侯夔傳》，是時梁軍"圍魏東豫州刺史元慶和於廣陵，入其郛"，"慶和於内築栅以自固，及夔至，遂請降"。由此可以證明，元慶和確以廣陵城降梁。至於以渦陽降梁者，實乃"渦陽城主王緯"，而非東豫州刺史元慶和。故胡三省云："然則廣陵、渦陽，兩處兩事。"詳《資治通鑑》卷一五一《梁紀七》武帝大通元年及胡三省注。

十一月丁卯，以中護軍蕭藻爲都督侵魏，[1]鎮于渦陽。

[1]蕭藻：字靖藝，梁武帝長兄蕭懿之子，封西昌縣侯。本書卷五一、《梁書》卷二三有附傳。按，中華本校勘記云："'蕭藻'本名'蕭淵藻'，以避唐諱，《梁書》作'蕭深藻'，此則省作'蕭藻'。"

是歲，林邑、師子、高麗等國各遣使朝貢。[1]

[1]師子：古國名。即今斯里蘭卡。本書卷七八、《梁書》卷五四有傳。

二年春正月乙酉，蠕蠕國遣使朝貢。[1]

[1]蠕蠕：古族名，古國名。即柔然。或稱芮芮、茹茹。本書卷七九、《梁書》卷五四、《魏書》卷一〇三有傳等。

二月，築寒山堰。[1]癸丑，魏孝明皇帝崩。

[1]寒山堰：堰名。在今江蘇徐州市東南寒山附近古泗水上。

夏四月戊戌，魏尒朱榮推奉孝莊帝。[1]庚子，榮殺幼主及太后胡氏。[2]辛丑，魏郢州刺史元願達以義陽降，[3]封願達爲樂平王。是時魏大亂，其北海王顥、臨淮王彧、汝南王悦並來奔。[4]北青州刺史元雋、南荆州刺史李志皆以地降。[5]

[1]尒朱榮：字天寶，北秀容（今山西朔州市）人，契胡族。《魏書》卷七四、《北史》卷四八有傳。　孝莊帝：北魏孝莊帝元子攸。在位三年（528—530）。《魏書》卷一〇、《北史》卷五有紀。

[2]幼主：北魏孝文帝孫元釗。在位一月遇害，時年三歲。太后胡氏：安定臨涇（今甘肅鎮原縣）人。北魏宣武帝妃，孝明帝生母。《魏書》卷一三、《北史》卷一三有傳。

［3］郢州：州名。北魏宣武帝正始元年（504）改司州置。治平陽縣，在今河南信陽市。　元願達：鮮卑族，北魏宗室。《梁書》卷三九有傳。　義陽：郡名。治平陽縣，在今河南信陽市。

［4］北海王顥：元顥。字子明，鮮卑族。北魏宗室，獻文帝拓跋弘孫，北海平王元詳世子。《魏書》卷二一上、《北史》卷一九有附傳。　臨淮王彧：元彧。字文若，鮮卑族。北魏宗室，封臨淮王。《魏書》卷一八、《北史》卷一六有附傳。　汝南王悦：元悦。鮮卑族，北魏孝文帝子。《魏書》卷二二、《北史》卷一九有傳。

［5］北青州：北魏州名。即青州。治東陽城，在今山東青州市。按，北魏青州治東陽，去梁境甚遠，或疑北青州當即南青州之誤。南青州，北魏改東徐州置。治團城，在今山東沂水縣，與梁南北二青州（治所在今江蘇連雲港市贛榆區西北）接界。參《中國歷史地圖集》第四册“魏·兖、青、齊、徐等州”及“梁”（中國地圖出版社 1987 年版）。　元儁：《梁書》卷三《武帝紀下》作“元世儁”。鮮卑族，北魏宗室。《魏書》卷一九中、《北史》卷一八有附傳。　南荆州：州名。北魏置。治安昌城，在今湖北棗陽市南。　李志：字鴻道，頓丘衛國（今河南清豐縣）人。《魏書》卷六二、《北史》卷四〇有附傳。

冬十月丁亥，以魏北海王顥主魏，遣東宫直閣將軍陳慶之衛送還北。[1]魏豫州刺史鄧獻以地降。[2]

［1］陳慶之：字子雲，義興國山（今江蘇宜興市）人。多次與魏軍接戰，魏人震恐。以功封永興侯。官至南北司二州刺史。本書卷六一、《梁書》卷三二有傳。

［2］豫州：州名。北魏改司州置。治懸瓠城，在今河南汝南縣。殿本同，大德本、汲古閣本作“衛州”。《梁書》卷三《武帝紀下》亦作“豫州”。　鄧獻：安定（今甘肅鎮原縣東南）人。北魏孝明

帝末，爲冠軍將軍、潁州刺史。《魏書》卷二四有附傳。

是歲，魏武泰元年，[1]尋改爲建義，[2]又改曰永安。[3]

[1]武泰：北魏孝明帝元詡年號（528—529）。
[2]建義：北魏孝莊帝元子攸年號（528）。
[3]永安：北魏孝莊帝元子攸年號（528—530）。

中大通元年春正月辛酉，[1]祀南郊，大赦，賜孝悌力田爵一級。辛巳，祀明堂。

[1]中大通：南朝梁武帝蕭衍年號（529—534）。

夏四月癸巳，陳慶之攻拔魏梁城，[1]進屠考城，[2]禽魏濟陰王暉業。[3]

[1]梁城：城名。即梁郡治所睢陽縣城，在今河南商丘市南。
[2]考城：縣名。治所在今河南民權縣東北。
[3]魏濟陰王暉業：元暉業。字紹遠，鮮卑族。北魏宗室。《北齊書》卷二八有傳，《魏書》卷一九上、《北史》卷一七有附傳。濟陰，郡名。治左城，在今山東曹縣西北。

五月癸酉，進剋武牢，[1]魏孝莊帝出居河北。[2]乙亥，元顥入京師，[3]僭號建武。

[1]武牢：關名。即虎牢，本書避唐高祖李淵祖父李虎諱改。

又名成皋關。在今河南滎陽市汜水鎮。大德本、汲古閣本、殿本作“虎牢”。

[2]河北：地區名。泛指今黄河下游以北地區。

[3]京師：《梁書》卷三《武帝紀下》作“洛陽”。在今河南洛陽市東北漢魏故城。

六月壬午，以永興公主疾篤故，[1]大赦，公主志也。是月，都下疫其，[2]帝於重雲殿爲百姓設救苦齋，[3]以身爲禱。

[1]永興公主：梁武帝長女蕭玉姚。妻陳郡殷鈞，性險虐。與蕭宏私通，遂謀弑逆。事發，以恚死。事見本書卷一二《武德郗皇后傳》、卷六〇《殷鈞傳》、卷五一《臨川静惠王宏傳》。

[2]其：大德本、汲古閣本、殿本作“甚”。底本誤，應據諸本改。

[3]重雲殿：宫殿名。在臺城建康宫北隅華林園内。《讀史方輿紀要》卷二〇《南直二·江寧縣》：“梁武帝時，又於園内起重閣，上曰重雲殿，下曰光嚴殿。”　設救苦齋：爲救人於苦難而置辦素食。救苦，即救苦救難，謂把人從苦難中拯救出來。

閏月，護軍將軍南康王績薨。[1]己卯，魏將尒朱榮攻殺元顥，京師反正。[2]

[1]南康王績：蕭績。字世謹，小字四果，梁武帝第四子。封南康郡王。本書卷五三、《梁書》卷二九有傳。

[2]京師：指洛陽。在今河南洛陽市東北漢魏故城。

秋九月辛巳，朱雀航華表災。[1]癸巳，幸同泰寺，設四部無遮大會。[2]上釋御服，披法衣，行清净大捨，[3]以便省爲房，素床瓦器，乘小車，私人執役。[4]甲午，升講堂法坐，[5]爲四部大衆開《涅槃經》題。[6]癸卯，群臣以錢一億萬奉贖皇帝菩薩大捨，僧衆默許。[7]乙巳，百辟詣寺東門奉表，[8]請還臨宸極，[9]三請乃許。帝三答書，前後並稱頓首。

[1]朱雀航：浮橋名。亦作朱雀桁、朱雀橋，又稱南桁、南航、大航等。在今江蘇南京市秦淮區鎮淮橋附近秦淮河上。　華表：古代設在橋梁、宫殿、城垣或陵墓等前兼作裝飾用的巨大柱子。

[2]四部：佛教語。即四部衆。指比丘（和尚）、比丘尼（尼姑）、優婆塞（善男子，即在家奉佛的男子）、優婆夷（善女子，即在家奉佛的女子）。　無遮大會：佛教舉行的以布施爲主的法會，每五年一次，又稱五年大會。無遮，指寬容一切，解脱諸惡，一律平等。

[3]清净：佛教語。指遠離惡行與煩惱。　捨（shě）：佛教語。梵文的意譯。指心境平静無執著。按，"上釋御服，披法衣，行清净大捨"，《梁書》卷三《武帝紀下》作"因捨身"。

[4]私人執役：以非官方的個人身份服役。

[5]講堂：高僧講經説法的堂舍。　法坐：正座。

[6]開《涅槃經》題：即宣講《涅槃經》義。《涅槃經》，佛經名。又稱《大般涅槃經》《大涅槃經》，是大乘佛教的早期作品。

[7]僧衆默許：《隋書·五行志上》："是時帝崇尚佛道，宗廟牲牷，皆以麪代之。又委萬乘之重，數詣同泰寺，捨身爲奴，令王公已下贖之。初陽爲不許，後爲默許，方始還宫。"

[8]百辟：百官。

[9]宸極：即北極星。此處比喻帝位。

冬十月己酉，又設四部無遮大會，道俗五萬餘人。會畢，帝御金輅還宮，[1]御太極殿，[2]大赦，改元。

[1]金輅：車名。亦作金路。五路之一。古代帝王乘用的紅色飾金之車。《新唐書·車服志》："凡天子之車：曰玉路者，祭祀、納后所乘也，青質，玉飾末；金路者，饗、射、祀還、飲至所乘也，赤質，金飾末。"

[2]太極殿：宫殿名。即臺城建康宫内正殿。

十一月戊子，魏巴州刺史嚴始欣以城降。[1]

[1]巴州：州名。北魏置。治梁廣縣，在今四川巴中市。　嚴始欣：巴酋。次年正月，魏軍攻克巴州，執始欣，斬之。事見《魏書》卷一〇一《獠傳》、卷九八《島夷蕭衍傳》。大德本、殿本同，汲古閣本作"嚴始興"。《梁書》卷三《武帝紀下》亦作"嚴始欣"。

是歲，盤盤、蠕蠕國並遣使朝貢。[1]

[1]盤盤：古國名。一作槃槃。在今泰國南部萬倫灣一帶，一説在今馬來西亞加里曼丹北部。本書卷七八、《梁書》卷五四有傳。

二年夏四月癸丑，幸同泰寺，設平等會。[1]庚申，大雨雹。

[1]設平等會：舉行無差别法會。平等，佛教用語，意謂無差别。設會，謂做佛事，舉行法會。

六月丁巳，遣魏汝南王悦還北主魏。[1]庚申，以魏尚書左僕射范遵爲司州牧，[2]隨悦北侵。是月，林邑、扶南國遣使朝貢。

[1]主魏：《梁書》卷三《武帝紀下》作“爲魏主”，《資治通鑑》卷一五四《梁紀十》武帝中大通二年作“爲魏王”。

[2]尚書左僕射：官名。北魏從二品。　范遵：滎陽開封（今河南開封市）人，魏北海王元顥之舅。事見《魏書》卷二一《北海王詳傳》、卷五六《鄭羲傳》。　司州牧：官名。北魏京畿行政長官。從二品。司州，州名。北魏遷都洛陽，改洛州置。治洛陽縣，在今河南洛陽市東北。

秋八月庚戌，幸德陽堂，祖魏主元悦。山賊寇會稽郡縣。[1]

[1]會稽：郡名。治山陰縣，在今浙江紹興市。

九月壬午，假超武將軍湛海珍節以討之。[1]

[1]湛海珍：蕭梁官員。事見本書卷五一《臨川静惠王宏傳》、卷六三《羊鴉仁傳》等。

是歲，魏莊帝殺其權臣爾朱榮，其黨奉魏長廣王曄爲主而殺孝莊帝，年號建明。[1]

[1]長廣王曄：元曄。字華興，小字盆子，鮮卑族，北魏宗室。《魏書》卷一九下、《北史》卷一八有附傳。按，長廣王曄，大德

本、汲古閣本、殿本同，百衲本脱“長”字。　建明：北魏長廣王元曄年號（530—531）。

三年春正月辛巳，祀南郊，大赦。景申，以釋尚書僕射鄭元護爲征北大將軍。[1]

[1]釋：大德本、汲古閣本、殿本、百衲本作“魏”。底本誤，應據諸本改。　鄭元護：《梁書》卷三《武帝紀下》作“鄭先護”，中華本校勘記：“‘先’各本作‘元’。《梁書》作‘先’，與《魏書》合，今據改。”應從改。鄭先護，滎陽開封（今河南開封市）人。《魏書》卷五六、《北史》卷三五有附傳。

二月辛丑，祀明堂。

夏四月乙巳，[1]皇太子統薨。[2]

[1]乙巳：大德本、汲古閣本、殿本作“己巳”。中華本據《梁書》改爲“乙巳”，其校勘記云：“‘乙巳’各本作‘己巳’。按本傳作‘乙巳’，與《梁書》同，今據改。”

[2]皇太子統：蕭統。字德施，小字維摩，梁武帝長子。謚昭明，故又稱昭明太子。本書卷五三、《梁書》卷八有傳。

六月癸丑，立昭明太子子華容公歡爲豫章郡王，[1]枝江公譽爲河東郡王，[2]曲江公詧爲岳陽郡王。[3]是月，丹丹國遣使朝貢。[4]

[1]華容公歡：蕭歡。字孟孫，蕭統長子。初封華容縣公。事見本書卷五三《昭明太子統傳》。華容，縣名。治所在今湖北監利

市北。　豫章：郡名。治南昌縣，在今江西南昌市。

[2]枝江公譽：蕭譽。字重孫，蕭統次子。梁武帝普通二年（521），封枝江縣公。中大通三年（531），改封河東郡王。本書卷五三有附傳，《梁書》卷五五有傳。枝江，縣名。治所在今湖北枝江市西南。　河東：郡名。南朝齊改南河東郡置。治松滋縣，在今湖北松滋市西北。

[3]曲江公詧：蕭詧。字理孫，蕭統第三子。侯景亂起，詧與蕭繹有隙，故引兵襲之，後附西魏。西魏立爲梁主，史稱西梁、後梁。《周書》卷四八、《北史》卷九三有傳。曲江，縣名。治所在今廣東韶關市南武水西岸。按，曲江公，本書《昭明太子統傳》及《周書·蕭詧傳》、《北史·蕭詧傳》、《資治通鑑》卷一五五《梁紀十一》並云蕭詧爲曲江公，唯《梁書》卷三《武帝紀下》作"曲阿公"。　岳陽：郡名。梁置。治岳陽縣，在今湖南汨羅市長樂鎮。

[4]丹丹國：古國名。故地當在今馬來半島，有東北岸的哥打巴魯附近、西岸的天定、南端及其新加坡一帶諸説。本書卷七八、《梁書》卷五四有傳。

秋七月乙亥，立晉安王綱爲皇太子，[1]大赦。賜爲父後者，及出處忠孝、文武清勤，並爵一級。庚寅，詔宗戚有服屬者，[2]並賜湯沐食鄉亭侯，[3]各隨遠近以爲差次。[4]壬辰，以吏部尚書何敬容爲尚書右僕射。[5]

[1]晉安王綱：蕭綱。即簡文帝。字世纘，小字六通，梁武帝第三子。本書卷八、《梁書》卷四有紀。

[2]宗戚：泛指皇室親族。　服屬：指五服之内的親族。

[3]湯沐：即湯沐邑。《漢書》卷一下《高帝紀下》顔師古注："凡言湯沐邑者，謂以其賦税供湯沐之具也。"　食：即食封。謂得以享用所封食邑的租賦收入。按，"賜湯沐食鄉亭侯"，《資治通

鑑》卷一五五《梁紀十一》武帝中大通三年胡三省注："婦人賜湯沐邑，男子食鄉侯、亭侯也。"

[4]遠近：指服屬關係之親疏。

[5]何敬容：字國禮，廬江灊（今安徽霍山縣）人。本書卷三〇有附傳，《梁書》卷三七有傳。

九月，狼牙脩國遣使朝貢。是秋，吴興生野稻，[1]飢者賴焉。

[1]吴興：郡名。治烏程縣，在今浙江湖州市。

冬十月己酉，上幸同泰寺，升法坐，[1]爲四部衆説《涅槃經》，迄于乙卯。前樂山縣侯蕭正則有罪流徙，至是招誘亡命，欲寇廣州，[2]在所討平之。

[1]法坐：大德本同，汲古閣本、殿本作"法座"。

[2]蕭正則：字公衡，梁宗室。本書卷五一有附傳。　廣州：州名。治番禺縣，在今廣東廣州市。

十一月乙未，上幸同泰寺，升法座，爲四部衆説《般若經》，[1]迄于十二月辛丑。

[1]《般若經》：佛經名。由般若部類的衆多經典彙編而成，爲大乘佛教中形成最早的一類經典。按，《梁書》卷三《武帝紀下》作"摩訶般若波羅蜜經"。南北朝時流布的《摩訶般若波羅蜜經》分爲小品與大品：《小品般若經》五卷，前秦曇摩埤、竺佛合譯；《大品般若經》四十卷，後秦鳩摩羅什、僧睿等合譯。

是歲，魏尒朱兆又廢其主曄而奉節閔皇帝，[1]改建明二年爲普泰元年。[2]又魏勃海王高歡舉兵信都，[3]别奉勃海太守朗爲主，[4]改普泰元年爲中興。[5]

[1]尒朱兆：字萬仁，契胡族，尒朱榮從子。《魏書》卷七五有傳，《北史》卷四八有附傳。　節閔皇帝：北魏節閔帝元恭。字脩業。在位二年（531—532）。《魏書》卷一一、《北史》卷五有紀。

[2]普泰：北魏節閔帝元恭年號（531—532）。

[3]高歡：字賀六渾，渤海蓨（今河北景縣）人，鮮卑化的漢人。北齊建國後追謚神武皇帝，廟號高祖。《北齊書》卷一、卷二，《北史》卷六有紀。　信都：縣名。治所在今河北衡水市冀州區。

[4]勃海太守朗：元朗。字仲哲。即北魏後廢帝，在位二年（531—532）。《魏書》卷一一、《北史》卷五有紀。

[5]中興：北魏後廢帝元朗年號（531—532）。

四年春正月景寅，以開府儀同三司南平王偉爲大司馬，[1]以司空宋王元法僧爲太尉，尚書令以開府儀同三司袁昂爲司空。[2]立臨川靖惠王宏子正德爲臨賀郡王。[3]庚午，立嫡皇孫大器爲宣城郡王，[4]位列諸王上。癸未，魏南兖州刺史劉世明以城降。[5]

[1]南平王偉：蕭偉。字文達，梁武帝第八弟。本書卷五二、《梁書》卷二二有傳。南平，郡名。治孱陵縣，在今湖北公安縣西。

[2]尚書令以：各本同，中華本據《梁書》卷三《武帝紀下》改爲“以尚書令”。是，應從改。

[3]蕭正德：字公和，蕭宏第三子。本書卷五一有附傳，《梁

書》卷五五有傳。　臨賀：郡名。治臨賀縣，在今廣西賀州市東南。

［4］嫡皇孫大器：蕭大器。字仁宗，梁簡文帝嫡長子。簡文帝即位後，立爲皇太子。大寶二年（551），被侯景殺害。本書卷五四、《梁書》卷八有傳。皇，大德本、殿本同，汲古閣本作“王”。　宣城：郡名。治宛陵縣，在今安徽宣城市宣州區。

［5］南兗州：州名。北魏置。治小黄縣，在今安徽亳州市。　劉世明：字伯楚，彭城（今江蘇徐州市）人。《魏書》卷五五有附傳。據《魏書·劉世明傳》：“孝莊末，除征虜將軍、南兗州刺史。時尒朱世隆等威權自己，四方怨叛，城民王乞得逼劫世明，據州歸蕭衍。”

二月壬寅，以太尉元法僧還北主魏，[1]以侍中元景隆爲徐州刺史，[2]封彭城郡王，通直常侍元景宗爲青州刺史，[3]封平昌郡王，隨法僧北侵。庚戌，新除楊州刺史邵陵王綸有罪，免爲庶人。

［1］還北主魏：《梁書》卷三《武帝紀下》作“還北爲東魏主”。按，《資治通鑑》卷一五五《梁紀十一》武帝中大通四年作“爲東魏王”，胡三省注：“上既以元悦爲魏王，使自西道入；又使元法僧從東道入，故謂之東魏王。”

［2］元景隆：元法僧長子。《梁書》卷三九、《北史》卷一六有附傳。

［3］元景宗：疑即元法僧第二子元景仲。詳見中華本校勘記引張森楷《南史校勘記》。

三月庚午，侍中、領國子博士蕭子顯表置制旨《孝經》助教一人，[1]生十人，專通帝所釋《孝經》義。[2]

[1]蕭子顯：字景陽，南蘭陵（今江蘇常州市武進區）人。南朝齊宗室。入梁歷任國子祭酒、吏部尚書、吴興太守等。著有《後漢書》《齊書》（即《南齊書》）等。本書卷四二、《梁書》卷三五有附傳。　《孝經》：書名。儒家經典之一。多以爲孔門後學所撰。今文本十八章。

[2]帝所釋《孝經》義：《隋書·經籍志一》著録"《孝經義疏》十八卷，梁武帝撰"。

夏四月，盤盤國遣使朝貢。

秋七月甲辰，星隕如雨。

九月乙巳，加司空袁昂尚書令。

冬十一月，高麗國遣使朝貢。

十二月景子，魏彭城王尒朱仲遠來奔，[1]以爲定洛將軍，封河南王，北侵。隨所剋土，使自封建。庚辰，以太尉元法僧爲郢州刺史、驃騎大將軍、開府同三司之儀。

[1]尒朱仲遠：尒朱榮從弟。《魏書》卷七五、《北史》卷四八有附傳。

是歲，魏相勃海王高歡平尒朱氏，廢節閔皇帝及自所奉勃海故王朗，而奉平陽王脩，是爲孝武皇帝。改中興二年爲太昌，[1]尋又改爲永熙元年。[2]

［1］太昌：北魏孝武帝元脩年號（532）。

［2］永熙：北魏孝武帝元脩年號（532—534）。

五年春正月辛卯，祀南郊，大赦。賜孝悌力田爵一級。先是一日景夜，[1]南郊令解滌之等到郊所履行，忽聞異香三隨風至。及將行事，奏樂迎神畢，有神光圓滿壇上，朱紫黃白雜色，食頃乃滅。戊申，都下地震。己酉，長星見。[2]辛亥，祀明堂。

［1］景夜：大德本、汲古閣本、殿本作“丙夜”，本書避唐高祖李淵父李昞諱改。三更時分。亦即子時。指半夜十一點至翌晨一點。

［2］長星：古星名。彗星之屬，有長形光芒。

二月癸未，幸同泰寺，設四部大會，升法坐，發《金字般若經》題，[1]訖于己丑。

［1］《金字般若經》：《梁書》卷三《武帝紀下》作“金字摩訶波若經”，即用金粉書寫而成的《般若經》。

三月景辰，大司馬南平王偉薨。

夏五月戊子，都下大水，御道通船。

六月己卯，魏建義城主蘭保殺東徐州刺史崔祥，[1]以下邳降。

［1］蘭保：《梁書》卷三《武帝紀下》及《魏書》卷六七《崔

光傳》、《北史》卷四四《崔光傳》並作“蘭賓”。當以“蘭賓”爲是。　東徐州：州名。北魏置。治下邳縣，在今江蘇睢寧縣西北古邳鎮東。　崔祥：各本同，中華本改作“崔庠”，詳見其校勘記。是，應據改。崔庠，字文序，清河（今河北清河縣）人。《魏書》卷六七、《北史》卷四四有附傳。

冬十月庚申，以尚書右僕射何敬容爲左僕射，以吏部尚書謝舉爲右僕射。[1]

[1]謝舉：字言揚，陳郡陽夏（今河南太康縣）人。本書卷二〇有附傳，《梁書》卷三七有傳。

是歲，河南、波斯、盤盤等國並遣使朝貢。[1]

[1]波斯：古國名。即今伊朗。本書卷七九、《梁書》卷五四有傳。

六年春二月癸亥，耕藉田，大赦。賜孝悌力田爵一級。

三月己亥，以行河南王可沓振爲西秦、河二州刺史，[1]正封河南王。甲辰，百濟國遣使朝貢。

[1]可沓振：南北朝時吐谷渾王。約在位二年（534—535）。

夏四月丁卯，熒惑在南斗。[1]

[1]熒惑：星名。即火星。因隱現不定，令人迷惑，故名。古

代重視熒惑觀測。《漢書・天文志》："熒惑，天子理也，故曰雖有明天子，必視熒惑所在。"　南斗：星名。即斗宿。有星六顆，在北斗星以南，形似斗，故名。

秋七月甲辰，林邑國遣使朝貢。[1]

[1]朝貢：大德本、汲古閣本同，殿本作"進貢"。

冬十月丁卯，以信武將軍元慶和爲鎮北將軍，封魏王，率衆北侵。

閏十二月景午，西南有雷聲二。

是歲，魏孝武帝迫于其相高歡，出居關中。歡又別奉清河王世子善見爲主，是爲孝静帝。[1]改永熙三年爲天平元年。[2]魏於是始分爲兩。孝武既至關中，又與丞相宇文泰不平，[3]未幾，遇鴆而崩。

[1]孝静帝：東魏孝静帝元善見。在位十七年（534—550）。《魏書》卷一二、《北史》卷五有紀。

[2]天平：東魏孝静帝元善見年號（534—537）。

[3]宇文泰：字黑獺，代郡武川（今内蒙古武川縣）人，鮮卑化匈奴人。北周建國後追尊爲文王、文皇帝，廟號太祖。《周書》卷一、卷二，《北史》卷九有紀。

大同元年春正月戊申朔，[1]大赦，改元。

[1]大同：南朝梁武帝蕭衍年號（535—546）。

二月辛巳，祀明堂。丁亥，耕藉田。辛丑，高麗、丹丹國並遣使朝貢。

三月景寅，幸同泰寺，設無遮大會。辛未，滑國遣使朝貢。

夏四月庚子，波斯國遣使朝貢。夏四月庚子，波斯國遣使朝貢。[1]壬戌，[2]幸同泰寺，鑄十方銀像，[3]并設無㝵會。[4]

[1]夏四月庚子，波斯國遣使朝貢：大德本、汲古閣本、殿本、百衲本不重此句。底本誤衍，應删。

[2]壬戌：疑此日期有誤。或疑上脱“五月”二字。參中華本校勘記。

[3]十方：佛教語。指東、西、南、北、東南、西南、東北、西北、上、下十個方位。

[4]無㝵：佛教語。謂通達自在，没有障礙。㝵，同“碍”“礙”。大德本、百衲本同，汲古閣本、殿本作“碍”。

秋七月辛卯，[1]扶南國遣使朝貢。

[1]辛卯：中華本校勘記云：“按大同元年七月乙巳朔，是月無辛卯。”

冬十月，雨黄塵如雪。

十一月壬戌，北梁州刺史蘭欽攻漢中，[1]魏梁州刺史元羅降。[2]癸亥，復梁州。

[1]北梁州：州名。南朝梁置。治西城縣，在今陝西安康市西

北漢江北岸。　蘭欽：字休明，疑其出身峽江流域之巴蠻（參見趙燦鵬《梁陳之際南方豪族崛起的先聲：南朝名將蘭欽家世與生平蠡測》，《江西社會科學》2019 年第 8 期）。本書卷六一、《梁書》卷三二有傳。　漢中：郡名。治南鄭縣，在今陝西漢中市東。

［2］梁州：州名。治南鄭縣，在今陝西漢中市東。　元羅：字仲綱，鮮卑族，北魏宗室。《魏書》卷一六、《北史》卷一六有附傳。

是歲，西魏文皇帝大統元年。[1]

［1］西魏：朝代名。北朝之一。宇文泰立北魏宗室元寶炬（西魏文帝）建，都長安（今陝西西安市），歷文、廢、恭三帝，凡二十二年（535—556）。　大統：西魏文帝元寶炬年號（535—551）。

二年春二月乙亥，耕藉田。

三月庚申，[1]詔求讜言，[2]及令文武在位舉士。戊寅，[3]帝幸同泰寺，設平等法會。

［1］庚申：大德本、殿本同，汲古閣本作“庚辰”。《梁書》卷三《武帝紀下》亦作“庚申”。

［2］讜言：正直之言，直言。

［3］戊寅：中華本校勘記云：“按三月壬寅朔，無戊寅。而‘庚申’後有丙寅、戊辰，疑爲此二日辰之訛。”

夏四月乙未，以開府同三司之儀元法僧爲太尉。

五月癸卯，以魏梁州刺史元羅爲青、冀二州刺史，[1]封東郡王。[2]

[1]青、冀：州名。南朝宋僑置。治同在鬱州，在今江蘇連雲港市東雲臺山一帶。　二州刺史：官名。雙頭州刺史。即二州合治一地，且爲同一刺史。爲東晋、南北朝時期地方行政區劃的特殊現象之一。

[2]東郡王：《北史》卷一六《元羅傳》作"南郡王"。

六月丁亥，詔郊明堂陵廟等令，[1]改視散騎侍郎。[2]

[1]郊：《梁書》卷三《武帝紀下》作"南郊"。

[2]散騎侍郎：官名。南朝屬集書省，掌文學侍從，收納章奏，勸諫糾劾。梁八班。按，改視散騎侍郎，《梁書·武帝紀下》載本年六月丁亥詔曰："南郊、明堂、陵廟等令，與朝請同班，於事爲輕，可改視散騎侍郎。"朝請，即奉朝請。梁二班。

秋九月辛亥，幸同泰寺，設四部無㝵法會。

冬十月乙亥，詔大舉北侵。壬午，幸同泰寺，設無㝵大會。

十一月，雨黄塵如雪，攬之盈掬。己亥，詔北侵衆軍班師。辛亥，都下地震，生白毛，長二尺。

十二月壬申，與東魏通和。[1]

[1]東魏：朝代名。北朝之一。高歡於孝武帝出走後，另立北魏宗室元善見建，都鄴（今河北臨漳縣西南），歷時十七年（534—550）。

三年春正月辛丑，祀南郊，大赦。賜孝悌力田爵一級。是夜，朱雀門災。[1]壬寅，雨灰，黄色。

[1]朱雀門：又稱大航門。京都建康的南面城門。在今江蘇南京市中華門内秦淮河北岸。

二月丁亥。耕藉田。癸巳，以護軍將軍蕭藻爲尚書左僕射。

三月戊戌，立昭明太子子謍爲武昌郡王，[1]謍爲義陽郡王。[2]

[1]謍（sù）：古同“速”。　武昌：郡名。治武昌縣，在今湖北鄂州市。

[2]謍（jiān）：古同“監”。

夏五月癸未，[1]幸同泰寺，鑄十方金銅像，設無㝵法會。

[1]癸未：中華本校勘記：“按大同三年五月乙未朔，是月無癸未。”

六月，青州朐山隕霜。[1]

[1]朐山：山名。即今江蘇連雲港市西南錦屏山。

秋七月，青州雪，害苗稼。癸卯，東魏人來聘。己酉，義陽王謍薨。

八月辛卯，幸阿育王寺，[1]設無㝵法喜食，[2]大赦。[3]

[1]阿育王寺：佛寺名。在今江蘇南京市城南中華門外長干橋東南。初名長干寺，及梁武帝改造長干寺阿育王塔，於舊塔下出佛舍利、髮爪，遂更名阿育王寺。

[2]法喜：佛教語。謂因聞見、參悟佛法而產生的喜悅。梁武帝《出古育王塔下佛舍利詔》："今真形舍利復見於世，逢希有之事，起難遭之想，今出阿育王寺設無礙會，耆年童齒莫不欣悅。"見《廣弘明集》卷一五。

[3]大赦：《出古育王塔下佛舍利詔》云："凡天下罪無輕重皆赦除之。"

九月，使兼散騎常侍張皋聘于東魏。

閏九月甲子，侍中、太尉元法僧薨。

冬十月景辰，都下地震。

是歲飢。

四年春二月己亥，耕藉田。

三月，河南、蠕蠕國並遣使朝貢。

夏五月甲戌，東魏人來聘。

六月辛丑，日有蝕之。

秋七月癸亥，詔以東冶徒李胤之降象牙如來真形，[1]大赦。[2]戊辰，[3]使兼散騎常侍劉孝儀聘于東魏。[4]

[1]東冶：官署名。隸少府。置令、丞一人。掌領工徒鼓鑄鍛冶。因工徒多冶士（刑徒），故亦爲繫囚徒之所。其故址在今江蘇南京市東南秦淮河北岸。　李胤之：上虞縣（今浙江紹興市上虞區）人。時被囚禁東冶爲刑徒，因掘地得一如來真形牙像，即日放免。見梁武帝《以李胤之得牙像赦詔》（簡稱《牙像詔》，載《廣弘明集》卷一五）。　如來：猶言佛。爲佛祖釋迦牟尼的十種法號

之一。按“象牙如來真形”,《梁書》卷三《武帝紀下》作“如來真形舍利”,《資治通鑑》卷一五八《梁紀十四》武帝大同四年作“如來舍利”。

[2]大赦:《牙像詔》:“凡天下罪無輕重,在今月十六日昧爽以前,皆赦除之。”

[3]戊辰:大德本、殿本同,汲古閣本作“戊寅”。

[4]劉孝儀:劉潛。字孝儀,彭城(今江蘇徐州市)人。本書卷三九、《梁書》卷四一有附傳。

八月甲辰,詔南兖等十二州,[1]既經飢饉,曲赦逋租宿責,[2]勿收今年三調。

[1]南兖:州名。東晋僑立兖州,宋時改爲南兖州,初治京口,在今江蘇鎮江市。宋文帝元嘉八年(431)移治廣陵縣,在今江蘇揚州市西北蜀岡上。　十二州:《梁書》卷三《武帝紀下》作“南兖、北徐、西徐、東徐、青、冀、南北青、武、仁、潼、睢等十二州”。

[2]逋租宿責:欠租與舊債。逋,拖欠,積欠。責,同“債”。

九月,閱武于樂游苑。[1]

[1]樂游苑:苑囿名。在今江蘇南京市玄武湖南岸九華山南。

五年春正月乙卯,以護軍將軍廬陵王續爲驃騎將軍,安右將軍、尚書左僕射蕭藻爲中衛將軍,並開府儀同三司。中權將軍、丹陽尹何敬容以本號爲尚書令,吏部尚書張纘爲尚書左僕射。[1]丁巳,御史中丞、參禮儀事賀琛奏：[2]“今南北二郊及藉田往還，並宜御輦，[3]不復乘路。[4]三郊請用素輦，[5]藉田往還乘常輦，皆以侍中陪乘。停大將軍及太僕。”詔付尚書博議施行。改素輦名大同輦。郊祀宗廟乘佩輦。[6]辛未，祀南郊，詔孝悌力田及州閭鄉黨稱爲善人者，各賜爵一級。

[1]張纘：字伯緒，范陽方城（今河北固安縣）人。本書卷五六、《梁書》卷三四有附傳。　尚書左僕射：中華本删“左”字，其校勘記云：“‘僕射’上各本有‘左’字。按《梁書》無‘左’字，與《張纘傳》合，今據删。”應從删。

[2]賀琛：字國寶，會稽山陰（今浙江紹興市）人。本書卷六二有附傳，《梁書》卷三八有傳。

[3]輦：帝王或王室所乘，人拉的車子。

[4]路：即輅。指君王所乘，馬拉的大車。《釋名·釋車》：“天子所乘曰路，路亦車也，謂之路者，言行於道路也。”

[5]三郊：大德本、汲古閣本、北監本、百衲本同，殿本作“二”，應依殿本“從《梁書》”改。參殿本《考證》、張元濟《南史校勘記》。

[6]佩輦：各本同，《梁書》卷三《武帝紀下》作“玉輦”，中華本據《梁書》改。是，應從改。玉輦，天子所乘以玉爲飾之車。

秋八月乙酉，扶南國獻生犀。[1]

[1]生犀：活犀牛。

冬十一月乙亥，東魏人來聘。

十二月，使兼散騎常侍柳豹聘于東魏。

八月戊午，大赦。辛未，盤盤國遣使朝貢。

九月戊戌，司空袁昂薨。

冬十一月己卯，曲赦都下。

十二月壬子，江州刺史豫章王歡薨。

七年春正月辛巳，祀南郊，大赦。辛丑，祀明堂。

二月乙巳，以行宕昌王梁彌泰爲平西將軍、河凉二州刺史，[1]正封宕昌王。辛亥，耕藉田。乙卯，都下地震。

[1]宕昌：古族名和古國名。西羌的一支。主要分布於今甘肅南部白龍江中上游一帶。本書卷七九、《梁書》卷五四有傳。　梁彌泰：宕昌王梁彌博子。按，"彌泰"《梁書》卷三《武帝紀下》及卷五四《西北諸戎傳》同；《資治通鑑》卷一五八《梁紀十四》武帝大同七年作"彌定"，胡三省注引《考異》曰："今從《典略》。"

夏四月戊申，東魏人來聘，遣兼散騎常侍明少遐報聘。[1]

[1]明少遐：字處默，平原鬲（今山東平原縣）人。本書卷五〇有附傳。

冬十一月景子，詔停所在使役女丁。[1]

[1]女丁：成年女性。

十二月壬寅，東魏人來聘，遣兼散騎常侍袁狎報聘。景辰，於宮城西立士林館，[1]延集學者。

[1]宮城：城名。即臺城。在今江蘇南京市雞籠山南、乾河沿北。　士林館：學館名。梁武帝所立。

是歲，宕昌、蠕蠕、高麗、百濟、滑國各遣使朝貢。百濟求《涅槃》等經疏及醫工、畫師、《毛詩》博士，[1]並許之。交州人李賁攻刺史蕭諮。[2]

[1]《毛詩》：即今本《詩經》。相傳爲漢初學者毛亨和毛萇所傳，故稱。《漢書·藝文志》著録《毛詩》二十九卷、《毛詩故訓傳》三十卷。

[2]交州：州名。治龍編縣，在今越南北寧省仙游縣東。　蕭諮：字世恭，蕭恢之子。本書卷五二有附傳。

八年春正月，安成郡人劉敬躬挾左道以反。[1]

[1]安成郡：郡名。治平都縣，在今江西安福縣東南。　劉敬躬：本書卷五六《張綰傳》作"劉敬宮"。　挾左道以反：《梁書》卷三《武帝紀下》於其後還有"内史蕭説委郡東奔，敬躬據郡，進攻廬陵，取豫章，妖黨遂至數萬，前逼新淦、柴桑"諸語。

二月戊戌，江州刺史湘東王繹遣中兵曹子郢討禽之，送于都，斬之建康市。

三月，於江州新蔡高塘立頌平屯，[1]墾作蠻田。

[1]新蔡：郡名。治苞信縣，在今江西九江市。　高塘：郡名。梁置。治高塘縣，在今安徽宿松縣。

九年春閏正月景申，地震，生毛。

三月，以太子詹事謝舉爲尚書僕射。

夏四月，林邑王破德州，[1]攻李賁，賁將范脩又破林邑王於九德，[2]敗走之。

[1]德州：州名。梁置。治九德縣，在今越南義安省榮市。轄境相當今越南藍江流域下游地區。

[2]九德：縣名。梁代爲德州與九德郡治。

冬十一月，益州刺史武陵王紀進號征西將軍、開府儀同三司。[1]

[1]武陵王紀：蕭紀。字世詢，梁武帝第八子。本書卷五三、《梁書》卷五五有傳。

十年春正月，李賁竊號於交阯，[1]年號天德。

[1]竊號：僭稱天子尊號。按，竊號，《梁書》卷三《武帝紀下》作“竊位號”，《隋書·五行志下》作“自稱皇帝”，《資治通鑑》卷一五八《梁紀十四》武帝大同十年作“自稱越帝”。　交阯：郡名。治龍編縣，在今越南北寧省仙游縣東。

三月甲午，幸蘭陵。[1]庚子，謁建陵，[2]有紫雲蔭陵上，食頃乃散。帝望陵流涕，所霑草皆變色，陵傍有枯泉，至是而流水香絜。辛丑，哭于脩陵。[3]壬寅，於皇基寺設法會，[4]詔賜蘭陵老少位一階，并加頒賚。所經縣邑，無出今年租賦。因賦《還舊鄉詩》。癸卯，詔園陵職司，恭事勤勞，並錫位一階，并加賜賚。己酉，幸京口城北固樓，[5]因改名北顧。[6]庚戌，幸回賓亭，[7]宴帝鄉故老及所經近縣奉迎候者少長數千人，各賚錢二千。

[1]蘭陵：郡名。梁初以南東海郡改置。治京口城，在今江蘇鎮江市。一説此指南蘭陵郡，治蘭陵縣，在今江蘇常州市武進區西北。

[2]建陵：陵墓名。梁武帝父母陵，在今江蘇丹陽市東北東城村。

[3]脩陵：陵墓名。梁武帝皇后郗氏陵，在今江蘇丹陽市東皇業寺前。

[4]皇基寺：佛寺名。即今江蘇丹陽市東皇業寺。陸游《入蜀記》卷一："皇業寺，蓋史所謂皇基寺也，疑避唐諱所改。"

[5]京口城：城名。在今江蘇鎮江市。　北固樓：樓閣名。在今江蘇鎮江市北長江邊北固山上。

[6]因改名北顧：詳本書卷五一《蕭正義傳》。

[7]回賓亭：亭名。在今江蘇鎮江市東。

夏四月乙卯，至自蘭陵。詔鰥寡孤獨尤貧者，贍恤各有差。

五月，廣州人盧子略反，刺史新渝侯映討平之。[1]詔曲赦廣州。

[1]映：蕭映。字文明，梁宗室。本書卷五二有附傳。

秋九月己丑，赦。

冬十一月，[1]大雪，平地三尺。

[1]十一月：《梁書》卷三《武帝紀下》作“十二月”。

十一年春正月，震華林園光嚴殿、重雲閣。[1]帝自貶拜謝上天，累刻乃止。

[1]華林園：宮苑名。在今江蘇南京市雞籠山南臺城故址内。光嚴殿、重雲閣：並宮殿名。梁武帝時在建康宮華林園内所建的重閣，上曰重雲殿，又稱重雲閣，下曰光嚴殿。参《讀史方輿紀要》卷二〇《南直二·江寧縣》。

夏四月，東魏人來聘。

冬十月己未，詔復開贖罪典。

中大同元年春正月丁未，[1]曲阿縣建陵隧口石辟邪起舞，[2]有大虵鬬隧中，其一被傷奔走。青蟲食陵樹葉略盡。癸丑，交州刺史楊瞟剋交阯嘉寧城，[3]李賁竄入屈獠洞。交州平。

[1]中大同：南朝梁武帝蕭衍年號（546—547）。

[2]辟邪：古代傳説中的神獸名。似獅而帶翼，長尾，有兩角。按，石辟邪起舞，《梁書》卷三《武帝紀中》作“石騏驎動”。

[3]嘉寧城：城名。即嘉寧縣治所，梁代亦爲新昌郡治，在今越南富壽省越池市南。

三月乙巳，大赦。庚戌，幸同泰寺講《金字三慧經》，[1]仍施身。[2]

[1]《金字三慧經》：佛經名。一卷。集録經論中種種因緣、法義，凡六十餘條。南朝梁僧祐《出三藏記集》卷四有著録。三慧，佛教語，謂聞慧、思慧、修慧。聞須諦聞、思須審思、修須如實修持。衹有三慧具足，纔可得到三乘聖果。

[2]施身：即捨身。

夏四月景戌，皇太子以下奉贖，[1]仍於同泰寺解，[2]設法會，大赦，改元。是夜，同泰寺灾。[3]

[1]奉贖：《資治通鑑》卷一五九《梁紀十五》武帝中大同元年胡三省注引《考異》：“四月丙戌，公卿以錢二億萬奉贖。按韓愈《佛骨表》云‘三度捨身爲寺家奴’，若并此則四矣。今從《梁書》。”

[2]解：中華本作“解講”，其校勘記云：“各本並脱‘講’字，據《梁書》、《册府元龜》一九四補。”應從補。

[3]同泰寺灾：《資治通鑑·梁紀十五》作“同泰寺浮圖災”，其後還記有：“上曰：‘此魔也，宜廣爲法事。’群臣皆稱善。乃下詔曰：‘道高魔盛，行善鄣生，當窮兹土木，倍增往日。’遂起十二層浮圖；將成，值侯景亂而止。”

六月辛巳，竟天有聲，如風水相薄。

秋七月甲子，詔自今有犯罪者，非大逆，[1]父母祖父母勿坐。[2]景寅，詔曰：“朝四暮三，衆狙皆喜，名實未虧，而喜怒爲用。[3]頃聞外間多用九陌錢，[4]佰減則物貴，佰足則物賤，非物有貴賤，是心有顛倒。[5]至於遠方，日更滋甚。自今可通用足佰錢。”

[1]大逆：舊指危害君父、宗廟、宫闕等罪行。爲“十惡”之中名列第二的大罪。

[2]坐：連坐，即一人犯法，其家屬親友等連帶受處罰。

[3]“朝四暮三”至“而喜怒爲用”：此語出自《莊子·齊物論》。狙，音jū，獼猴。

[4]九陌錢：大德本、汲古閣本、殿本作“九佰錢”。九佰錢，又稱長錢。即以九十充百之錢。按，佰，《梁書》卷三《武帝紀下》亦作“陌”。《隋書·食貨志》：梁大同以後，“自破嶺以東，八十爲百，名曰‘東錢’。江、郢已上，七十爲百，名曰‘西錢’。京師以九十爲百，名曰‘長錢’”。參《日知録》卷一一《短陌》。

[5]是心有顛倒：王鳴盛《十七史商榷》卷五五《號取寺名詔用佛語》：“此佛語也。夫紀年建號而取寺名，行政下詔而用佛語，帝之流蕩甚矣。”

八月丁丑，東楊州刺史武昌王警薨。甲午，涅槃陁國遣使獻方物。[1]

[1]涅槃陁國：大德本、汲古閣本、殿本作“渴槃陁國”。渴槃陀國，古國名。亦作漢盤陀，在今新疆塔什庫爾干塔吉克自治縣一帶。本書卷七九、《梁書》卷五四有傳。

冬十一月癸酉，[1]汝陰王劉哲薨。

[1]冬十一月癸酉：《通志》卷一三同。按，是年十一月甲午

朔，無癸酉；十月、十二月並甲子朔，初十日皆“癸酉”，未詳孰是。中華本據《梁書》卷三《武帝紀下》删“一”字作“十月”。

太清元年春正月己亥朔，[1]日有蝕之。壬寅，荆州刺史廬陵王續薨。辛酉，祀南郊，大赦。甲子，祀明堂。是月，東魏相勃海王高歡薨。

[1]太清：南朝梁武帝蕭衍年號（547—549）。

二月己卯，白虹貫日。[1]庚辰，東魏司徒侯景求以河南十三州内屬。[2]壬午，以景爲大將軍，封河南王，大行臺，[3]承制如鄧禹故事。[4]丁亥，耕藉田。

[1]白虹貫日：一種罕見的日暈天象。即白色長虹穿日而過。古人以爲此乃人間當有非常之事發生的徵兆。白虹，日月周圍的白色暈圈。

[2]侯景：字萬景，懷朔鎮（今内蒙古固陽縣）人。原爲東魏大將，後叛至南朝梁，於梁武帝太清二年（548）在壽陽發動叛亂，次年攻克都城建康，擅行廢立，禍亂朝野，史稱“侯景之亂”。本書卷八〇、《梁書》卷五六有傳。　十三州：即豫、廣、潁、洛、陽、西揚、東荆、北荆、襄、東豫、南兖、西兖、齊等州。参《梁書》卷三《武帝紀下》。

[3]大行臺：官署名。南北朝至唐初，爲尚書省設在各主要地區的派出機構，代表朝廷行使尚書省權力，管理轄區内的軍政事務，是地方最高的軍事與行政機構。亦作官名。爲大行臺長官（大行臺尚書令、尚書僕射）的省稱。

[4]承制：謂秉承皇帝旨意而便宜行事。魏晋南北朝時權臣多

以此名義自行處置政務、任免官吏，故雖稱“承制行事”，但未必已取得皇帝同意。　鄧禹故事：指鄧禹佐漢光武帝平定河東後，承制拜李文爲河東太守，悉更置屬縣令長。事見《後漢書》卷一六《鄧禹傳》。故事，先例，指後世多作爲處理政事依據的成例。

三月庚子，幸同泰寺，設無遮大會。上釋御服，服法衣，行清净大捨，名曰“羯磨”。[1]以五明殿爲房，[2]設素木牀、葛帳、土瓦器，乘小輿，私人執役。乘輿法服，一皆屏除。甲辰，遣司州刺史羊鴉仁率土州刺史桓和、仁州刺史湛海珍等應接侯景。[3]兵未至，而東魏進兵攻景，[4]景又割地求救於西魏，方解圍。乙巳，帝升光嚴殿講堂，坐師子，[5]講《金字三慧經》，捨身。

[1]羯磨：佛教語。梵文音譯，意爲“業”或“辦事”。此處指“辦事”，即誦經拜佛等法事。

[2]五明殿：宫殿名。在今江蘇南京市雞籠山南古臺城故址内。

[3]羊鴉仁：字孝穆，泰山鉅平（今山東泰安市）人。初仕魏，梁武帝普通中歸梁，封廣晋侯。本書卷六三、《梁書》卷三九有傳。　土州：州名。梁置。治龍巢縣，在今湖北隨州市東北。　桓和：本書及《梁書》之《羊鴉仁傳》並作“桓和之”。　仁州：州名。梁置。治赤坎城，在今安徽固鎮縣東南。　侯景：《梁書》卷三《武帝紀下》作“北豫州”。北豫州，州名。東魏置。治所在今河南滎陽市汜水鎮西北。

[4]進兵：大德本、汲古閣本、殿本作“遣兵”。

[5]坐師子：各本及《通志》卷一三同，中華本據《册府元龜》卷一九四補作“坐師子座”。師子座，指寺院中佛與菩薩的臺座以及高僧説法時的坐席。

夏四月庚寅，[1]群臣以錢一億萬奉贖皇帝菩薩，僧衆默許。戊寅，百辟詣鳳莊門奉表，[2]三請三答，頓首，並如中大通元年故事。丁亥，服衮冕。御輦還宮。幸太極殿，如即位禮，大赦，改元。是月，神馬出，皇太子獻《寶馬頌》。

[1]庚寅：大德本、汲古閣本同，殿本作"庚午"。按，梁武帝中大同二年（547）四月丁卯朔，庚午爲初四日，庚寅爲二十四日。據下文戊寅（十一日）"奉表"、丁亥（二十一日）"還宮"，則"奉贖"之日自當在庚午。應從殿本改。

[2]鳳莊門：華林園門。齊明帝時一度改名望賢門。

六月戊辰，以前雍州刺史鄱陽王範爲征北將軍，[1]總督漢北征討諸軍事。

[1]範：蕭範。字世儀，梁武帝弟鄱陽王蕭恢世子，襲父爵爲鄱陽王。本書卷五二、《梁書》卷二二有附傳。

秋七月庚申，羊鴉仁入縣瓠城。[1]

[1]縣瓠城：城名。亦作"懸瓠城"。在今河南汝南縣。東晉、南北朝時爲南北軍事要地。縣，古同"懸"。

八月乙丑，諸軍北征，以南豫州刺史蕭明爲大都督。[1]赦緣邊初附諸州。戊子，以大將軍侯景録行臺尚書事。[2]

[1]蕭明：即蕭淵明。唐人修史避唐高祖李淵諱作“蕭明”或“蕭深明”。字靖通，梁宗室。梁元帝承聖四年（555），元帝爲西魏所殺，北齊護送其南下建康，王僧辯擁立爲帝，年號天成。陳霸先殺王僧辯，立敬帝，降號爲建安王。旋病卒。本書卷五一有附傳。

[2]録行臺尚書事：官名。梁武帝置，總攬大行臺軍政事務。

九月癸卯，王游苑成，[1]輿駕幸苑。

[1]王游苑：苑囿名。一名江潭苑，在今江蘇南京市西南。《讀史方輿紀要》卷二〇《南直二·江寧縣》引《輿地志》：“梁武帝從新亭鑿渠通新林浦，又爲池，開大道，立殿宇，名王遊苑。”

冬十一月，東魏將慕容紹宗大敗蕭明于寒山，[1]明被俘執。紹宗進圍潼州。[2]

[1]慕容紹宗：昌黎棘城（今遼寧義縣）人，鮮卑族。《北齊書》卷二〇、《北史》卷五三有傳。　寒山：山名。在今江蘇徐州市東南。

[2]潼州：州名。南朝梁置。治取慮城，在今安徽靈璧縣東北。

十二月戊辰，命太子舍人元貞還北爲東魏主。[1]

[1]元貞：鮮卑族，北魏宗室。《梁書》卷三九《元樹傳》云：“太清初，侯景降，請元氏戚屬，願奉爲主，詔封貞爲咸陽王，以天子之禮遣還北，會景敗而返。”

二年春正月癸巳朔，兩月相承如鉤，見于西方。戊戌，詔在位各舉所知。己亥，東魏克渦陽。辛丑，以尚書僕射謝舉爲尚書令，以守吏部尚書王克爲尚書僕射。[1]甲辰，東魏剋殷、豫二州。[2]

[1]王克：琅邪臨沂（今山東臨沂市）人。本書卷二三有附傳。

[2]殷、豫：並州名。殷州，梁改北揚州置。治秣陵縣，在今河南沈丘縣。

三月甲辰，撫軍將軍高麗王高延卒，[1]以其子成爲寧東將軍、高麗王、樂浪公。己未，屈獠洞斬李賁，傳首建鄴。

[1]撫軍將軍：各本同，《梁書》卷三《武帝紀下》作“撫東將軍”，中華本據《梁書》改。是，應從改。

夏四月景子，詔在朝及州郡各舉士。

五月辛丑，以新除中書令邵陵王綸爲安前將軍、開府儀同三司。辛亥，曲赦交、愛、德三州。[1]

[1]交、愛、德三州：並州名。愛州，梁置。治移風縣，在今越南清化省清化市北馬江南岸。

六月，天裂于西北，長十丈，闊二丈，光出如電，其聲若雷。

秋七月，使兼散騎常侍謝班聘于東魏結和。

八月戊戌，[1]侯景舉兵反。甲辰，使開府儀同三司邵陵王綸都督衆軍討景，曲赦南豫州。[2]

[1]戊戌：大德本、汲古閣本同，北監本、殿本作“戊辰”。張元濟《南史校勘記》：“殿誤，見《梁書·紀三》。”

[2]南豫州：州名。治汝陰縣，在今安徽合肥市。

九月戊辰，地震，江左尤甚，[1]壞屋殺人。地生白毛，長二尺。益州市有飛蠡萬群，[2]螫人死。

[1]江左：地區名。即江東。指今安徽蕪湖市至江蘇南京市之間長江河段以東地區。亦泛指東晋及南朝統治下的全部地區。

[2]益州：州名。治成都縣，在今四川成都市。

冬十月，侯景襲譙州，[1]進攻陷歷陽。[2]戊申，以臨賀王正德爲平北將軍，都督諸軍屯丹陽郡。[3]己酉，景自横江濟採石。[4]辛亥，至建鄴，臨賀王正德率衆附賊。

[1]譙州：州名。即南譙州。梁置。治桑根山下，在今安徽全椒縣西北。按，《梁書》卷三《武帝紀下》其下有“執刺史蕭泰”五字。

[2]歷陽：郡名。治歷陽縣，在今安徽和縣。按，《梁書·武帝紀下》其下有“太守莊鐵降之”六字。

[3]丹陽：郡名。治建康縣，在今江蘇南京市。

[4]横江：津渡名。在今安徽和縣東南長江西岸，與馬鞍山市採石磯隔江相對。　採石：津渡名。亦作“采石”，即採石津。亦

名南州津。在今安徽馬鞍山市西南長江東岸採石磯江口，與和縣橫江渡口隔江相對。

十一月戊午朔，設壇，刑白馬，[1]祀蚩尤於太極殿前。[2]己未，景立蕭正德爲天子於南闕前。[3]辛酉，賊攻陷東府城。[4]庚辰，邵陵王綸帥武州刺史蕭弄璋、前譙州刺史趙伯超等入援。[5]乙酉，進軍湖頭，[6]與賊戰，賊敗績。[7]景戌，安北將軍鄱陽王範遣世子嗣、雄信將軍裴之高等率衆入援，[8]次張公洲。[9]

［1］刑白馬：用白馬作爲祭祀的犧牲。

［2］蚩尤：古代九黎族首領。傳爲製造兵器之人，又傳爲主兵之神，説法不一。參《資治通鑑》卷一六一《梁紀十七》武帝太清二年胡三省注。

［3］南闕前：《資治通鑑·梁紀十七》胡三省注："天監六年，改聽訟堂爲儀賢堂，在南闕前。"

［4］東府城：城名。簡稱東府、東城。在今江蘇南京市通濟門附近，南臨秦淮河。爲東晋、南朝宰相兼揚州刺史的府第所在。

［5］蕭弄璋：後兵敗附侯景。景以爲北兗州刺史，州民發兵拒之。參《梁書》卷五六《侯景傳》。　趙伯超：事見本書卷八〇、《梁書》卷五六之《侯景傳》。大德本、殿本同，汲古閣本作"趙伯倫"。

［6］湖頭：地名。指今江蘇南京市紫金山西麓、玄武湖東南端岸邊一帶平坦之地。

［7］賊敗績：中華本校勘記云："'敗績'上各本有'賊'字。按湖頭之戰，邵陵王綸敗績，《梁書》無'賊'字，今據删。"應從删。

［8］嗣：蕭嗣。字長胤，梁鄱陽王蕭範之子。本書卷五二、

《梁書》卷二二有附傳。　裴之高：字如山，河東聞喜（今山西聞喜縣）人。本書卷五八、《梁書》卷二八有附傳。

[9]張公洲：地名。即蔡洲。在今江蘇南京市西南，原爲長江中沙洲，今已併陸南岸。

十二月戊申，天西北裂，有光如火。尚書令謝舉卒。景辰，司州刺史柳仲禮、前衡州刺史韋粲、高州刺史李遷仕、前司州刺史羊鴉仁等率軍入援。[1]

[1]柳仲禮：字仲立，河東解（今山西臨猗縣）人，柳津之子。本書卷三八、《梁書》卷四三有附傳。　韋粲：字長倩（《梁書》作"長蒨"），京兆杜陵（今陝西西安市長安區）人。本書卷五八有附傳，《梁書》卷四三有傳。　李遷仕：不久兵敗，退還高州。後陳霸先越大庾嶺北上，遷仕欲謀阻而襲擊之，終爲霸先所擒殺。事見本書卷九《陳武帝紀》、《陳書》卷一《高祖紀上》。

三年春正月丁巳，大都督柳仲禮率衆軍分據南岸，[1]賊濟軍於青塘，[2]襲殺韋粲。庚申，白虹貫日三重。邵陵王綸、臨城公大連等率兵集南岸。[3]戊辰，有流星長三十丈，墮武庫。李遷仕及天門太守樊文皎進軍青溪東，[4]爲賊所破，文皎死之。壬午，熒惑守心。[5]

[1]南岸：秦淮河南岸。按，《資治通鑑》卷一六二《梁紀十八》武帝太清三年作"柳仲禮自新亭徙營大桁"。大桁，又名朱雀桁，在今江蘇南京市秦淮區鎮淮橋附近秦淮河上。

[2]青塘：地名。即青溪塘。在江蘇南京市東南，地近秦淮河。

[3]大連：蕭大連。字仁靖，梁簡文帝第五子。本書卷五四、

《梁書》卷四四有傳。

[4]青溪：水名。亦作清溪，又名東渠。三國吴鑿，源於今江蘇南京市鍾山西南，曲折穿過市區東部，流入秦淮河。爲六朝時京都漕運要道與防守要地。

[5]熒惑守心：一種非常見的星辰運行之天象。指火星進入了心宿的天區。古人認爲此乃大難將至之預兆。詳《隋書·天文志》。

二月，侯景遣使求和，皇太子固請，帝乃許之。盟于西華門下。[1]景既運東城米歸于石頭，亦不解圍，啓求遣諸軍退。丁未，皇太子又命南兖州刺史南康王會理、前青冀二州刺史湘潭侯退率江北之衆，[2]頓于蘭亭苑。[3]甲子，[4]以開府儀同三司、丹陽尹邵陵王綸爲司空，以合州刺史鄱陽王範爲征北大將軍、開府儀同三司，以司州刺史柳仲禮爲侍中、尚書僕射。時景姦計既成，乃表陳帝失，復舉兵向闕。

[1]西華門：建康臺城西門，爲臺城六門之一。

[2]會理：蕭會理。字長才，南康簡王蕭績之子，梁武帝之孫。本書卷五三、《梁書》卷二九有附傳。　退：蕭退。梁宗室。《北齊書》卷三三、《北史》卷二九有傳。

[3]蘭亭苑：地名。《梁書》卷三《武帝紀下》同，《資治通鑑》卷一六二《梁紀十八》武帝太清三年作“江潭苑”，胡三省注引《考異》:“《梁·帝紀》作‘蘭亭苑’。今從《太清紀》《典略》。”

[4]甲子：中華本校勘記:“按太清三年二月丁亥朔，是月無甲子，《梁書》作‘庚戌’，二月二十四日也，是。”

三月，城内以景違盟，設壇告天地神祇。戊午，前司州刺史羊鴉仁等進軍東府北，與賊戰，大敗。時四方征鎮入援者三十餘萬，莫有鬬志，自相抄奪而已。丁卯，賊攻陷宫城，縱兵大掠。己巳，賊矯詔遣石城公大款解外援軍。[1]庚午，侯景自爲都督中外諸軍事、大丞相、録尚書事。辛未，援軍各退散。景子，熒惑守心。

[1]大款：蕭大款。字仁師，梁簡文帝第三子。本書卷五四有傳。

夏四月己丑，都下地震。景申，又震。己酉，帝以所求不供，憂憤寢疾。是月，青冀二州刺史明少遐、東徐州刺史湛海珍、北青州刺史王奉伯各舉州附東魏。[1]

[1]青冀二州：雙頭州名。南朝宋置。治鬱洲，在今江蘇連雲港市東雲臺山一帶。　東徐州：州名。梁改南徐州置。治宿預縣，在今江蘇宿遷市東南。　北青州：州名。梁改南青州置。治團城，在今山東沂水縣。按“青冀二州”至“各舉州附東魏”，《梁書》卷三《武帝紀下》與本紀略同，《資治通鑑》卷一六二《梁紀十八》武帝太清三年作“東徐州刺史湛海珍、北青州刺史王奉伯並以地降東魏。青州刺史明少遐、山陽太守蕭鄰棄城走，東魏據其地”，與本紀相異。

五月景辰，帝崩于净居殿，[1]時年八十六。辛亥，[2]遷梓宫于太極前殿。[3]十二月乙卯，[4]葬于脩陵，追尊爲武皇帝，廟號高祖。

[1]净居殿：宫殿名。在建康宫城内，爲梁武帝燕居處所。

[2]辛亥：各本同，《梁書》卷三《武帝紀下》作“辛巳”。按，梁武帝太清三年（549）五月乙卯朔，無辛亥，辛巳爲二十七日。中華本據《梁書》改。應從改。

[3]梓宫：皇帝及皇后的棺材。以梓木爲之，故名。

[4]十二月：大德本、汲古閣本、殿本及《梁書·武帝紀下》作“十一月”。《資治通鑑》卷一六二《梁紀十八》武帝太清三年亦記作“十一月”。底本誤，應據他本改。

帝性淳孝，六歲，[1]獻皇太后崩，水漿不入口三日，哭泣有過成人。及丁文帝憂，時爲齊隨王諮議，隨府在荆鎮，[2]以病聞，便投劾星馳，[3]不復寢食，倍道就路。[4]憤風驚浪，不暫停止。帝形容本壯，及至都，銷毁骨立，親表士友，皆不復識。望宅奉諱，[5]氣絶久之。每哭，輒歐血數升。服内，[6]日惟食麥二溢。[7]拜埽山陵，[8]涕淚所洒，松草變色。及居帝位，即於鍾山造大愛敬寺，青溪邊造智度寺，[9]於臺内立至敬等殿，又立七廟堂。[10]月中再設净饌，[11]每至展拜，[12]涕泗滂沲，哀動左右。

[1]六歲：《梁書》卷三《武帝紀下》同。按，梁武帝生於宋孝武帝大明八年（464），獻皇太后張尚柔卒於宋明帝泰始七年（471），是疑“六歲”當爲“八歲”之誤。

[2]荆鎮：荆州官署的駐在地，在今湖北荆州市荆州區。

[3]投劾：古代棄官的一種方式。即呈遞彈劾自己的狀文。星馳：連夜奔走。

[4]倍道：兼程。

[5]奉諱：居喪。

[6]服内：服喪期内。

[7]溢：容量單位。《儀禮·喪服·既夕禮》："歠粥，朝一溢米，夕一溢米，不食菜果。"鄭玄注："二十四兩曰溢，爲米一升二十四分升之一。"約今一百克。

[8]拜埽：謂到墳前祭奠死者。埽，古同"掃"。　山陵：帝王或皇后的墳墓。此處指建陵。

[9]智度寺：佛寺名。智度，佛教語。梵語意譯。意爲大智慧到彼岸。

[10]七廟：帝王供奉祖先的宗廟。《禮記·王制》："天子七廟，三昭三穆，與太祖之廟而七。"

[11]净饌：素齋。

[12]展拜：謂行跪拜之禮。

少而篤學，能事畢究，[1]雖萬機多務，猶卷不輟手，燃燭側光，[2]常至戊夜。[3]撰《通史》六百卷，[4]《金海》三十卷，[5]《制旨孝經義》《周易講疏》及《六十四卦》《二繫》《文言》《序卦》等義，《樂社義》《毛詩》《春秋答問》《尚書大義》《中庸講疏》《孔子正言》《孝經講疏》，[6]凡二百餘卷。王侯朝臣皆奉表質疑，帝皆爲解釋。脩飾國學，增廣生員，立五館，[7]置《五經》博士。天監初，何佟之、賀瑒、嚴植之、明山賓等覆述制旨，[8]并撰吉凶賓軍嘉五禮，一千餘卷，帝稱制斷疑焉。大同中，於臺西立士林館，領軍朱异、太府卿賀琛、舍人孔子袪等遞互講述。[9]皇太子、宣城王亦於東宫宣猷堂及楊州解開講。[10]於是四方郡國，莫不向風。爰自在田，[11]及登寶位，[12]躬制贊、序、詔誥、銘、誄、箴、頌、牋、奏諸文，[13]又百二十卷。六藝備閑，[14]棋登逸品，[15]陰陽、緯候、卜筮、占决、草隸、尺牘、騎射，[16]莫不稱妙。

[1]畢究：窮究，深入研究。

[2]燃燭：張元濟《南史校勘記》："按'燃'本作'然'，見《説文》。"

[3]戊夜：舊時自黄昏至拂曉一夜間，分爲甲、乙、丙、丁、戊五個時段，謂之"五夜"，又稱"五更"。戊夜指第五時段，即天將明時。

[4]《通史》六百卷：《隋書·經籍志二》有"《通史》四百八十卷，梁武帝撰。起三皇，訖梁"，兩《唐書》並作"六百二卷"。唐劉知幾《史通·六家》："至梁武帝又敕其群臣，上自太初，下終齊室，撰成《通史》六百二十卷。其書自秦以上，皆以《史記》爲本，而别採他説，以廣異聞。至兩漢已還，則全録當時紀傳，而上下通達，臭味相依。又吴、蜀二主皆入世家，五胡及拓拔氏列於《夷狄傳》。大抵其體皆如《史記》。其所爲異者，惟無表而已。"參本書卷七二、《梁書》卷四九之《吴均傳》。

[5]《金海》：中華本校勘記："'金海'《梁書》、《册府元龜》一九二作'金策'。王應麟《玉海》五四：'《南史》武帝撰《金海》三十卷。''金海''金策'未知孰是。"

[6]《毛詩》：《梁書》卷三《武帝紀下》作"毛詩答問"。《孝經講疏》：《梁書·武帝紀下》作"老子講疏"。

[7]五館：梁代國學研習《五經》的學館。本書卷七一《儒林傳序》："天監四年，乃詔開五館，建立國學，總以《五經》教授，置《五經》博士各一人。"《五經》，儒家經典《詩》《書》《易》《禮》《春秋》的合稱。一説五館爲梁代設置的修撰五禮的機構。參《梁書》卷二五《徐勉傳》載梁武帝普通六年（525）上《修五

禮表》。

[8]何佟之：字士威，廬江灊（今安徽霍山縣）人。本書卷七一、《梁書》卷四八有傳。 賀瑒：字德璉，會稽山陰（今浙江紹興市）人。本書卷六二、《梁書》卷四八有傳。 嚴植之：字孝源，建平秭歸（今湖北秭歸縣）人。本書卷七一、《梁書》卷四八有傳。 明山賓：字孝若，平原鬲（今山東平原縣）人。本書卷五〇有附傳，《梁書》卷二七有傳。

[9]朱异：字彦和，吴郡錢唐（今浙江杭州市）人。本書卷六二、《梁書》卷三八有傳。 孔子袪：會稽山陰（今浙江紹興市）人。本書卷七一、《梁書》卷四八有傳。

[10]宣猷堂：殿堂名。在東宫玄圃園内。 楊州解（xiè）：揚州刺史官署。在東府城内，即今江蘇南京市通濟門附近。解，大德本、殿本同，汲古閣本作“廨”，《梁書》卷三《武帝紀下》亦作“廨”。二字通。

[11]在田：《易·乾卦》：“九二，見龍在田，利見大人。”後因以稱帝王即位前的處境。

[12]寶位：語出《易·繫辭下》：“聖人之大寶曰位。”後用以指帝位。

[13]詸：大德本、汲古閣本、殿本同，百衲本作“説”。按，中華本作“詸説”。

[14]六藝：指古代學校教育的禮、樂、射、御、書、數六大科目。亦指儒家的《詩》《書》《易》《禮》《樂》《春秋》六種經典。 閑：通“嫻”。

[15]逸品：指技藝或藝術品水準達到超衆脱俗的品第。

[16]陰陽：指有關日、月、星辰運轉的學問。 緯候：緯書與《尚書中候》的合稱，亦指讖緯之學。 卜筮：古時預測吉凶，用龜甲稱卜，用蓍草稱筮，合稱卜筮。 占决：通過占卜來决斷（事情）。 草隸：草書和隸書的合稱，或專稱草隸書。亦泛指書法。 尺牘：指文辭，文章。 騎射：騎馬和射箭。亦謂軍事素養。

晚乃溺信佛道，[1]日止一食，[2]膳無鮮腴，惟豆羹糲飯而已。[3]或遇事擁，日儻移中，[4]便嗽口以過。[5]製《涅槃》《大品》《净名》《三慧》諸經義記數百卷。[6]聽覽餘閑，即於重雲殿及同泰寺講説，名僧碩學，四部聽衆，常萬餘人。

[1]佛道：佛法之道。

[2]一食：即一食齋。佛教中一派的戒律，教徒每天衹吃午前一餐。

[3]豆羹：用豆煮成的糊狀食品。　糲飯：糙米飯。

[4]移中：過了正午。佛教戒律，過午不食。

[5]過：度過，度日。

[6]《大品》：佛經名。即《大品般若經》。　《净名》：佛經名。《維摩詰經》的異稱。

身衣布衣，木綿皁帳，[1]一冠三載，一被二年。自五十外便斷房室，[2]後宫職司貴妃以下，[3]六宫褘褕三翟之外，[4]皆衣不曳地，傍無錦綺。不飲酒，不聽音聲，[5]非宗廟祭祀、大會饗宴及諸法事，未嘗作樂。

[1]木綿：亦作木棉。即草棉，通稱棉花。

[2]房室：指房事，性生活。

[3]貴妃：后妃名號。宋孝武帝置，位比相國。

[4]六宫：指后妃、夫人、嬪御等。　褘褕：古代后妃的兩種祭服。褘，指褘衣，祭祀先王時服之。褕，指褕翟，亦作揄狄，祭祀先公時服之。　三翟：后妃祭服褘衣、褕翟、闕狄的合稱。因服上皆刻繪翟（即雉）的圖紋爲飾，故名。闕狄，亦作闕翟，祭祀司

中、司命、風伯、雨師、諸星、山林、川澤時服之。詳《周禮・天官・内司服》及鄭玄注。

[5]音聲：音樂。

勤於政務，孜孜無怠。每冬月四更竟，即敕把燭看事，[1]執筆觸寒，手爲皴裂。然仁愛不斷，[2]親親及所愛愆犯多有縱捨，[3]故政刑弛紊。每決死罪，常有哀矜涕泣，然後可奏。[4]

[1]看事：閲讀文書。參周一良《南史札記・事》（《魏晋南北朝史札記》，中華書局1985年版，第456—460頁）。

[2]不斷：謂不果决，不果斷。

[3]親親：親屬，親戚。　愆犯：因過失而觸犯刑律。

[4]可奏：批准上奏文書。蔡邕《獨斷》卷上："凡群臣上書於天子者，有四名：一曰章，二曰奏，三曰表，四曰駮議。"

性方正，雖居小殿暗室，恒理衣冠小坐，[1]暑月未嘗褰袒。[2]雖見内豎小臣，[3]亦如遇大賓也。

[1]小坐：稍坐片刻。

[2]褰袒：解開衣襟。

[3]内豎小臣：指在宫中服役的低級宦官。

初，齊高帝夢屐而登殿，[1]顧見武、明二帝後一人手張天地圖而不識，問之，答曰："順子後。"[2]及崔慧景之逼，[3]長沙宣武王入援，[4]至越城，[5]夢乘馬飛半天而墜，帝所馭化爲赤龍，騰虚獨上。時臺内有宿衛士爲覘，常見太極殿有六龍各守一柱，末忽失其二，後見在宣武王宅。時宣武爲益州，覘乃往蜀伏事。[6]及宣武在郢，[7]此覘還都，乃見六龍俱在帝所寢齋，遂去郢之雍。[8]中途遇疾且死，謂同侶曰："蕭雍州必作天子。"具以前事語之。推此而言，蓋天命也。

[1]屐：木製的鞋，屐底大多有二齒，可以踐行泥地。《宋書》卷六七《謝靈運傳》："靈運常著木屐，上山則去前齒，下山則去後齒。"此處指穿木鞋。

[2]順子後：指梁武帝。順，梁武帝父蕭順之；子，泛稱人。

[3]崔慧景：字君山，清河東武城（今河北清河縣）人。本書卷四五、《南齊書》卷五一有傳。

[4]長沙宣武王：蕭懿。字元達，梁太祖蕭順之之子，梁武帝蕭衍胞兄。後爲東昏侯所殺。武帝天監元年（502），追贈丞相、長沙郡王，謚號宣武。本書卷五一、《梁書》卷二二有傳。

[5]越城：城名。在今江蘇南京市中華門外。

[6]伏事：同"伏侍"。指侍候，服侍。

[7]郢：州名。宋孝武帝置。治夏口城（後稱郢城），在今湖北武漢市武昌區蛇山。

[8]雍：州名。治襄陽縣，在今湖北襄陽市。

雖在蒙塵，齋戒不廢，[1]及疾不能進膳，盥漱如初。皇太子日中再朝，每問安否，涕泗交面。賊臣侍者，莫不掩泣。疾久口苦，索蜜不得，再曰："荷，荷！"遂崩。賊秘之，太子問起居不得見，慟于閤下。

[1]齋戒：佛教語。又稱八關齋戒，指在家信徒一晝夜受持的

八條戒律。《資治通鑑》卷一三五《齊紀一》武帝永明元年胡三省注:"釋氏之戒:一,不殺生;二,不偷盜;三,不邪淫;四,不妄語;五,不飲酒、食肉;六,不著花鬘瓔珞、香油塗身、歌舞倡伎故往觀聽;七,不得坐高廣大床;八,不得過齋後喫食。已上八戒,故爲八關。《雜録名義》云:八戒者,俗衆所受一日一夜戒也。謂八戒一齋,通謂八關齋,明以禁防爲義也。"

始天監中,沙門釋寶誌爲詩曰:[1]"昔年三十八,今年八十三,四中復有四,城北火酣酣。"帝使周捨封記之。[2]及中大同元年,同泰寺災,帝啓封見捨手迹,爲之流涕。帝生於甲辰,[3]三十八,剋建鄴之年也。遇災歲實丙寅,[4]八十三矣。四月十四日而起火之始,[5]自浮屠第三層。[6]三者,帝之昆季次也。[7]帝惡之,召太史令虞履筮之,[8]遇《巛》。[9]履曰:"無害。其《繇》云:[10]'西南得朋,東北喪朋,安貞吉。'《文言》云:[11]'東北喪朋,乃終有慶。'"帝曰:"斯魔鬼也。酉應見卯,[12]金來剋木,卯爲陰賊。[13]鬼而帶賊,非魔何也。孰爲致之?酉爲口舌,當乎説位。説言乎《兑》,[14]故知善言之口,宜前爲法事。"於是人人讚善,莫不從風。或刺血灑地,或刺血書經,穿心然燈,坐禪不食。[15]及太清元年,帝捨身光嚴、重雲殿,游仙化生皆震動,三日乃止。當時謂之祥瑞。識者以非動而動,在《鴻範》爲祆。[16]以比石季龍之敗,[17]殿壁畫人頸皆縮入頭之類。

[1]釋寶誌:南朝僧人。本書卷七六有附傳。參趙翼《廿二史

劄記》卷九《梁書有止足傳無方伎傳》。

［2］周捨：字昇逸，汝南安成（今河南汝南縣）人。本書卷三四有附傳，《梁書》卷二五有傳。

［3］甲辰：宋孝武帝大明八年（464）歲次甲辰。

［4］丙寅：底本避唐高祖李淵祖父李昞諱，“景”字皆改作“丙”。此頁爲清抄本所補頁，故將回改爲“丙”。梁武帝中大同元年（546）歲次丙寅。

［5］四月十四日：梁武帝中大同元年四月癸酉朔，十四日丙戌。

［6］浮屠：佛教語。梵語音譯，亦作浮圖。此處指佛塔。按“四月十四日而起火之始自浮屠第三層”，大德本、汲古閣本、殿本同，百衲本作“四月十四日而火起之始自浮屠第三層”，中華本依百衲本，並據《通志》補一“火”字，作“四月十四日而火火起之始自浮屠第三層”。

［7］昆季：即兄弟。長者爲昆，幼者爲季。

［8］太史令：官名。隸太常，掌三辰、時日、祥瑞、妖灾，歲終奏新曆。南朝皆置。梁武帝天監七年（508）隸太常卿，一班。

［9］《巛》:《易》卦名。即《坤》卦。古《易》中“坤”亦作“巛”。

［10］《繇》：古時占卜的文辭。大德本、殿本同，汲古閣本作“由”。

［11］《文言》：《易傳》篇名。“十翼”之一。爲專門對《周易》乾、坤二卦之卦辭、爻辭所作的解釋。其中解釋乾卦之卦辭、爻辭者稱爲《乾文言》，解釋坤卦之卦辭、爻辭者稱爲《坤文言》。

［12］酉：地支第十位。六陰（丑卯巳未酉亥）之一。五行屬金，秋旺、夏死，主西方。　卯：地支第四位。六陰之一。五行屬木，春旺、秋死，主東方。

［13］卯爲陰賊：方士術家的説法。語出《漢書》卷七五《翼奉傳》:“北方之情，好也；好行貪狼，申子主之。東方之情，怒也；怒行陰賊，亥卯主之。貪狼必待陰賊而後動，陰賊必待貪狼而後

用，二陰並行，是以王者忌子卯也。”參見顧炎武《日知録》卷六《子卯不樂》。

［14］《兑》：《易》卦名。象徵沼澤。《易·兑卦》：“《兑》，亨、利、貞。”孔穎達疏：“以《兑》是象澤之卦，故以兑爲名。”《易·兑卦》“《彖》曰：兑，説也。剛中而柔外，説以利貞。”孔穎達疏：“兑，説也者，訓卦名也……外雖柔説而内德剛正，則不畏邪諂。内雖剛正而外迹柔説，則不憂侵暴。只爲剛中而柔外，中外相濟，故得説亨而利貞也。”彖（tuàn），亦稱彖辭、卦辭，《周易》中解釋卦義的文字。説（yuè），“兑”的被通假字，喜悦。

［15］坐禪：佛教語。謂静坐息慮，凝心參究。

［16］《鴻範》：《尚書》篇名。即《洪範》。舊傳爲商末箕子向周武王陳述的“天地之大法”，近人或疑爲戰國時期的作品。

［17］石季龍：石虎。羯族，石勒從子。十六國時後趙國君。性殘忍。在位期間（335—349），窮兵黷武，大營宫室，刑苛政暴，酷虐荒淫，民人無以爲生。《晋書》卷一〇六、卷一〇七有載記，《魏書》卷九五有附傳。

時海中浮鵠山，去餘姚岸可千餘里，[1]上有女人年三百歲，有女官道士四五百人，年並出百，但在山學道。遣使獻紅席。帝方捨身時，其使適至，云此草常有紅鳥居下，故以爲名。觀其圖狀，則鸞鳥也。[2]時有男子不知何許人，於大衆中自割身以飴飢鳥，[3]血流徧體，而顔色不變。又沙門智泉鐵鉤挂體，以然千燈，一日一夜，端坐不動。開講日，有三足烏集殿之東户，[4]自户適于西南縣楣，三飛三集。白雀一，見于重雲閣前連理樹。又有五色雲浮於華林園昆明池上。帝既流遁益甚，[5]境内化之，遂至喪亡云。